FELICITAS RICHTER

SCHLUSS MIT DEM SPAGAT

Wie Sie aufhören, sich zwischen Familie und Beruf zu zerreißen

Die Erfolgsmethode *simple present*

südwest

ISBN 978-3-517-09293-5

1. Auflage 2015

Redaktionsleitung: Silke Kirsch
Projektleitung: Stefanie Heim
Lektorat: Angela Stangl
Layout: Atelier Sanna, München
Grafiken: Marcin Matyja
Satz: Nadine Thiel, kreativsatz, Baldham
Umschlaggestaltung: zeichenpool, München, unter Verwendung eines Fotos von © shutterstock/EM Karuna und N.N.
Druck und Bindung: Alcione, Trento

Printed in Italy

FSC® www.fsc.org
MIX
Papier aus verantwortungsvollen Quellen
FSC® C021956

Verlagsgruppe Random House FSC® N001967
Das für dieses Buch verwendete FSC®-zertifizierte Papier *Profimatt* liefert Sappi, Ehingen.

INHALTSVERZEICHNIS

PROLOG
Schlimm genug, um wahr zu sein 04

IMMER DIESER STRESS
Wie Eltern sich zerreißen, um alles miteinander zu verbinden 06

AUS DEM GLEICHGEWICHT
Warum das Konzept Work-Life-Balance nicht für berufstätige Eltern taugt 25

»SIMPLE PRESENT«
Warum Sie nur eins tun dürfen, damit Sie alles schaffen 36

DIE PERFEKTIONISMUSFALLE
Warum Sie nicht für alles zuständig sind 55

DIE STRESSFALLE
Wie Sie für alles Wichtige in Ihrem Leben Zeit finden 93

DIE ERSCHÖPFUNGSFALLE
Wie Sie mitten im Tun auftanken 143

BONUSPUNKTE
Warum nicht nur Sie gewinnen 188

EPILOG
Scherbenglück 205

QUELLEN 207

PROLOG
Schlimm genug, um wahr zu sein

Mir war zum Heulen zumute. Mein Bemühen, eine ausgeglichene, fürsorgliche und zugleich erfolgreiche berufstätige Mutter zu sein, glich einem Kartenhaus. Wieder einmal war es kläglich in sich zusammengefallen. Einfach so.

Ein langer Arbeitstag lag hinter mir mit Konflikten, die mich nicht betrafen, mich aber auch nicht kalt ließen. Die Autofahrt am Tempolimit zerrte an meinen Nerven und trotzdem erreichte ich die Kita zu spät, wo mein Sohn mal wieder der Letzte war, der abgeholt wurde. Vielleicht war es gerade die verständnisvolle Freundlichkeit der Erzieherin, die mein schlechtes Gewissen zur Höchstform auflaufen ließ. »Aber nun bin ich ja da«, schoss ich innerlich dagegen. Den streitenden Stimmen in meinem Kopf zum Trotz versprach ich lächelnd meinem Kleinen, mit ihm heute Plätzchen zu backen. Ja, ganz bestimmt.

Mist! Ich hatte nur überhaupt nicht daran gedacht, vorher einzukaufen. Also noch schnell in den Supermarkt, dann nach Hause, wo die Große schon wartete: »Du hast doch versprochen, mich heute zur Musikschule zu fahren!« Sie hatte recht. Also auch noch eine eilige Autofahrt zur Musikschule. Eine halbe Stunde später knetete ich Teig. Darum bemüht, ruhig und geduldig zu bleiben, sagte ich dem süßen Plätzchenbäcker auch ein siebtes Mal, er solle nicht ständig die Finger ablecken und dann wieder den Teig anfassen. Derweil hämmerte meine aktuelle To-do-Liste im Kopf: Wäsche waschen, die Geburtstagskarte und das Protokoll der letzten Elternversammlung noch schreiben (in welcher schwachen Minute hatte ich mich da verleiten lassen, »Ja« zu sagen?) und meine eigenen Eltern warteten auf einen Anruf. Als mein Mann heimkam und mich nach einer kurzen Begrüßung vorsichtig fragte: »Hast du schon deine Steuerbescheinigung gefunden?«, spürte ich, wie mir das Blut in den Kopf schoss. Und der ganze aufgestaute Ärger und Groll, meine Hilflosigkeit gegenüber all den Wünschen und Notwendigkeiten meines Alltags brachen sich in heftigen Vorwürfen Bahn. Natürlich traf es mal wieder den Falschen. Entsprechend eisig reagierte er. Da öffneten sich die Schleusen und mich überkam tatsächlich das Heulen. So konnte es einfach nicht weitergehen.

Ich lebte unter Bedingungen, die Politik und Wirtschaft als optimal für die Vereinbarkeit von Beruf und Familie bezeichnen würden: Ich konnte teilweise im Homeoffice arbeiten und mir abgesehen von bestimmten Präsenzzeiten meine Arbeit frei einteilen. Die Kinder besuchten eine Kita mit sehr engagierten Erzieherinnen und machten in der Schule ihre Sache gut. Und trotzdem: Das ewige Gefühl, dass irgendetwas oder irgendwer gerade zu kurz kommt, setzte mir zu, der Cocktail aus schlechtem Gewissen, Gereiztheit und Erschöpfung brachte mich an meine Grenzen.

Mir wurde klar: Optimale Rahmenbedingungen, um Familie und Beruf zusammenzubringen sind das eine, seinen inneren Frieden zu finden und bei Kräften zu bleiben, ist das andere. Inzwischen habe ich eine Haltung gefunden, die mir längst nicht mehr nur in Sachen Vereinbarkeit hilft, entspannt zu bleiben. In Seminaren, Vorträgen und dem Coaching von berufstätigen Eltern habe ich meine eigene damalige Not wiedererkannt und das Konzept »simple present« entwickelt. Ich gebe es gern an Sie weiter in der Überzeugung, dass innere Gelassenheit keine Magie ist – man kann sie entwickeln. Am besten in sehr anstrengenden Zeiten.

IMMER DIESER STRESS

Wie Eltern sich zerreißen, um alles miteinander zu verbinden

»Man weiß nicht, was genug ist, bevor man weiß, was mehr als genug ist«, soll William Blake einmal gesagt haben.

Die Erkenntnis traf Sandra mit voller Wucht. Jetzt, in diesem Moment, war es mehr als genug. Eigentlich sollte sie sich auf einen schönen Tag freuen – ihre beste Freundin würde heiraten und sie würde alte Freunde wieder treffen, sich bei gutem Essen an den gedeckten Tisch setzen und endlich mal wieder tanzen. Stattdessen war sie mit ihren Nerven am Ende. Dabei hatte sie alles so gut geplant. Vor Wochen hatte sie die Rede geschrieben, die Festgarderobe lag seit 14 Tagen gebügelt im Schlafzimmer. Gestern hatte sie sich extra freigenommen, um ganz entspannt eine tolle Torte zu backen. Und dann?

Nachdem sie die dreijährige Ida in die Kita gebracht hatte, hatte die Tagesmutter angerufen – ihren kleinen Vincent könne sie heute leider nicht bringen, sie sei völlig erkältet. Klar – verständlich. Also hatte Sandra das sechs Monate alte Baby im Tragetuch den ganzen Tag auf dem Rücken herumgetragen. Er hatte das Wippen genossen. Ihr tat heute alles weh.

Abends, als die Kinder im Bett waren, hatte Sandra noch einmal an ihrer Rede gefeilt und die Mails gecheckt, die eingegangen waren. Das war ein Fehler. Ihr Chef hatte ihr einen Artikel zurückgeschickt, der seiner Meinung nach völlig daneben war, mit der unfreundlichen Aufforderung, endlich wieder zu ihrer alten Form zurückzufinden – das sei ja wohl nichts gewesen. Sie war so sauer gewesen, dass sie bis Mitternacht am Schreibtisch gesessen und alles wieder und wieder

überarbeitet hatte. Und was sie am meisten wurmte – irgendwie hatte er ja recht. Das, was sie ablieferte, entsprach keineswegs dem, was sie früher gebracht hatte.
Auch bei ihrem Mann war es spät geworden. Auf der Rückfahrt von der Firma hatte er nur noch kurz bei ihrer Hausbaustelle vorbeischauen wollen. Daraus waren zwei Stunden geworden. Als er endlich heimkam, hatte er sich müde auf die Couch gesetzt und den Fernseher eingeschaltet. Das war zu viel. Sandra war völlig ausgetickt. Auch das hatte es früher nicht gegeben. Die Nacht war nicht nur kurz gewesen, sondern sie hatte auch viermal aufstehen und Vincent beruhigen müssen.
Morgens hatte sie dann festgestellt, dass die Creme der Torte nicht richtig fest geworden war. Dann müssten sie halt langsam fahren.
Während Sandra noch die letzten Dinge für den Tag und die Nacht im Hotel zusammensuchte, hatte das Telefon geklingelt und die aufgeregte Braut höchstpersönlich angerufen: ob Sandra und ihr Mann nicht während des Hochzeitsgottesdienstes beim Aufbau der Candy-Bar und dem Einschenken der Sektgläser helfen könnten, sie befürchte, es seien zu wenig Helfer eingeplant. »Natürlich!«, hörte sich Sandra schneller sagen als sie nachdenken konnte. Als sie endlich im Auto saßen, waren sie viel zu spät dran.
»Erleichtert seufzte ich auf«, erzählt Sandra später – immer noch erschrocken darüber, was im nächsten Moment passierte, »als wir endlich ausparkten und vom Bordstein rollten. Es dauerte vermutlich nur Millisekunden, in meiner Wahrnehmung verging allerdings eine Ewigkeit, bis ich darauf kam, dass etwas fehlte. Ich kann es immer noch nicht fassen – wir hatten Vincent vergessen! Wir waren nur wenige Meter gefahren, aber ich sprang aus dem Auto, rannte zu unserer Haustür, wo er immer noch in seiner Autoschale saß und mit seinen Händchen spielte. Ich heulte wie ein Schlosshund. Und natürlich kamen wir zu spät zur Hochzeit.« Das war der Moment, als Sandra erkannte, dass »es mehr als genug war«.

DIE RUSHHOUR *des Lebens*

Beruf, Familie, Partnerschaft, vielleicht die Pflege älterer Angehöriger und irgendwie auch die Sorge für sich selbst – viele verschiedene Lebensbereiche unter einen Hut zu bringen, ist enorm anstrengend. Eine solche Situation erleben berufstätige Eltern wohl alle einmal: Irgendwann ist das Maß des körperlich, emotional und mental Erträglichen erreicht. Vielleicht vergisst nicht jeder sein Kind zu Hause. Aber da schaut die sonst immer zurechtgemachte Frau auf der Arbeit in den Spiegel und merkt, dass sie völlig ungeschminkt ist. Der Mann ist gereizt, obwohl er sich vorgenommen hatte, heute mit dem Junior geduldig zu sein. Das Kind wird mit der Schulmappe in die Schule geschickt, obwohl heute ein Ausflug geplant ist, für den es Rucksack und Regenkleidung braucht. Und der Himmel, der einmal voller Geigen hing, löst sich in Dauerregen auf.

Berufstätige Eltern reiben sich auf, gehen weit über ihre Kräfte und merken trotzdem, dass alles Mühen es einfach nicht besser macht. Stattdessen: Spannungen überall.

Die einst traute, unschlagbare Zweisamkeit wird immer wieder durch kleine Nörgeleien und Streitereien vergiftet. Frust und Anspannung entladen sich dort, wo es zunächst am ungefährlichsten scheint und doch am meisten wehtut – in der Partnerschaft. Den Kindern gegenüber hatte man immer eine freundlich-bestimmte Mutter, ein geduldig-partnerschaftlicher Vater sein wollen. Stattdessen unwilliges Dauermeckern: »Könnte vielleicht auch mal jemand anderes den Besen in die Hand nehmen?« oder ungeduldiges Triezen: »Jetzt aber Hopp-Hopp, du schläfst beim Zähneputzen ja ein!«

Im Beruf hat man schnell das Gefühl, die Team- und Spaßbremse der Nation zu sein. »Ist ja klar, dass du wieder den Brückentag kriegst«, ist dann eine Botschaft, die mehr verletzt, als dem Absender vielleicht bewusst ist. War man früher einfach eine Kollegin, ist man jetzt eine Mitarbeiterin mit Kind – argwöhnisch scheinen alle nur zu schauen, ob man das mit der Vereinbarkeit hinkriegt. Alle tragen Verständnis

zur Schau – als ob man eine seltsame Krankheit hätte –, Beförderungen machen trotzdem plötzlich einen weiten Bogen um den eigenen Schreibtisch.
Auch für Freundschaften ist die Familienphase eine Belastungsprobe: Bekommen die Freunde gleichzeitig Kinder, ist die Freude zunächst groß. Trotzdem verändert sich alles. Trifft man sich oder fährt sogar zusammen weg, sind Klärungen nötig: Können wir ertragen, dass unsere Freunde unsere Kinder auch mal zurechtweisen? Kann ich es aushalten, wenn mein Kind einfach nichts mit Musik am Hut hat, während das gleichaltrige Kind der Freunde bereits das zweite Instrument lernt und im Orchester spielt? Was, wenn mir das Kind meiner liebsten Freundin partout nicht sympathisch ist?
Bleiben Freunde in dieser Zeit kinderlos, berichten viele Eltern von einer Entfremdung: Man scheint nun auf unterschiedlichen Sternen zu leben. Waren die Beziehungen früher ein Brunnen für Lebendigkeit, Spaß, aber auch tolle Gespräche, sind sie nun sehr abhängig von echtem Verständnis und Toleranz. »Ihr meldet euch ja gar nicht mehr« oder »Schön, dass ich euch endlich mal erreiche« sind in dieser Zeit tabu für die Ohren junger Eltern. Mein persönlicher Frust-Favorit: »Na, wenn ihr nicht kommt, ist es euch halt nicht wichtig genug. Ist schon okay!«
Kein Wunder, dass diese Zeit, in der so viele Herausforderungen – Familiengründung, Berufseinstieg, Existenzaufbau und immer öfter auch die Pflege von Angehörigen – gleichzeitig zu meistern sind, mit dem Berufsverkehr verglichen und als »Rushhour« des Lebens bezeichnet wird. Dichter Verkehr auf allen Straßen, ständiges »Stop-and-go« und das Bedürfnis, vorwärtszukommen, erfordern volle Konzentration und zerren an den Nerven. Mancher möchte dabei glatt ins Lenkrad beißen. Die Reizschwelle berufstätiger Eltern ist in der Hauptverkehrszeit des Lebens verständlicherweise recht niedrig und die Nerven liegen oft blank.
Was dann schneller als bisher gewohnt entsteht, ist Wut – ohnmächtige, hilflose Wut. Wut aus Enttäuschung, dass alles sich verändert und

nichts so ist, wie man es sich vorgestellt hat. Wut aus Erschöpfung und Hilflosigkeit. Wut, die latent brodelt und unerwartet hochkocht. Gerade da, wo man sie am wenigsten brauchen kann – wenn das eigene Kind nicht schnell genug ist, der Partner Verabredungen nicht einhält, Freunden eine dumme Bemerkung rausrutscht. Diese Wut ist nicht immer einfach nur laut, sondern manchmal ganz still – man mag sie sich gar nicht eingestehen. Manchmal kann aus Wut Aggression werden und dann geschehen Dinge, oder man stellt sich vor, Dinge zu tun, die man früher nie für möglich gehalten hätte. Ich selbst erinnere mich daran, wie ich einmal mit dem Telefon ins Bad flüchtete und meinen Mann auf seiner Arbeitsstelle anrief, der mich beruhigen musste, weil meine zweieinhalbjährige Tochter in einem Wutanfall tobend vor der Tür lag und mit ihrem Gebrüll meinen einjährigen Sohn aufgeweckt hatte, der nun – völlig übermüdet – ebenfalls schrie. Ich bin mir nicht sicher, was hätte passieren können, wenn ich am anderen Ende der Leitung nicht unendliche Ruhe, Geduld und Unterstützung erfahren hätte.
Immer wieder entstehen Situationen, in denen Eltern über sich selbst erschrecken und sich Lichtjahre von dem entfernt fühlen, was sie sich einmal unter ihrem Familien- und Berufsleben vorgestellt hatten. Da ertappt sich der Vater, wie er mit einem wütenden: »Jetzt gib endlich Ruhe!« dem quengelnden Spross an der Supermarkt-Kasse den erbettelten Lolli in die Hand drückt. Wie hatte er früher den Kopf über die Inkonsequenz mancher Eltern geschüttelt! Die Mutter ist entsetzt über sich selbst, als sie – müde von der Arbeit zurück – über die Schuhe ihrer jugendlichen Kinder stolpert und sie wütend in den Schnee vor die Haustür kickt. So sehr hatte sie sich vorgenommen, immer cool zu bleiben – egal, was passiert.
So stand das nicht im Kleingedruckten der Familienplanung! Viele Eltern haben das unterschwellige Gefühl, von ihren Träumen betrogen worden zu sein.
In dunklen Momenten meldete sich auch bei mir eine leise Stimme zu Wort: »Habe ich das gewollt? Ist das alles nicht einfach nur Last?

Haben vielleicht die anderen recht, die meinen, Mütter gehören nach Hause zu ihren Kindern? Wieso tue ich uns das eigentlich an? Passen Familie und Beruf einfach nicht unter ein und denselben Hut, der dann auch noch auf meinen Kopf passen soll?« Mittlerweile weiß ich: das ging nicht nur mir so.

HAMSTERRAD *und Spagat*

Ich staune in Gesprächen mit Eltern immer wieder: Frauen und Männer, die ihre unterschiedlichen Lebensbereiche gut zusammenbringen wollen, erkennen das Vereinbarkeitsproblem glasklar und bemühen sich nach Kräften, es in den Griff zu bekommen. Dabei sind sie nicht gerade zimperlich. Haben sie vor der Geburt des ersten Kindes 100 Prozent Einsatz gebracht in ihrem Beruf, versuchen sie nun, 200 Prozent in Beruf und Familie zu leisten. Aber nicht mal die scheinen auszureichen, um alle Unwägbarkeiten und Aufgaben zu bewältigen.

Wenn Sie Ihre eigene Situation anschauen: Wie würden Sie sie beschreiben? Was ist typisch für das unendliche Bemühen, sowohl beruflich als auch in der Familie als auch ehrenamtlich einen guten Einsatz zu leisten?

Im Coaching höre ich immer wieder den Vergleich mit einem Hamster im Rad. Anja, eine 32-jährige Steuerfachangestellte mit zwei kleinen Kindern, erzählte kürzlich: »Ich laufe und renne und mache immer mehr. Ich versuche, die Dinge besser zu organisieren, mir sogar Zeitfenster für mich selbst einzuplanen. Doch je mehr ich strukturiere und mich mühe, umso schneller scheint sich das Rad zu drehen. Kaum habe ich drei Dinge auf meiner To-do-Liste erledigt, erscheinen auf magische Weise fünf neue Aufgaben.«

Viele berufstätige Eltern meinen, sie müssten nur die Dosis ihrer Anstrengungen erhöhen und sich etwas mehr Mühe geben – effektiver und effizienter werden und dadurch mehr schaffen. Dann würde das schon klappen mit Job und Kindererziehung. So nehmen sie Arbeit mit nach Hause, verzichten auf Feierabend und Erholung. Das Ergebnis? Millionen Mütter und Väter erschöpfen sich tagtäglich. Sie verausgaben ihre Kraft, Energie und Gesundheit und fühlen sich schließlich ausgelaugt, zerrissen und unendlich müde. Und am Ende bleibt trotz allen Bemühens das Gefühl, sich nicht ausreichend angestrengt, ja sogar versagt zu haben.

Andere vergleichen ihre Situation mit einem Spagat. Sie empfinden die Lebensbereiche Familie und Beruf wie zwei Eisschollen, auf denen sie mit je einem Bein stehen. Während das Eis auseinander driftet, versuchen sie, das Gleichgewicht zu halten. Das ist nicht nur anstrengend, sondern birgt auch die ständige Gefahr, auf einer Seite herunterzufallen. Emotional und mental verlagern sie ständig den Schwerpunkt hin und her, setzen Prioritäten und fällen Entscheidungen. Ein freundschaftliches Schulterklopfen des Kollegen bei der Weihnachtsfeier: »Heute machen wir mal einen drauf – du bleibst doch länger?«, kann dann schnell den festen Stand ins Wanken bringen im Wissen, dass gerade auch in der Schule Weihnachtsfeier ist. Ständig droht die Gefahr, dass der Spagat im Eiswasser endet.

Aber das ist noch nicht alles. Während berufstätige Eltern versuchen, auf Eisschollen zu balancieren, tobt nämlich ein heftiger Orkan …

DRUCK *von allen Seiten*

»Ist doch wahr: Was sollen denn Familien eigentlich noch alles leisten? Die Gesellschaft will, dass wir unsere Kinder zu braven Staatsbürgern erziehen, die später tolle Jobs machen. Nebenbei sollen wir Frauen Karriere machen, weil wir angeblich gebraucht werden. Die Männer sollen sich bitteschön um ihre Sprösslinge kümmern – neue Väter braucht das Land –, aber ihre Arbeit sollen sie trotzdem zu 150 Prozent schaffen. Perfekt aussehen und uns um Haus und Grundstück kümmern müssen wir auch noch. Und ach ja, da ist ja noch der Generationenvertrag! Also, liebe Familien, schiebt eure Großeltern nicht in

Pflegeheime, das wäre lieblos. Wir Eltern sollen Nachhilfelehrer, Krankenpflegerinnen, Hauswirtschaftsleiter, Erzieherinnen sein und dann noch einen tollen bezahlten Job machen. Klar stehen wir unter Druck!« Da ist sie wieder – die Wut, die aus dem Gefühl entsteht, dass die Anforderungen zu hoch für die eigene Kraft sind, gemischt mit dem Vorwurf der Ungerechtigkeit der gesellschaftlichen Anforderungen und dem Zweifel an sich selbst.

Die Frau um die 40, die sich zu Wort gemeldet hat, ist eine von denen, die nach längerer Berufstätigkeit noch einmal studieren und mir nun im Seminarraum gegenüber sitzen. Es sind taffe Frauen und Männer, die wissen, wovon sie reden.

Eben habe ich ihnen eine Studie aus dem Jahr 2008 vorgestellt; darin wurde die Lebenswirklichkeit von Eltern in Deutschland untersucht. Sie trägt den bezeichnenden Titel »Eltern unter Druck« und belegt wissenschaftlich genau die Erfahrungen, die Eltern auf Spielplatzbänken, beim Elternfrühstück, unter Kolleginnen mit Kindern, auf dem Elternabend in der Grundschule und in sozialen Netzwerken mal wütend, mal im Jammerton, mal mit anklagend ausgestrecktem Finger formulieren: das Leben mit Kindern ist anstrengend und fordernd – aber an den Kindern liegt das zuletzt! Der Druck kommt von *allen* Seiten!

Natürlich läuft man nicht den ganzen Tag als wandelnder Dampfkessel durch die Gegend. Die meisten Eltern haben sich mit ihrer Lebenssituation arrangiert und denken: »Es ist halt so und irgendwann wird's sicher auch wieder besser!« Und irgendwie funktioniert es ja auch. Trotzdem sollten Sie genauer hinschauen. Der Arzt muss die schmerzende Stelle abtasten, um eine Diagnose stellen zu können, die Voraussetzung für den richtigen Behandlungsansatz ist. Das kann wehtun. Aber im Hinblick auf die Heilung erträgt der Patient die Prozedur. Nachdem ich Ihnen die Symptome der Lebenssituation berufstätiger Eltern geschildert habe und Sie selbst sie vermutlich mit vielen Beispielen aus Ihrem Alltag ausschmücken können, ertasten wir nun die

Schmerzauslöser: die Elemente des Drucks, der von innen und von außen erbarmungslos wirkt und sich manchmal mächtig Luft macht!

»Beim Kind zu Hause bleiben oder Karriere machen – egal wie man es macht, man bereut die Entscheidung irgendwann doch!«

Dieser Satz, den ich von einer Mutter in einem meiner Seminare hörte, bringt ziemlich gut auf den Punkt, was uns einen großen Teil der Kopfschmerzen bereitet: Hinsichtlich der Einordnung von Familie und Beruf in ihrem Leben müssen Frauen und Männer Entscheidungen treffen, die manchmal der Wahl zwischen Pest und Cholera ähneln. Und egal, wie man sich entscheidet – das Ergebnis muss ständig vor den eigenen Augen, aber auch vor der Welt, gerechtfertigt werden und scheint aus irgendeinem Blickwinkel immer irgendwie falsch. Wie haben Sie sich entschieden? Wurden Sie sehr jung Eltern und haben zu hören bekommen, dass Sie sich den Lebensweg verbauen, wenn Sie zu zeitig eine Familie gründen? Oder kennen Sie eher Sprüche wie: »Wie steht es denn mit Kindern? Denk dran: irgendwann tickt die biologische Uhr!« Haben Sie sich bewusst für *ein* Kind entschieden und müssen nun immer wieder dagegenhalten, dass nicht alle Einzelkinder Egoisten sind? Vielleicht haben Sie zwei Kinder: »Na, ihr entsprecht ja der deutschen Durchschnittsfamilie«, oder drei: »Na, so 'ne ungerade Zahl …« Kinder zu haben ist nicht mehr selbstverständlich, keine zu haben auch nicht. Neben der Familie berufstätig zu sein auch nicht. Und gar nicht arbeiten zu gehen erst recht nicht. Da sitzt einem dann die Politik im Nacken, die uns täglich klar macht, dass Deutschland ausstirbt, weil wir Frauen keine Kinder bekommen. Haben wir doch Lust auf Kinder, wird erwartet, dass wir unser Diplom nicht dauerhaft in den Kochtopf rühren, schließlich haben wir auf Kosten der Allgemeinheit eine tolle Ausbildung erhalten. Und so weiter und so weiter – Entscheidungsdruck und Rechtfertigungsdruck sind zwei Seiten einer Medaille. Aber es gibt noch mehr Druckstellen.

»Also, wir haben früher nicht so ein Heckmeck um unsere Kinder gemacht. Klar hatten wir auch eine Menge um die Ohren. Aber wenn wir was gesagt haben, haben die Kinder gehorcht und sie mussten halt früh mit anpacken.«

Genau, so war es früher. Und so sind wir aufgewachsen. Was aber nützt diese Erkenntnis jungen Eltern heute? Das, was vor 30 Jahren noch passend schien, scheint heute nicht mehr zu funktionieren. »Mal ein Klaps auf den Hintern schadet schon nicht« – diese Sichtweise möchten junge Eltern heute nicht unterstreichen. Und das ist gut so. Aber was stattdessen tun? Das Bild vom Kind hat sich erheblich verändert. Noch vor 50 Jahren gehörten Kinder einfach dazu und wurden von Nachbarn, Lehrern und dem Hausmeister in der Schule mit erzogen oder einfach zurechtgewiesen. Waren Kinder damals mehr oder weniger sich selbst, den Geschwistern und Freunden überlassen (oder können Sie sich daran erinnern, dass Ihre Eltern mehrmals wöchentlich mit Ihnen spielten, Hausaufgaben machten oder Plätzchen backten?), haben sie heute einen besonderen Platz in der Familie, oft in der Mitte. Wir Eltern wollen, dass unsere Kinder sich entfalten und zu selbstbewussten, starken Persönlichkeiten entwickeln können. Für das Wohl des Kindes zu sorgen, scheint uns unsere vorrangige Aufgabe. Aber was für ein hoher Anspruch! Welche Bürde, die wir uns da selbst auferlegen! Wir wollen »das Beste« für unser Kind – was aber ist »das Beste«? Ist es die Grundschule am Ort oder doch die Montessori-Schule, 20 Kilometer entfernt? Soll mein Kind weiter zum Fußballtraining gehen, obwohl es keine Lust mehr hat, oder doch lieber ein Instrument lernen? Und gern kollidieren auch mehrere Dinge, die alle richtig erscheinen: »Wenn Stillen das Beste für mein Kind ist, was mache ich, wenn ich nach vier Monaten wieder arbeiten gehe?«

Es scheint uns wichtig, das Richtige zu tun. Denn wenn etwas schiefläuft, sind wir Eltern vor den Augen der Erzieher und Lehrerinnen, nach dem Urteil der Gesellschaft und möglicherweise einst auch in den Augen unserer erwachsenen Kinder verantwortlich für das Ergebnis.

»Wir haben heute eine Drei in Mathe bekommen, obwohl wir gestern den ganzen Nachmittag geübt haben!«

Fragen Sie vier Mütter oder Väter nach der Bedeutung einer guten Bildung für ihre Kinder, werden Ihnen drei von ihnen antworten, dass sie einen guten Schulabschluss persönlich sehr wichtig finden – so die Studie »Eltern unter Druck.« Das ist wenig überraschend. Gleichzeitig hat die Mehrzahl der Eltern allerdings sehr wenig Vertrauen in das öffentliche Bildungssystem. Was also tun, wenn Sohnemann möglichst aufs Gymnasium soll, weil er später einen guten Beruf ergreifen und finanziell gut dastehen soll, die Lehrerin ihn in Mathe aber augenscheinlich nicht ausreichend fördert, weil sie es mit 30 Schülern gleichzeitig zu tun hat?

Als Antwort nehmen viele Eltern die Dinge selbst in die Hand: 40 Prozent aller Eltern helfen ihren Kindern täglich oder regelmäßig bei den Hausaufgaben, schicken sie zu Angeboten der Frühförderung oder zur Nachhilfe. Schule ist *das* Thema in Familien mit schulpflichtigen Kindern. Und das liegt nicht nur an den Eltern: Wenn die Tochter den vierten Eintrag in einer Woche nach Hause bringt »Klara stört den Unterricht durch Schwatzen«, »Klara arbeitet nicht mit«, fühlen sich Eltern häufig verantwortlich dafür, dass ihr Kind sich nicht benimmt. Sie machen sich zum verlängerten Arm der Schule, indem sie Konsequenzen folgen lassen (müssen). Der schulische Erfolg oder auch Misserfolg der Kinder wird zur Aussage über die Fähigkeit oder Unfähigkeit der Eltern. Das setzt nicht nur sie selbst zeitlich und kräftemäßig unter Druck, sondern belastet oft auch die Eltern-Kind-Beziehung, was zu zusätzlichen Spannungen führt. Außerdem verschlingen Frühförderung, Nachhilfe, Arbeitsgemeinschaften und der Besuch der Musikschule Unmengen an Geld. Viele Mütter berichten, sie würden gern weniger arbeiten und dafür mehr zu Hause bei ihren Kindern sein. Aber dann reiche das Geld nicht, um deren Entwicklung zu fördern – ein Dilemma.

»Bei uns sind Kinder im Nachbarhaus – drei Jungen. Es ist unglaublich, was die für einen Lärm machen den ganzen Tag! Und keiner traut sich, was zu sagen. Das hätte es früher nicht gegeben!«

Die ältere Dame, die mir das im Zug erzählte, war ehrlich entrüstet. Sie hatte einen Blick auf meinen schlafenden Sohn im Kinderwagen geworfen und ausgerufen: »Ach wie süß!« Wenn die wüsste! Er war eines jener Kinder, die man damals als »Schreibabies« bezeichnete. Stundenlang trugen wir ihn durch die Wohnung, ein Wunder, dass das Parkett keine Laufspuren bekam. Fast das Schlimmste an der Brüllerei war, sich vorstellen zu müssen, wie die Nachbarn genervt in ihren Betten liegen und versuchen, Schlaf zu finden. Ich habe nie erfahren, ob sie tatsächlich genervt waren, aber allein der Druck, ein Kind ruhig zu halten, hat mir zugesetzt. Und dieser Druck kam nicht aus heiterem Himmel.

In der genannten Studie beklagen alle befragten Eltern, dass unsere Gesellschaft wenig Wärme und Herzlichkeit für Kinder aufbringe. So findet man zum Beispiel bei der ZEIT ONLINE den interessanten Bericht einer Leserin: »Deutsche finden Kinder nervig.« Kinder sollen hierzulande nicht auffallen, sollen sich angepasst verhalten. Woran zeigt sich diese Einstellung? An der Bemerkung der Dame im Zug, am Kinderwagen, der von irgendjemandem immer wieder aus dem Hausflur ins Freie gestellt wird, im Regelsteuersatz auch für Windeln oder in den extrem hohen Kosten für Schulbücher. Das und vieles mehr zeigt Eltern immer wieder: Ihr könnt Kinder haben, aber sorgt bitte dafür, dass sie der Allgemeinheit nicht zur Last fallen. So zu tun, als wären die eigenen Kinder nicht vorhanden – im Mietshaus oder auf dem Trampolin im Garten –, auch das macht Eltern Druck.

»Das ist doch alles nur eine Sache der Organisation!«

Mal ehrlich: Ich kann diesen Spruch nicht mehr hören! Als ob es, weil es »nur« die richtige Organisation braucht, einfach wäre! Selbst wenn die Termine aller Familienmitglieder und die beruflichen Abwesen-

heiten der Eltern fein säuberlich im Kalender stehen, der Babysitter bestellt ist, die Haushaltshilfe einmal pro Woche kommt und Hemden in die Wäscherei gegeben werden, haben Eltern trotzdem oft genug das Gefühl, abgehetzt im Chaos zu versinken.
Denn sie haben heute nicht nur oft lange Arbeitswege, sie sind auch ständig als Familienmanager »auf Achse«. Bezeichnete man unsere Kindheit noch als »Straßenkindheit«, in der die Freizeit auf dem Hinterhof, im Wald oder in einer kleinen bemoosten Ruine verlebt wurde, bleiben Kinder heute eher in der Familie. Dorthin laden sie ihre Freunde ein oder gehen zu ihnen. Dies alles muss organisiert werden – Freizeitaktivitäten müssen geplant und die Kinder transportiert oder begleitet werden. Das kostet Zeit, Kraft, Nerven und Geld. Organisiert werden müssen in Patchworkfamilien zudem die Besuche bei Vater oder Mutter, um den Kindern die wichtigen Beziehungen zu beiden Elternteilen zu ermöglichen. Und alleinerziehende Frauen und Männer können ein Lied davon singen, welch hohen logistischen Aufwand es benötigt, um den Kindern Entwicklungschancen zu bieten und zugleich selbst arbeiten zu gehen. Es ist eine unendliche Liste, die da entsteht und die in keinem Terminplaner Platz hat.

»Sie können halt nur bis 15:00 Uhr arbeiten, weil Sie ein Kind haben. Das ist in Ordnung, aber die Leitung für die Abteilung müssen wir dadurch dem Kollegen übergeben.«

Das sind Worte, die wehtun und denen man nichts entgegensetzen kann. Besonders Frauen machen immer wieder die Erfahrung: Sie können noch so gute Arbeit leisten, Überstunden machen und sich weiterbilden – wenn sie Mütter sind, disqualifiziert sie das oft für weitere Karriereschritte. Also verschweigen sie lieber von vornherein, dass sie Familie haben, spalten diesen Teil ihres Lebens ab, sobald sie die Arbeitsstelle betreten und leisten oft mehr als sie bräuchten. Das ist anstrengend und ungerecht und heißt, einen Teil der eigenen Identität zu verleugnen. Vereinbarkeit funktioniert so jedenfalls nicht.

Eltern stehen unter Druck – und das umso mehr, wenn sie gleichzeitig arbeiten gehen. Dabei machen Eltern oft eine interessante Erfahrung: »Sie haben Kinder? Alle Achtung, die sind ja sicher sehr anstrengend!« Eltern, die so angesprochen werden, reagieren oft recht verwirrt, weil sie erstmal überlegen müssen: »Sind meine *Kinder* anstrengend?« Und oft kommen sie zu dem Ergebnis: »Nein, die Kinder sind eigentlich gar nicht so anstrengend, eher das ganze Drumherum!« Dass die kindliche Entwicklung immer wieder Herausforderungen für die Eltern darstellt, ist Müttern und Vätern klar und das nehmen sie in der Regel auch in Kauf, auch wenn es anstrengend sein mag. Solange alles halbwegs läuft und sich die Kinder gut entwickeln, ist es in Ordnung. Aber der Druck drum herum, der kostet Kraft. Der Druck, ständig Entscheidungen treffen und rechtfertigen zu müssen. Der Druck, sich gegen Ungerechtigkeiten zur Wehr setzen zu müssen. Der Druck, seinen Lebensentwurf ständig in Frage gestellt zu sehen.
Und wenn der Druck als Belastung empfunden wird, nehmen sich Eltern häufig selbst in die Pflicht, nicht ständig zu jammern (das will eh keiner hören), sondern ermahnen sich, diese Last zu stemmen. Sie spornen sich an mit Sätzen wie »Nur unter Druck entstehen Diamanten« oder »Nur vom gespannten Bogen fliegt der Pfeil«. Die Belastung lächelnd zu ertragen, funktioniert so lange, bis die Verdichtung zur Explosion führt und es knallt. Dazu braucht es dann oft nur noch einen auslösenden Funken.

SELBST *eingebrockt*

Manche Sätze, die man im Leben hört, prägen sich so tief ein in Kopf und Herz, dass man die Szenerie, in der sie gesprochen wurden, nie mehr vergisst. So erinnere ich mich an einen Morgen vor einigen Jahren, als ich zur Arbeit kam – schon morgens müde und abgespannt. Die erste Schicht daheim hatte ich bereits gestemmt: Der Jüngste hatte die ganze Nacht mit Ohrenschmerzen wach gelegen, und wir Eltern

mit ihm. Am frühen Morgen waren die Schmerzen wie weggeblasen. Sollten wir den Kleinen in die Kita schicken? Oder doch lieber gleich die Großeltern fragen? Vielleicht könnten wir uns den Tag aufteilen? So ging das schon seit Wochen, die Kinder kränkelten abwechselnd. Bisher hatte ich trotzdem keinen Tag gefehlt und meine beruflichen Aufgaben erledigt. An jenem Morgen jedenfalls fand ich es nett, als mein Kollege, ein Mittdreißiger ohne Kinder, fragte: »Na, wie geht's?« Es tat gut, einfach mal zu jammern, und so erzählte ich ein bisschen vom Spagat der letzten Wochen. Seine Antwort darauf lächelnd: »Wenn ich gemein wäre, würde ich sagen: Du hast es ja nicht anders gewollt.« Das saß. Klar meinte er es nicht so – und hat es vermutlich auch gleich wieder vergessen. Ich nicht. Bis heute ärgere ich mich über meine damalige Sprachlosigkeit. Aber was hätten Sie geantwortet?
Kinder sind augenscheinlich kein Allgemeingut der Gesellschaft mehr, über deren Ankunft sich *alle* freuen, für deren Erziehung und Versorgung sich *alle* verantwortlich fühlen. Kinder scheinen ein Privatvergnügen zu sein. Wer sich das leistet, muss mit den Konsequenzen eben leben – mit allem Drum und Dran. Mit den finanziellen Einschränkungen, durchwachten Nächten, Problemen in der Schule. Wer meint, Kinder haben zu wollen, muss sich damit abfinden, ein paar Jahre auf Partys, High Heels, Spritztouren mit Kumpels und die schnelle Beförderung zu verzichten oder seinen Tee zu trinken, bevor er kalt geworden ist. Stattdessen kann man sich damit trösten, dass sich neue, interessante Betätigungsfelder eröffnen: Testergebnisse von Babyschalen vergleichen, Babykost ohne Heizgerät im Winter aufwärmen (Motorwärme nutzen!) oder im überfüllten Wartesaal des Kinderarztes am Samstagvormittag im Halbschlaf Kinderbücher vorlesen. Und wenn man sich schon das Vergnügen »Kinder« leistet, müssen dann auch unbedingt beide Eltern noch arbeiten gehen? Früher war man da bescheidener, da hat man halt den Gürtel enger geschnallt. Aber heute wollen die Leute ja auf nichts verzichten. Selbst schuld, wenn sie mit Familie *und* Beruf überfordert sind!

Aber weil Kinder Sinn und Glück ins Leben bringen und damit alle Last gerechtfertigt scheint, klagen Eltern nicht. Sie wissen: Das habe ich mir selbst eingebrockt! Die Suppe muss ich selbst auslöffeln. Und dabei sollte ich wenigstens so tun, als ob jeder Bissen schmeckt. Denn ich weiß: Nur glückliche Eltern haben glückliche Kinder. Und das wissen auch alle anderen ringsherum. Ich bin verantwortlich dafür, dass ich Kinder habe (und das ist ja eigentlich auch wirklich schön!), also bin ich auch verantwortlich dafür, dass es ihnen gut geht, dass aus ihnen etwas wird. Und dazu gehören selbstverständlich auch die finanziellen Möglichkeiten. Und wenn es Schwierigkeiten gibt, muss ich sie lösen. Ich habe es ja nicht anders gewollt. Ich bin die Ursache der Probleme, also habe ich auch kein Anrecht auf Verständnis oder Unterstützung. Das kann ich nicht verlangen.

Und das Schlimme: Diese inneren Dialoge werden von der Außenwelt – von den Menschen ringsherum – in ihrer vermeintlichen Richtigkeit bestätigt. Eine junge Frau, Mutter von zwei kleinen Kindern, erzählte mir, dass die schärfste Kritikerin gegen ihre Berufstätigkeit ihre eigene Mutter sei. »Wenn du der Meinung bist, du musst dich jetzt unbedingt selbst verwirklichen, obwohl du Mutterpflichten hast und zu deinen Kindern gehörst, kannst du das gern tun. Aber ich werde dir dabei nicht helfen. Auf mich kannst du nicht zählen«, bekomme sie von ihr zu hören.

Die Betroffenen gelangen zu der inneren Überzeugung, dass sie ihre Lebenssituation allein zu stemmen haben. Sie meinen, den Druck aushalten zu müssen, und spüren doch Gereiztheit, Unzufriedenheit und dass sie andere nerven, wenn ihnen doch einmal nach Jammern über den anstrengenden Alltag zwischen Beruf und Familie ist.

Dann wirkt die Kollegin, die eben braungebrannt und von den Wellness-Angeboten schwärmend aus Gran Canaria zurückkommt, für die Mutter von zwei pubertierenden Teenagern wie die reinste Provokation, die wahlweise Aggressionen oder ein Gefühl tiefer Resignation auslöst mit dem Bedürfnis, zu kapitulieren.

Aber selbst dieser Ausweg ist Eltern nicht vergönnt. Schnell weist uns der innere Schulmeister zurück: »So was darfst du nicht mal denken! Aus der Nummer kommst du nicht mehr raus! Reiß dich zusammen!« Und das tun Eltern dann: Zähne zusammenbeißen und durch! Irgendwann wird's sicher besser … Das Glück im Leben wird man auf diese Weise allerdings nicht finden.

ALLTAG *im Überlebensmodus*

Ich erinnere mich an eine Geschichte, die Paulo Coelho in seinem Buch »Der Alchemist« erzählt. Ein junger Mann reist in das prächtige Schloss eines berühmten Weisen, um von ihm zu erfahren, wie er das Geheimnis des Glücks finden könne. Da der Weise viele Besucher hat, und sich mit jedem einzeln unterhält, dauert es eine geraume Weile, bis der junge Mann an die Reihe kommt. Der weise Mann hört sich seine Bitte an und erklärt, er habe im Moment zwar keine Zeit, ihm das Geheimnis des Glücks zu erklären, aber der Junge könne sich ja inzwischen im Schloss etwas umschauen. Dann gibt er ihm einen merkwürdigen Auftrag: während er sich umschaue, möge er doch bitte einen Löffel mit Öl mit sich tragen.

Was tut der junge Mann? Er wandert treppauf und treppab und achtet darauf, dass er kein Öl verschüttet. Als er nach zwei Stunden wieder zu dem Weisen kommt, will dieser wissen, was er im Schloss an Schönem entdeckt habe. Ob er den herrlichen Park, die einmaligen Teppiche und kostbaren Bücher gefunden habe. Dies muss der junge Mann traurig verneinen. Er habe nichts von alldem gesehen, da all seine Konzentration dem Öl auf dem Löffel gegolten habe.

Hier lädt uns die Geschichte ein zu fragen: Was ist das Öl in unserem Leben? Worauf richten wir unsere Aufmerksamkeit? Das Wohl unserer Kinder? Die berufliche Weiterentwicklung? Der Aufbau einer Existenz, eines soliden finanziellen Polsters? Vermutlich all dies gleichzeitig.

Wir ähneln dem jungen Mann, der nicht die Herrlichkeiten des Palastes bestaunen kann, weil der weise Mann ihn unter Druck gesetzt hat, auf das Öl zu achten. Wie schade für den Jungen! Vielleicht ist es sein einziger Besuch im Schloss, eine einmalige Chance, kostbare Erinnerungen für sein Leben zu sammeln.

Gleich ihm entwickeln Menschen, die vieles zusammenbringen müssen – Arbeit und Kinder, Verwandte und Partnerschaft, Existenzaufbau und -fortentwicklung – eine Art Tunnelblick. Sie sehen nur das, was ihnen im Moment für das Überleben hilft. Sie sehen nicht mehr die ganze Fülle ihres Lebens: die kleinen Fortschritte des Kindes, das versteckte Lob am Arbeitsplatz, die freundliche Geste des Partners, den Wechsel der Jahreszeiten auf dem Weg zur Arbeit. Sie konzentrieren sich ganz auf ihr Mantra »Irgendwann wird alles besser«, auf das Licht am Ende des Tunnels. Dabei übersehen sie leicht, dass es auch im Tunnel Fluchtwege an die Oberfläche, ins Freie, ans Sonnenlicht gibt. Innehalten, Auftanken scheint nicht möglich, weil ein Stehenbleiben bedeuten könnte, dass der Zustand noch länger andauert.

Nun können Sie einwenden: Druck ist doch gar keine schlechte Sache! Mancher lässt die Arbeit bis zum letzten Augenblick liegen, weil er oder sie unter Druck erst richtig zur Höchstform aufläuft. Der Druck, unter dem berufstätige Eltern stehen, ist aber von anderer Natur. Er setzt nicht Energien frei, die in konstruktive Lösungen führen. Dieser Druck ist destruktiv. Er spornt nicht an, sondern er lässt die Betroffenen das Gefühl von Überforderung und Hilflosigkeit entwickeln, weil sie durch den Tunnelblick keinen Ausweg sehen.

Okay, nun könnte man dem jungen Mann in der Geschichte doch raten, sich einfach dem Druck zu entziehen. Warum achtet er so verbissen auf das Öl auf dem Löffel? Er könnte doch einfach die Worte des Weisen in den Wind schlagen und den Tag genießen? Selbst schuld, wenn er sich an so eine sinnlose Anweisung hält! Die Geschichte von Paulo Coelho ist noch nicht zu Ende. Der Weise gibt dem jungen Mann eine zweite Chance, er darf noch einmal losziehen, um sich

alle Herrlichkeiten des Palastes anzuschauen … Jetzt staunt er über die wunderbaren Pflanzen und Tiere im Park, sieht die majestätischen Berge ringsum, die vollkommene Schönheit dieser Welt. Freudig erzählt er dem Weisen, was er alles gesehen habe. Da fragt ihn dieser, wo das Öl sei, dass er ihm anvertraut habe. Entsetzt stellt der Junge fest, dass sein Löffel leer ist. Er hatte nicht bemerkt, dass er unterwegs alles verschüttet hatte. Und das ist schließlich der Rat des weisen Mannes: Das Geheimnis des Glücks besteht darin, die Schönheit der Welt zu sehen, ohne dabei das Kostbare aus den Augen zu lassen.
So einfach.
An dieser Stelle will ich nochmals zurückkehren zu der Geschichte von der jungen Mutter, die ihr Baby in der Autoschale am Straßenrand stehen lässt. Es ist meine eigene Geschichte. Und mir wurde damals im selben Augenblick sonnenklar, dass ich raus aus dem Tunnel musste und meinen Blick weiten. Ich zog die Notbremse und sprang aus dem Hamsterrad. Meinte ich zumindest.

AUS DEM GLEICHGEWICHT

Warum das Konzept Work-Life-Balance nicht für berufstätige Eltern taugt

Weil ich so müde, erschöpft und vom ständigen Kinderherumschleppen schief und rückengeplagt wirkte, durfte ich zur Mutter-Kind-Kur fahren. Das war für mich ein Hoffnungsschimmer am Horizont. Während ich die Sachen packte, gab ich mich der Vorfreude hin, dass nun vieles anders werden würde: Endlich würde ich meine Verspannungen loswerden – ich stopfte den Bademantel in meinen Koffer. Endlich würde ich Zeit für die Kinder haben – ich legte noch einmal zwei Spiele dazu. Endlich würde ich Zeit für mich haben – noch ein dicker Roman – und ganz viel Sport treiben – die Walkingstöcke … Die Kur sollte eine Art Initialzündung fürs kraftvolle Durchstarten im Alltag werden. Ich meinte, nun endlich zu lernen, wie ich die Dinge unter einen Hut bekommen und trotzdem gelassen bleiben könnte.

In der Kurklinik angekommen, dauerte es eine Zeit lang, bis ich auch innerlich zur Ruhe kam und die Entspannung einsetzte. Es war eine schöne Zeit, die viel zu schnell verging. Ich sprach mit anderen Eltern und hörte, dass sie ähnliche Probleme hatten. Ich fand Zeit für mich, begann zu malen und genoss die freie Zeit mit den Kindern. In einem Rosmarinbad liegend, dachte ich gegen Ende der Kur über die vielen Erkenntnisse nach, die ich gesammelt hatte. Die Physiotherapeutin hatte mir bestätigt, dass ich eine schiefe Haltung hatte und dringend Sport treiben sollte: »Eine halbe Stunde täglich genügt schon.« Die Entspannungstherapeutin hatte ihren Kopf geschüttelt: »Sie sind aber verspannt, lassen Sie doch mal locker!« Der Blick auf die Waage hatte gezeigt: Der BMI ist außer Kontrolle. Und beim Basteln mit den Kindern hatte ich mich schuldbewusst gefragt: Wann habe ich das eigentlich zum letzten Mal gemacht?

RAUS AUS DEM HAMSTERRAD – *rein in die Work-Life-Balance*

In einem Vortrag war uns die Notwendigkeit einer gelingenden »Work-Life-Balance« verdeutlicht worden: bei aller Arbeit und Verpflichtung dürften wir uns selbst nicht aus dem Blick verlieren. Wir sollten uns zum wichtigsten Menschen in unserem Leben machen. Und es sei entscheidend, unser Leben auf klare Prioritäten auszurichten und uns auf das zu konzentrieren, was uns wirklich wichtig ist. Schluss mit der Hetzerei! Dies schien mir das Erfolgsrezept, nach dem ich gesucht hatte, um nicht wieder in Stress und Erschöpfung zu geraten. Während ich also in meinem Rosmarinbad lag, wurde mir klar, dass ich mehr auf mich und meine Bedürfnisse achten und für deren Erfüllung auch Zeit einplanen müsste. Nur dann könnte ich auch etwas leisten. Mit dieser Erkenntnis im Hinterkopf würde ich ab jetzt voller Leichtigkeit und Gelassenheit die Kinder entspannt erziehen, mit meinem Partner Zeit in trauter Zweisamkeit verbringen, im Beruf meine Frau stehen, mich endlich zum Qi-Gong-Kurs anmelden und sogar meinen Hobbies, dem Nähen und Fotografieren, wieder regelmäßig nachgehen.

So kam ich nach drei Wochen voller guter Vorsätze, körperlich in Top-Form und gut gelaunt wieder nach Hause. Zwei Wochen lang gelang es mir, die Vorhaben tatsächlich umzusetzen. Ich machte ein bisschen Entspannung und Sport und ließ die Hausarbeit einfach mal links liegen. Ich hörte auf, abends noch an den Schreibtisch zu gehen. Ich ermahnte mich, ruhig zu bleiben, auch wenn bei Feierabend der Berg ungelesener E-Mails genauso hoch erschien wie zu Arbeitsbeginn und drei wichtige Anrufe immer noch nicht erledigt waren. Beim Elternabend nagelte ich innerlich meine Hand auf den Tisch, um mich nicht zu melden, als nach 60 Sekunden immer noch kein Elternteil gefunden

war, den Ausflug der Kinder zu begleiten. Und ich plante mit meinem Mann ein gemeinsames Wochenende an der Ostsee.
Doch irgendwann schlich sich der wohlvertraute Alltag wieder ein: Es fand sich einfach keine Zeit für Progressive Muskelentspannung oder dafür, bei einer Tasse Tee auf der Couch ein Buch zu lesen. Ich konnte dem Kind kaum in Ruhe eine Gute-Nacht-Geschichte vorlesen, ohne an das volle E-Mail-Postfach zu denken. Aber da ich nun von der Kur erholt war, schaffte ich es noch eine gute Weile, lächelnd das Tempo zu erhöhen, mehr zu machen, weniger zu schlafen. Unmerklich geriet meine Balance zwischen Arbeit und Leben wieder aus dem Gleichgewicht. Irgendwann schien es mir schade um die Zeit, mit meinem Mann ins Kino zu gehen. Ich wollte stattdessen einfach mal wieder sieben Stunden am Stück schlafen. Statt zu meditieren erschien es mir viel wichtiger, Fenster zu putzen, denn die Hausarbeit hatte sich nicht von selbst erledigt. Statt meine Kinder aus der Kita loszueisen, um mit ihnen auf den Spielplatz zu gehen, wollte ich sie lieber länger bei der Erzieherin lassen, um zu Hause mehr Arbeit erledigen zu können. Die wachsende Anspannung machte sich in Gereiztheit Luft. Ich war frustriert! Nur wenige Wochen nach der Kur war alles wie vorher. Nein, schlimmer noch – ich fühlte mich noch mieser. Denn jetzt war es offensichtlich: Ich hatte gelernt, wie es geht mit dem Alltag, ich kriegte es aber einfach nicht gebacken. Und so fühlte ich mich einfach nur noch unfähig. Meine Work-Life-Balance hatte auf der ganzen Linie versagt. Dem Hamster zu sagen, er solle einfach die Richtung wechseln, hatte nicht funktioniert.
Aber warum nicht? Hätte ich mich mehr anstrengen müssen, Zeiten für mich einzuplanen? Vermutlich fehlte es mir einfach an gutem Willen. Oder war ich einfach zu faul, um Sport zu machen? Ich fragte mich: Was ist dran an der Work-Life-Balance, dem so erfolgreichen Modell, das mir einfach nicht zum Ich-krieg-alles-entspannt-unter-einen-Hut verhelfen wollte? In der Folge schaute ich mir dieses Modell einmal genauer an.

TRIUMPH *der Work-Life-Balance*

Vielleicht erinnern Sie sich: Es ist noch keine 15 Jahre her, dass man aus der Arbeitswelt von Aufsehen erregenden Veränderungen hörte. Im Juni 2000 berichtete der SPIEGEL von einer neuen Spezies, der man immer öfter in den Büroetagen begegnen könne, dem »ultraflexiblen Menschentyp«. Er schufte Tag und Nacht, gönne sich keine freien Wochenenden oder gar Urlaub, übernachte im Büro und denke ansonsten nur – mitunter sehr erfolgreich – an Geld und sich selbst. Die Internet- und Multimedia-Branche machten diese Spezies über Nacht reich – und gleichzeitig wurde sie arm an Privatleben, Freundschaften und Gesundheit. Eine neue Form von Egoismus, der sich selbst ausbeute. Der Titel des Spiegel-Artikels von Michael Marti lautete: »Die Droge Arbeit«. Kein Wunder, dass diese Droge bald ihre Nebenwirkungen zeigte. Der Autor zitierte bereits damals einen erfolgreichen Unternehmer, der nach fünf Jahren am Ende seiner Kräfte war, dass das keiner ewig durchhalte. Ausgepowert, seelisch und sozial verkümmert zog er die Reißleine – reduzierte seinen Stundensatz von 70 auf immerhin 55 Wochenstunden und rettete dadurch die Beziehung zu seiner Partnerin. Und er begann, das Engagement seiner Mitarbeiter in neuem Licht zu sehen: krankhaft fleißige Angestellte schickte er fortan in Zwangsurlaub.

Heute mag man über diese Zeilen den Kopf schütteln. Galt damals, vor 15 Jahren, Selbstausbeutung noch als Karrieremotor, Selbstaufopferung als Zeichen der Identifikation mit dem Unternehmen, wird man heute, wenn man zu viele Überstunden hat, gefragt, ob man nicht ein Seminar in Selbstorganisation bräuchte. Was hat sich in so wenigen Jahren verändert?

Ich bin nicht sicher, ob es vielleicht die jungen Unternehmer und Unternehmerinnen selbst waren, die irgendwann den Wunsch nach einem Leben außerhalb der Firma verspürten, sich plötzlich in einer neuen Rolle als Vater oder Mutter wiederfanden oder ob es Freunde und Partnerinnen waren, die wegen der empfundenen Vernachlässigung auf die Barrikaden gingen. Immer mehr Menschen forderten ein *Stopp* dieser modernen Form der Ausbeutung.

Die Schale, in der die »Arbeit« lag, war einfach zu tief gesunken. Die Schale »Leben« musste in den Blick genommen werden, um die Lebensbalance wieder ins Lot zu bringen. So begann das Work-Life-Balance-Modell seinen Siegeszug. Mit dem oft verwendeten Bild einer Waage geht es davon aus, dass ein gesundes Gleichgewicht zwischen Arbeit und Privatleben Voraussetzung für Zufriedenheit, Gesundheit und Leistungsfähigkeit ist. Befinden sich in der Waagschale »Arbeit« Dinge wie Job, Einkauf, Haus putzen, muss sich zum Ausgleich in der Waagschale »Leben« etwas wie Sport, ins Kino gehen oder ein Buch lesen befinden. Stopft man mehr in die Schale »Arbeit«, sollte man auch auf den Ausgleich in der Schale »Leben« achten. Arbeit allein macht nicht glücklich – erst das Privatleben als Gegengewicht ermöglicht ein gesundes und schwungvolles Leben.

Wie aber soll das nun konkret aussehen im Alltag? Angebote für eine gelingende Work-Life-Balance sind wie Pilze aus dem Boden geschossen, ganze Branchen leben davon. Denn fragen Sie zehn Menschen nach ihren Wünschen, so erhalten Sie vermutlich zehn verschiedene Antworten: ein Fitnessraum in der Firma, eine Konferenz im Wellness-Hotel, Meditation daheim, feste Abende mit dem Partner, ein Betriebskindergarten, eine Beratung für die Pflege von Angehörigen, »Quality time« mit den Kindern, Teilzeitarbeit und Homeoffice, Sabbaticals oder haushaltsnahe Dienstleistungen wie einen Bügelservice. Auch ein Gesundheits-Check oder Job Sharing wären toll. Work-Life-Balance hat viele Gesichter – bedienen Sie sich und Sie werden glücklich! So lautet das Versprechen.

Und mittlerweile gibt es nicht wenige Unternehmen, die verstanden haben, dass sie hochqualifizierte Fachleute nur finden und ihre Mitarbeitenden nur gute Arbeit leisten werden, wenn sie deren Wünsche ernst nehmen: Familienfreundlichkeit als Erfolgsfaktor. Eigentlich müsste damit heute alles gut sein. – Oder?

Leider nicht. Im Oktober 2013 titelte eine Studie der Techniker Krankenkasse zur Stresslage der Nation: »Bleib locker, Deutschland!« Denn Deutschland ist gestresst – im Süden mehr als im Norden, Chefs mehr als Angestellte, Frauen mehr als Männer. Mehr als die Hälfte der Befragten fühlte sich gestresst. Sowohl die Studie als auch Erfahrungen aber zeigen: Unter Dauerstress gelingt die Work-Life-Balance nicht und ohne Balance wiederum wächst der Stress. Ein Teufelskreis entsteht.
Ein Blick auf die Spitzenreiter der Balance-Versager zeigt: Die berufstätigen Eltern tummeln sich auf den ersten Plätzen. Eigentlich nicht wirklich verständlich – haben sie doch beste Voraussetzungen, der anstrengenden Arbeit ein ausgefülltes und erfüllendes Familienleben entgegenzusetzen. Sind sie es doch, die man Vormittags um zehn Uhr im schönsten Sonnenschein den Kinderwagen auf einem Feldweg entlangschieben sieht. Sie machen Fahrradtouren mit der ganzen Familie und lassen mit den Kindern Drachen steigen. Berufstätige Eltern haben immer das Alibi des kranken Kindes, wenn sie mal der Arbeit fernbleiben wollen und – von der Politik gehätschelt – bekommen sie sogar Geld, um sich ausgiebig ihrer Elternschaft zu erfreuen. Wieso haben gerade *die* Stress? Besser können doch die Rahmenbedingungen für gelingende Work-Life-Balance gar nicht sein! Vielleicht. Aber trotzdem funktioniert sie nicht.

SO WIRD *das nichts!*

VIER EINWÄNDE GEGEN DIE WORK-LIFE-BALANCE

Ich wollte wissen, woran es liegt, dass die Work-Life-Balance für Eltern nicht funktioniert und habe Mütter und Väter in meiner Umgebung beobachtet und nach ihrer persönlichen Einschätzung gefragt.
Jeanine ist alleinerziehend mit zwei Kindern und arbeitslos. Marco, Vater eines achtjährigen Kindes und Sohn einer pflegebedürftigen Mutter, arbeitet als Kassierer. Corinna arbeitet bei einem Rentenver-

sicherungsträger und hat mit ihrem Arbeitgeber zwei Tage in der Woche Telearbeit daheim vereinbart bis ihre kleine Tochter in die Schule geht. Andreas hat einen Teilzeit-Arbeitsvertrag als Ingenieur. Seine Frau ist selbstständige Grafikerin, die daheim arbeitet. Als ich die Vier fragte, wie es um ihre Work-Life-Balance bestellt sei, lächelten sie müde. Ein schönes Wort, ein Wunsch, ein Traum, ein Anspruch, der – zumindest im Moment – nicht einzulösen ist. Alle vier mühen sich nach Kräften darum, Familie und Beruf unter einen Hut zu bringen. Aber eine gesunde Balance zwischen Arbeit und Leben zu finden gleicht, so empfinden sie es, dem Versuch, auf einem Drahtseil einen indianischen Kriegstanz aufzuführen.

Die gelernte Krankenschwester Jeanine kann keine Arbeit annehmen, denn das nächste Krankenhaus ist 30 Kilometer entfernt und sie muss nachmittags da sein für ihre Kinder. Sie leistet den ganzen Tag »Familienarbeit« und schaut, dass ihre Kinder sich trotz mangelnder Infrastruktur auf dem Land und eingeschränkter finanzieller Möglichkeiten gut entfalten können. Liegt in ihrer Schale »Arbeit« also nichts?

Marco macht seinen Job gut, aber ohne große Leidenschaft, eben als Broterwerb. Ja, die Arbeit kostet ihn viel Kraft und oft kommt er erst gegen 21:30 Uhr nach Hause. Gern würde er am Abend ausruhen, wieder mal zum Fußballtraining gehen, mit seinen Kumpels anschließend ein Bier trinken. Aber das hat er lange nicht getan. Wenn er heimkommt, schiebt er die zweite Schicht. Er kümmert sich um seine Mutter, redet ein Stündchen mit ihr, macht Hausaufgaben mit seinem Sohn. Und freut sich auf das Wochenende. »Leben«? Das ist vielleicht der große Traum vom Sommerurlaub.

Corinna hat es eigentlich gut, was die Vereinbarkeit von Familie und Beruf angeht. Auf der Arbeit gibt es einen Fitness-Raum und ihre Tochter geht in den Betriebskindergarten. Einige ältere Kolleginnen haben sie darum beneidet, dass sie heutzutage die Möglichkeit der Telearbeit hat. Corinna ist trotzdem nicht glücklich. Klar kann sie sich um ihre Tochter kümmern, wenn die mal krank ist, oder nachmittags auch mal eher Schluss machen und auf den Spielplatz mit ihr gehen. Aber sie hat sich die Arbeit nach Hause geholt, und damit auch das permanente Gefühl, noch etwas tun zu müssen. Der Computer und die Akten stehen wie ein stiller Vorwurf auf ihrem Schreibtisch im Schlafzimmer und verleiden ihr den Feierabend. Und die anderen Mütter und Väter beim Elternabend sind gleichzeitig ihre Kollegen und Kolleginnen. Und Fitness am Arbeitsplatz? Mit den Kollegen auf dem Stepper schwitzen? Das kann sie sich nicht vorstellen: »Wie soll ich noch eine Balance zwischen Arbeit und Privatleben herstellen, wenn alle Grenzen verschwommen sind, wenn die Arbeit nie endet und ich Sport neben meinem Chef mache?«

»Ich habe Arbeit und Familie schon klar getrennt«, erzählt Andreas daraufhin. »Aber in Balance bringen kann ich die beiden trotzdem nicht. Denn die Arbeit macht mir Spaß und manchmal denke ich: ›Wenn der Termin mit den Kindern nicht wäre, könnte ich jetzt weiter am Projekt arbeiten. Das wäre schön!‹ Die Arbeit gibt mir oft Kraft, da kann ich ganz bei der Sache bleiben. Und wenn ich dann daheim bin, denke ich oft: ›Ja, wenn ich nicht auf Dienstreise müsste, würde ich das Konzert meines Sohnes nicht verpassen!‹ Und das sage ich nicht nur mir selbst, darüber gibt es oft auch Streit mit meiner Frau. Es ist ein ewiger Spagat. Wie sollte ich da eine Balance finden?«

Das frage ich mich auch. Mal ehrlich – können Sie Spagat? Nein? Ich auch nicht und ich stelle es mir schrecklich schmerzhaft vor. Und dabei noch die Balance halten? Ein Unding! Warum dann aber die Balance im Spagat zwischen Job und dem »Rest des Lebens« versuchen wollen? Nach längerem Nachdenken lag für mich irgendwann die Antwort auf der Hand: »Ich versuche es gar nicht erst. Es funktioniert nicht – zumindest nicht für mich. Zumindest nicht für die Lebenssituation, in der ich im Moment stecke.« Ich fand diese Erkenntnis ziemlich entlastend, weil ich kein besonders sportlicher Typ bin. Es hatte nicht an mir gelegen, dass das tolle Modell der Work-Life-Balance zwar für Manager und Workaholics taugte, nicht aber für eine berufstätige Mutter. Es war einfach das falsche Werkzeug. Ich kam mir vor, als hätte ich die ganze Zeit versucht, eine Stellschraube mit einem zu kleinen Schraubenzieher zu justieren. Irgendwie geht es, aber nur mit ganz viel Mühe. Und man kommt sich ziemlich dumm dabei vor. Aber was nun? Die Erkenntnis, dass dieses Werkzeug nicht passte, war ein erster Schritt in die richtige Richtung. Aber es erschien mir auch wichtig, herauszufinden, was genau nicht passt, um ein besseres Werkzeug finden zu können, das mit weniger Mühe seinen Zweck erfüllt. Was also passt nicht an der Work-Life-Balance für berufstätige Eltern?

FALSCHE VORAUSSETZUNGEN

Um es gleich vorwegzunehmen: Um das Modell der Work-Life-Balance im eigenen Leben anwenden zu können, braucht es verschiedene Voraussetzungen. Sollten Sie das Gefühl haben, dass Work-Life-Balance für Sie nicht taugt, fehlt möglicherweise eine der folgenden Bedingungen:

- Sie haben überhaupt (bezahlte) Arbeit neben dem Privatleben. Viel zu viele – vor allem alleinerziehende – Eltern sind wegen der Sorge für die Kinder gar nicht in der Lage, eine (angemessene) Arbeit anzunehmen, obwohl sie es sehr gern täten. Nun könnte man einwenden: Was braucht jemand, der nicht arbeiten geht, denn auch Work-Life-Balance? Was hat der oder die denn für einen Stress? Richtig. Work-Life-Balance braucht er oder sie vielleicht nicht. Wohl aber Anerkennung, Entlastung von der alleinigen Verantwortung, Unterstützung in organisatorischen Dingen und vor allem finanzielle Sicherheit.

- »Work« und »Life« müssten sich im Alltag überhaupt abgrenzen lassen, um sie für ein Gleichgewicht gegeneinander aufwiegen zu können, nach dem Motto: »Erst die Arbeit, dann das Vergnügen.« Vielleicht ringt Ihnen dies ein müdes Lächeln ab. Eine solche Abgrenzung ist gerade für berufstätige Eltern gar nicht möglich: Nach der bezahlten

Arbeit im Beruf folgt nämlich die nächste Schicht in unbezahlter Arbeit daheim. Oder gehören Abendbrot machen, Hausaufgaben betreuen und Kinder ins Bett bringen zu vergnügtem »Life«, weil es so entspannend ist? Wenn das bei Ihnen so ist, lassen Sie es mich unbedingt wissen und vor allem, wie Sie das machen! Erwerbsarbeit, Erziehungsarbeit, Hausarbeit – wenn man es so betrachtet, besteht das Leben berufstätiger Eltern eigentlich ausschließlich aus Arbeit. Wenn man dann noch »Arbeit« nur als unfrei, belastend und anstrengend bewertet, bräuchte man jahrelang Urlaub, um das wettzumachen! Welchen Sinn soll es haben, den Tag in »gute Zeiten – schlechte Zeiten« einzuteilen? Außerdem: Wer »Arbeit« vom »Leben« trennt – lebt der auf der Arbeit nicht? Wie traurig ist das denn?

• Voraussetzung für ein Gleichgewicht zwischen »Work« und »Life« wäre außerdem, dass man Arbeit und Vergnügen tatsächlich planen kann. Eine anstrengende Dienstreise liegt hinter Ihnen? Na, dann wird es Zeit für ein Wochenende mit dem Partner! Sie haben heute den ganzen Tag am Schreibtisch verbracht? Na, dann ab in die Joggingschuhe und raus in den Wald! So läuft das nicht bei Eltern. Denn plötzlich wird das Kind krank oder der Babysitter fällt aus. Die Tochter braucht eine Extraportion Zuwendung, weil sie Kummer mit dem Freund hat, der Sohn, weil er das Diktat verhauen hat. Dann wird der »Termin mit sich selbst« ganz schnell aus dem Kalender gestrichen. Solange ein Paar mit sich allein lebt, mag das Planen einer Balance von »Work« und »Life« noch einigermaßen funktionieren. Aber sobald ein Kind aus den beiden eine Familie macht, ist alles plötzlich weit weniger kontrollierbar, ständig muss auf unvorhersehbare Ereignisse reagiert werden.

Ich selbst habe es tatsächlich versucht – habe Ziele formuliert und mir deren Erreichen in schillernden Farben ausgemalt, habe Prioritäten gesetzt und mich bemüht, diese selbstbestimmt und geradlinig umzusetzen, aber – das Leben passt einfach auf keine To-do-Liste.

RAUS AUS DEM *Jammertal*

Sie merken also, dass Sie sich noch so anstrengen können – als Eltern stehen Sie unter besonderem Druck. Dieser Stress macht Sie, das ist wissenschaftlich belegt, fertig und die Work-Life-Balance können Sie als Eltern gleich ganz vergessen. Wenn Sie jetzt genug von der Fahrt durchs Jammertal haben, ist es an der Zeit, die Kurve zu kriegen. Denn Hand aufs Herz: Eigentlich lieben wir ja auch diese wunderbare, aufregende, spannende Zeit mit Kindern und Beruf, Existenzgründung und Hausbau. Das Leben pulsiert, fordert uns heraus, wir entwickeln uns und unsere Kinder sind wirklich ein Wunder – wenn wir diese Zeit nur genießen können. Und zwar nicht nur im Urlaub, sondern mitten im Alltag. Auch dann, wenn es nicht so läuft, wie wir es geplant haben. Auch ohne perfektes Durchorganisieren.

Denn perfekt ist unser Alltag nicht. Als meine Work-Life-Balance damals so kläglich versagt hatte, war in mir die Angst aufgekeimt: Was, wenn ich später die verstreuten Spielsachen auf dem Wohnzimmerboden vermissen würde, über die ich mich jetzt so oft ärgerte? Was, wenn plötzlich die Zeit vorbei wäre, meinen Kindern etwas vorzulesen oder mit ihnen einen Eiskristall zu bestaunen – etwas, wofür ich mir jetzt einfach zu selten Zeit nahm?

Es *musste* einen Weg geben, diese kostbare Lebensphase tatsächlich zu genießen – jeden Augenblick, mitten in der Rush-Hour des Lebens. Es müsste möglich sein, das Leben als Ganzes zu leben – nicht zerpflückt in »Arbeit« und »Leben«. Es wäre schön, gelassen und entspannt zu sein – nicht im Wellness-Hotel, sondern im Kinderzimmer oder im Büro, beim Besuch im Pflegeheim oder beim Fensterputzen. Und Unvorhergesehenes sollte das Leben eher spannend machen als es stören. Sie fragen sich an dieser Stelle, ob ich nun anfange, vor mich hin zu träumen? Nein. Es gibt einen Weg. Und er ist sehr einfach.

»SIMPLE PRESENT«

Warum Sie nur eins tun dürfen, damit Sie alles schaffen

Die Ahnung einer Möglichkeit, ein entspannteres Leben zwischen Beruf und Familie zu führen, eröffnete sich mir eines sonnigen Vormittags in meinem Büro. Ich brütete über irgendeiner Aufgabe. Da fiel mein Blick auf eine Glasmurmel, die sich neben allerlei anderen Kleinigkeiten auf meinen Schreibtisch verirrt hatte. Ohne nachzudenken nahm ich sie in die Hand und ließ sie auf der Schreibtischplatte kreiseln. Das beruhigte meine Gedanken und ließ mich neue Konzentration finden. Mit einer einzigen Drehbewegung versetzte ich die kleine Kugel in Rotation. Es klappte nicht auf Anhieb, und zunächst schoss sie von der Tischplatte. Aber nach einer Weile gelang es mir, dass die Murmel sich gleichmäßig um sich selbst drehte und dabei auf der Stelle blieb. Fasziniert begann ich, das Spiel ihrer Farben in der Sonne zu beobachten. Die Murmel drehte sich rasant und schien doch fast still zu stehen.

Das gefiel mir: sich bewegen und doch ruhig bleiben, konzentriert auf die eigene Mitte. Wie war das möglich? Wie machte die Murmel das?

IN DER BEWEGUNG *ruhen*

Meine Erinnerung entführte mich in eine Physikstunde vor vielen Jahren – mit einer mechanischen Versuchsanordnung, und lateinische Begriffe kugelten mir ins Bewusstsein: Zentrifugalkraft und Zentripetalkraft. In der Drehung eines Körpers wirken zwei entgegengesetzte Kräfte: Die Zentrifugalkraft (lat. fugere = fliehen) wirkt nach außen,

vom Zentrum weg. Diese Kraft sorgt dafür, dass die Bewegung nicht aufhört. Jeder einzelne Punkt der Murmel setzt seine einmal angestoßene Bewegung in gleicher Richtung und gleichem Tempo fort. Geradlinig. Und das heißt eben vom Zentrum weg. Alles ist in Bewegung, kein noch so winziges Element steht still. Eigentlich müsste die Murmel in tausend Einzelteile auseinanderfliegen.
Doch da ist noch die Zentripetalkraft (lat. petere = ziehen). Sie wirkt entgegengesetzt der Fliehkraft zur Mitte hin. Jeder einzelne Punkt wird zum Mittelpunkt gezogen und dadurch verhindert, dass er nach außen geschleudert wird. Durch die widerstreitenden Kräfte wird die geradlinige Bewegung der einzelnen Punkte in eine Kreiselbewegung umgelenkt. Beide Kräfte zusammen, jede gleich stark, bewirken, dass die Murmel sich immer weiter dreht: ruhig um sich selbst.

IM GLEICHGEWICHT LEBEN

Diese beiden, einander entgegengesetzten Kräfte finden Sie auch in Ihrem Alltag: zum einen die Kraft, die Menschen in Bewegung hält und aktiv sein lässt. Erinnern Sie sich zum Beispiel an Tätigkeiten, von denen Sie ganz erfüllt sind: Hier investieren Sie gern und voller Schwung Zeit und Energie, um sie zu erledigen. Steht eine große Familienfeier an, befinden sich die Gastgeber tagelang im Ausnahmezustand. Sie telefonieren, brutzeln, putzen, bügeln und backen, um erst hinterher, wenn sich alle Gäste glücklich verabschiedet haben, zu merken, wie erschöpft sie sind. Selbst wenn ihr Kind nachts weint, stehen seine Eltern automatisch auf, um es wieder in den Schlaf zu wiegen. Sie sehen einen Sinn in dem, was sie tun und setzen dafür all ihre Energie ein. Diese Kraft, die sie so aktiv sein lässt, zeigt ihnen: »Ich lebe, und zwar gern!« Es ist dieselbe Kraft, die auch die Murmel in Bewegung hält.
Auch die entgegengesetzte Kraft erleben Sie: jene, die Ihnen Energie gibt, Sie in der Bahn hält, Ihnen Konzentration und Wachsamkeit schenkt. Diese auf die innere Mitte ausgerichtete Kraft ist zu beobach-

ten, wenn die Erzieherin auch im größten Trubel aufgeregter Kinder gelassen bleibt. Die Designerin, die eine neue Idee umsetzt und dabei ganz versunken und kaum ansprechbar ist, spürt sie. Oder ein Jogger, der es schafft, nicht nur durch die Natur zu rennen, sondern beim Laufen bewusst den Geruch, die Geräusche und Farben der Landschaft wahrzunehmen.

Ich schubste die Murmel auf meinem Schreibtisch noch einmal an. Der sich ruhig und schnell zugleich drehenden Kugel war es physikalisch nicht möglich, die beiden Kräfte zu trennen – sie bedingen und brauchen einander für die ideale Rotation. Mich bestärkte diese Beobachtung in meiner Erkenntnis: »Arbeit« und »Leben« sind nicht voneinander zu trennen. Denn das würde Gegensätze ausdrücken, wo gar keine sind. Bevor wir uns in unterschiedliche Lebensbereiche zerreißen, um dann alles wieder zusammenfügen zu müssen, wäre es doch besser, alle unsere Kräfte gleich beieinander zu behalten. Letztendlich ist alles bereits unter einem Hut. Es kommt wohl eher darauf an, dass wir auch selbst unter dem Hut bleiben. Noch etwas fiel mir auf: Die Murmel bewegte sich nur in eine Richtung. Manchmal im leichten Bogen, manchmal auf einer Linie zog sie gelassen und präzise ihre Bahn. Die Kräfte nach außen und die nach innen ermöglichten beide gemeinsam das Streben in diese Richtung. Das machte die Murmel so rasant und zugleich souverän in ihrer Bewegung. Versuchte ich, ihre Bewegung zu ändern, geriet sie sofort ins Schlingern. Auch das ist gut übertragbar auf den Menschen: kann er alle seine Kräfte auf eine Sache konzentrieren, gehen ihm die Aufgaben schnell, effektiv und gut von der Hand. Wird er ständig in dem, was er tut, unterbrochen und ist andauernd gezwungen, die Richtung seiner Bemühungen zu ändern, gerät er aus dem Konzept, macht Fehler.

Letzteres entspricht der täglichen Erfahrung berufstätiger Eltern: Das Mühen um gelingende Vereinbarkeit gleicht in der Wirklichkeit einer permanenten Richtungsänderung, ähnlich einem Flipperspiel. Denn der geplante Tagesablauf wird immer wieder von Unwägbarkeiten unterbrochen.
Sich immer nur auf eines zu konzentrieren – wie soll das gehen, wenn so viele Erwartungen zu erfüllen sind? Ein Gleichgewicht von Ruhe in der Aktivität, von Entspannung in der Konzentration, von Auftanken während des Verausgabens, das klingt simpel und zugleich stark. Sich trotz Stress nicht mehr aus der Bahn werfen lassen, das wäre schon genial. Aber wie lässt sich das im Alltag verwirklichen?
Ich vermute, Sie kennen solche Momente des inneren Gleichgewichts längst: Erinnern Sie sich nur an eine Zeit, in der Sie entspannt und ausgeglichen waren – vielleicht war es ein Urlaub, ein schönes Wochenende? Was waren die »Zutaten« dafür, dass es eine gute Zeit für Sie war? Die Erfahrung zeigt: Ein Urlaub wird nicht erholsamer, wenn man den ganzen Tag am Strand liegt und sich nur einmal von der rechten auf die linke Seite dreht. Vielmehr kommt es auf die richtige Mischung von Aktivität und Ruhe an. Vorteil der »schönsten Wochen im Jahr«: Man kann sich beides frei einteilen.

»Na ja«, denken Sie jetzt vielleicht, »das ist halt Urlaub!« Aber erinnern Sie sich auch an andere Situationen, in denen Sie sich mitten im Getriebe des Alltags stark und ausgeglichen fühlten? Denken Sie an Augenblicke, in denen Sie mitten im Stress innere Ruhe erlebten und Sie sich von dem äußeren Trubel nicht aus der Bahn werfen ließen. Wie haben Sie das gemacht? Wenn Sie darauf eine Antwort gefunden haben, schließt sich die spannende Frage an: Wie könnten Sie das, was in diesen Momenten im Gleichgewicht war, auch auf andere stressige Situationen übertragen, um diese zu entspannen?

IM GLEICHGEWICHT DER KRÄFTE: »SIMPLE PRESENT«

Kinder machen es uns vor. Betrachten Sie einmal ein Kind, das versunken ist in sein Spiel. Es konzentriert sich ganz auf den Kampf der Piraten, das Kämmen der Puppen-Haarpracht, das Malen eines Bildes. Drumherum könnte das Haus abgerissen werden, das Kind würde es vielleicht kaum wahrnehmen.

Drei Dinge am Verhalten des Kindes sind bemerkenswert: Da ist erstens die aktive Konzentration auf nur eine Sache, ein Spiel, eine Aufgabe, die in diesem Moment das einzig Wichtige zu sein scheint. Das Kind ist ganz bei dem, was es gerade tut. Zweitens ist es gleichzeitig bei sich selbst, ruht in sich. Und drittens ist es ganz gegenwärtig, ganz gesammelt im Hier und Jetzt. Diese drei Aspekte beeinflussen sich, wirken gleichzeitig und bilden ein Gleichgewicht. Eine Lebensweise, die alle drei Punkte umfasst, kann auch gestressten Eltern zu mehr Ruhe im Alltag verhelfen.

Ein Ausdruck aus der englischen Grammatik soll diese Grundhaltung auf den Punkt bringen: »simple present«. Der Begriff bezeichnet eigentlich eine Zeitform, die »einfache Gegenwart«. Ich verwende ihn hier im übertragenen Sinn. Mit »simple« meine ich, die Dinge zu vereinfachen und sich nur auf eine Aufgabe, auf einen Menschen zu konzentrieren. »Present« umfasst das Ganz-bei-sich-Bleiben im Hier und Jetzt. Einfach präsent sein. Wenn es also gelingt, Vereinfachung und Präsenz in den anstrengenden Alltag zu integrieren, dann gelingt es vielleicht auch, mehr Momente im Gleichgewicht der Kräfte zu spüren. »Einfach« in der Gegenwart zu leben und sich auf das zu konzentrieren, was gerade »dran« ist, scheint vielen berufstätigen Eltern jedoch völlig unrealistisch. Denn oft ist schlicht zu viel auf einmal »dran«. Der Alltag ist komplex, manchmal chaotisch und immer eine Herausforderung an Organisation und Logistik. Was soll daran einfach sein?

Eine Geschichte bringt die Not angespannter Menschen ebenso auf den Punkt wie die wunderbare Haltung der »einfachen Gegenwart«.

Ein weiser Mann wurde einmal gefragt, warum er trotz seiner vielen Beschäftigungen immer so gesammelt sein könne. Er antwortete:
»Wenn ich stehe, dann stehe ich,
wenn ich gehe, dann gehe ich,
wenn ich sitze, dann sitze ich,
wenn ich esse, dann esse ich,
wenn ich spreche, dann spreche ich.«
Da fielen ihm die Fragesteller ins Wort und sagten: »Das tun wir auch, aber was machst du noch darüber hinaus?«
Er sagte wiederum:
»Wenn ich stehe, dann stehe ich,
wenn ich gehe, dann gehe ich,
wenn ich sitze, dann sitze ich,
wenn ich esse, dann esse ich,
wenn ich spreche, dann spreche ich.«
Wieder sagten die Leute: »Das tun wir doch auch.«
Er aber sagte zu ihnen:
»Nein, das tut ihr nicht. Wenn ihr sitzt, dann steht ihr schon,
wenn ihr steht, dann lauft ihr schon,
wenn ihr lauft, dann seid ihr schon am Ziel.«

Und, haben Sie die Geschichte bis zum Ende gelesen? Allein das Lesen dieser kurzen Geschichte ist für viele von uns bereits eine Herausforderung. Man mag die Ruhe dieses Mannes kaum aushalten, wenn er seine Haltung darlegt, denn »wir wissen ja schon, was jetzt kommt«. Und wenn wir schnell zum Ende springen, können wir schneller weiterlesen und sind eher mit dem Buch fertig. Aber das ist ein Irrglaube, der gerade für Menschen, die viel um die Ohren haben, fatale Folgen hat. Ohne es zu wollen, verkomplizieren Menschen ihren ohnehin anstrengenden Alltag. Sie tun immer mehr und schneller und zum Teil sogar vieles gleichzeitig: eine Herangehensweise, die berufstätige Eltern nur zu gut kennen.

MULTITASKING, DER UNTERSCHÄTZTE STRESSFAKTOR

Was tun Sie, wenn Sie Ihre Aufgaben zeitlich nicht mehr »auf die Reihe« bringen, es also nicht mehr schaffen, sie nacheinander abzuarbeiten? Sie beginnen, die Dinge parallel zu tun, mehreres gleichzeitig. »Multitasking« ist der beschönigende Ausdruck für ein Durcheinanderwuseln Ihrer Sinne, Ihrer Aufmerksamkeit und Ihres Tuns. Er gaukelt vor, eine Fähigkeit zu besitzen, um schneller und effizienter durch das Leben zu rennen, dadurch auch »mehr« zu (er)leben. Das schicke Multitasking galt lange als Indiz für hohe Leistungsfähigkeit. Kein Wunder, dass Frauen als die Weltmeisterinnen dieser Disziplin gelten, bietet doch der Spagat zwischen Familie und Beruf ein hervorragendes Übungsumfeld fürs Multitasking.

Neurowissenschaftler wie der Münchner Hirnforscher Ernst Pöppel sagen jedoch inzwischen: Weder Frauen noch Männer sind für Multitasking geschaffen. Das Gehirn kann sich immer nur auf eine Sache konzentrieren, denn das Bewusstsein hat zu jedem Zeitpunkt immer nur einen Inhalt. Multitasking kann nur heißen, in einer bestimmten Zeitspanne mehrere Dinge schnell hintereinander zu erledigen, also mit der Aufmerksamkeit ständig hin und her zu springen.

Eine Folge davon ist Erschöpfung, weil das Gehirn dieser Mehrfachbelastung auf Dauer nicht gewachsen ist. Die ständig wechselnden Aktivitäten halten in Atem, die innere Ruhe geht verloren und damit die Möglichkeit, sich voll und ganz auf eine Aufgabe einzulassen. Multitasking hält die Aufmerksamkeit an der Oberfläche und verplempert sogar Zeit – insgesamt dauert die »gleichzeitige« Erledigung von Aufgaben mehr als ein Viertel länger als die konzentrierte Arbeit an jeweils nur einer Aufgabe. Denn es braucht immer einen Moment, sich wieder an die nächste Aufgabe zu erinnern. Der Kopf befindet sich ständig im Modus »Wo war ich noch gleich?«. Dadurch steigt die Fehlerquote und das Ausbügeln der Fehler ist dann ebenfalls zeitaufwendig.

Der Alltag berufstätiger Eltern ist kompliziert, ohne Frage. Viele wünschen sich manchmal mehr Arme und Beine, um alles gleichzeitig und schneller erledigen zu können. Die realistische Lösung liegt aber genau im Gegenteil, nämlich den Alltag zu vereinfachen, eben »simple« zu leben. Klingt so einfach. Ist es auch. Aber nicht gerade leicht.

NUR EINES AUF EINMAL

Multitasking ist eine Mogelpackung, die viel verspricht, aber nur Stress erzeugt und die Fehlerquote erhöht. Dass stattdessen eine vereinfachende Herangehensweise erfolgreich sein kann, zeigt ein alter Sport: Billard ist ein faszinierendes Spiel. Der Spieler stößt mit einem Queue, einem langen Stab, eine weiße Kugel an, die wiederum seine farbigen Kugeln in den Löchern des Billardtisches versenken soll.
Um das Match zu gewinnen, braucht der Spieler körperliche und geistige Fähigkeiten. Aber diese allein genügen nicht. Im entscheidenden Augenblick, wenn er den Queue auf die weiße Kugel richtet, hat der Spieler das Gesamtspiel mit allen Kugeln im Blick. Ansonsten aber blendet er alles Ablenkende aus. Er konzentriert sich mit seinem ganzen Körper, allen seinen Sinnen auf die einzige Aufgabe, die für ihn im Moment wichtig ist: mit einem Stoß möglichst mehrere farbige Kugeln zu versenken. Das, was ihn letztendlich aber wirklich erfolgreich macht, ist etwas, das im Kopf des Spielers stattfindet: die Kunst der entspannten Konzentration. Sein Geheimnis ist es, Anspannung loszulassen. Diese entsteht, wenn er sich zu große Mühe gibt, keinen Fehler zu machen. Es geht um das richtige Maß an Konzentration und Spontaneität. Beides zusammen wird möglich, wenn das Denken ruhig und in Einklang mit dem Körper ist.
Um erfolgreich die zahlreichen Aufgaben zwischen Beruf und Familie zu stemmen, hat es wenig Sinn, alles wahllos und auf einmal erledigen zu wollen. Klüger ist es, kurz zurückzutreten, sich das Ganze von mehreren Seiten anzuschauen und das Denken zu beruhigen. Wichtig ist, sich für eine Aufgabe zu entscheiden und sich auf deren Erledigung

ganz zu konzentrieren. Dann geht uns das, was wir tun, auch schnell und effektiv »von der Hand«.
Mütter und Väter müssen verinnerlichen, dass sie gleichzeitig nur an einem Ort sein, nur einem Kind zuhören, gleichzeitig nur eine Sache richtig erledigen können – mit aller nötigen Ruhe und Konzentration. Was aber tun in den vielen unübersichtlichen Situationen, in denen schnelles Handeln erforderlich ist?

AUFGABEN UND PROBLEME LÖSEN: EINE SCHRITT-FÜR-SCHRITT-ANLEITUNG

Susanne ist gerade auf dem Weg in eine wichtige Besprechung. Sie ist aufgeregt, sie möchte ihre Ideen zum neuen Planungskonzept präsentieren und hat sich seit mehreren Tagen intensiv darauf vorbereitet.
Da wird sie ans Telefon gerufen: Die Lehrerin ihres Sohnes informiert sie, dass Philipp eben auf dem Schulhof hingefallen sei und sich eine kleine Platzwunde an der Augenbraue zugezogen habe. In Susannes Kopf geht nun einiges durcheinander. Was soll sie jetzt machen? Sofort zur Schule fahren und Philipp abholen? Dann würde sie vielleicht im Team als unzuverlässig gelten. Oder jemand anderen bitten, zur Schule zu fahren? Kann sie das als Mutter ihrem Sohn zumuten?
Frauen und Männer, die sich zwischen Familie und Beruf aufreiben, kennen solche Situationen zur Genüge. Täglich müssen sie schnell abwägen und Prioritäten setzen, sich entscheiden, Folgen bedenken. Der scheinbar sofortige Handlungsdruck engt die Wahrnehmung ein. Nicht zu wissen, was zu tun ist, führt zu einer Gefühlsmischung von Hilflosigkeit und Überforderung, die entweder in Lähmung oder in eine unbedachte Handlung münden kann. Wie aber lassen sich solch komplizierte Situationen vereinfachen, damit sie sich gut und leicht bewältigen lassen?
In dem wunderbaren Roman »Momo« von Michael Ende erklärt der alte Beppo der kleinen Momo, wie er mit Aufgaben, die scheinbar kaum zu bewältigen sind, umgeht. Beppo ist Straßenkehrer. Er weiß,

dass dies eine notwendige Arbeit ist. Während die Stadt noch schläft, wartet er jeden Morgen mit seinen Kollegen darauf, dass man ihm Karren und Besen gibt und die Straße nennt, die er fegen soll. Er macht seine Arbeit gern und gründlich, fegt langsam, aber stetig. Besenstrich für Besenstrich, dazwischen einen Atemzug. Manchmal ruht er ein klein wenig aus, bleibt kurz stehen und dann geht es weiter: Schritt, Atemzug, Besenstrich. Schritt, Atemzug, Besenstrich … Und er erklärt Momo, wie er seine Arbeit bewältigt. Denn manchmal habe er eine sehr lange Straße vor sich, die so schrecklich lang sei, dass er denke, das nie zu schaffen. Und dann beeile er sich, er beeile sich immer mehr, weil es einfach nicht weniger werde, was vor ihm liege. Und er strenge sich an und habe Angst und sei zum Schluss ganz außer Puste. Und trotzdem liege die Straße dann immer noch vor ihm, weshalb er sich ganz erschöpft fühle. Da habe er erkannt, dass das nicht der richtige Ansatz sei. Viel besser sei es, nicht gleich an die ganze Straße zu denken, sondern nur an den nächsten Besenstrich. Er atme einmal durch und erledige den nächsten Besenstrich. Dadurch mache ihm seine Arbeit Freude und er mache sie gut. Am Ende sehe er plötzlich, dass er die ganze Straße geschafft habe, ohne es zu bemerken. Und er fühle sich nicht mal müde.

»Simple« bedeutet genau das: das Komplizierte und Schwierige vereinfachen. Sie können, wenn mehrere Probleme gleichzeitig auftreten, sich unmöglich um alle gleichzeitig kümmern. Also entscheiden Sie, welches Sie zuerst lösen – die anderen müssen hinten anstehen. Nehmen Sie sich kurz Zeit, um zu überlegen, was als nächstes dran ist. Es hilft, sich vor Augen zu führen: »Ich muss nicht das ganze Problem auf einmal lösen, sondern ich muss mich im Moment nur auf den nächsten Schritt konzentrieren und immer nur einen Schritt nach dem anderen tun.«

Susanne tut das. Sie macht sich klar, dass sie innerhalb von Sekunden am Telefon keine gute Entscheidung treffen kann. Zunächst braucht sie weitere Informationen und etwas Zeit, um eine Lösung finden zu können. Sie fragt die Lehrerin nach deren Einschätzung der Situation. Diese antwortet, sie habe die Wunde erst einmal versorgt und Philipp gehe es gut, er würde am liebsten schon wieder Fußball spielen. Es gäbe keinen sofortigen Handlungsbedarf, sie habe Susanne nur informieren wollen. Susanne bedankt sich und verspricht, innerhalb der nächsten fünf Minuten zurückzurufen, um zu klären, wie es weitergehen soll. Nachdem sie den Hörer aufgelegt hat, atmet sie erst einmal tief durch und beruhigt sich. Anschließend spricht sie mit ihrem Chef und bittet ihn, ihre Präsentation an den Anfang der Besprechung zu legen. Sie nimmt sich ihre Notfall-Telefonliste vor und geht alle ihre »Nothelfer« durch. Schließlich ruft sie die Mutter eines Mitschülers an, die zufällig Krankenschwester ist und nicht weit von der Schule entfernt wohnt. Susanne hat Glück: Die Mutter ist daheim und sofort bereit, Philipp abzuholen und ihn bei sich zu behalten, bis Susanne aus der Besprechung kommt, um mit ihm nach Hause zu fahren. Susanne ist unendlich erleichtert und ruft die Lehrerin wieder an. Dann widmet sie sich voll und ganz ihrer Präsentation. Sie weiß, dass Philipp erst einmal versorgt ist. Dank dem Verständnis ihrer Kollegen wird sie früher als sonst heimkehren und sich selbst und ihrem kleinen Helden einen Verwöhnnachmittag gönnen.

EXKURS
Ein Netzwerk aufbauen

Der Alltag zwischen den Welten ist störanfällig und es braucht ein gutes Netzwerk, um auch unerwarteten Herausforderungen begegnen zu können. Was tun, wenn ...
... mein Kind krank ist?
... mein Kind kurzfristig abgeholt werden muss?
... ich krank werde?
... mein Kind in Kita oder Schule kommt?

Alleinerziehende Eltern sind von Anfang an gezwungen, sich ein Netzwerk aufzubauen, auf das sie im Ernstfall zurückgreifen können. Eltern in einer Partnerschaft verlassen sich dagegen gern darauf, zu zweit zu sein. Die Rechnung geht nicht unbedingt auf – eines der großen Minengebiete zwischen Eltern, wenn beide berufstätig sind. Auch sie sollten einen Krisenplan in petto haben.
Denn Menschen, die mehrere Optionen für den Fall der Fälle haben, reagieren mit wesentlich weniger Stress auf Herausforderungen. Allein das Wissen, wo und wie sie Hilfe in Anspruch nehmen könnten, lässt das Problem als wesentlich kleiner erscheinen und schafft Entlastung.

DIE NOTHELFER-LISTE:

ÜBERLEGEN SIE: Wen könnte ich im Ernstfall kurzfristig um Hilfe bitten? Denken Sie an Verwandte, Freunde, Eltern anderer Kinder oder Klassenkameraden, Nachbarn, Kollegen, Babysitter, firmeninterne Ansprechpartner, einen Familienservice. Sprechen Sie mit diesen Personen über Ihr Anliegen. Machen Sie sich eine Liste mit sämtlichen Telefonnummern, auf die Sie schnell zurückgreifen können. Denn wenn es darauf ankommt, kommt man manchmal nicht auf die naheliegendste Lösung.
Überlegen Sie auch, wem Sie aus der Nachbarschaft vertrauen können, wer häufig zu Hause ist, um dort einen Schlüssel für Ihre Wohnung zu hinterlegen, damit die Nothelfer ggf. auch ohne Sie Ihr Kind nach Hause bringen können.

UND GANZ WICHTIG: Seien Sie aufmerksam, wie es um die Notfallpläne von anderen Eltern im Kollegen-, Freundeskreis und bei Klassenkameraden und Freunden der Kinder bestellt ist. Sprechen Sie mit ihnen und bieten Sie im Ernstfall Unterstützung an oder packen Sie mit an, wenn Sie eine Notlage erkennen. So fällt es Ihnen leichter, selbst um Hilfe zu bitten, wenn Sie diese brauchen.

Vereinfachen heißt, das Durcheinander in ein Nacheinander zu sortieren und sich zu entscheiden, immer nur einen Schritt zu gehen. Es gibt keine Ideal-Lösung für komplizierte Probleme, dafür aber den wichtigen Hinweis: Besenstrich für Besenstrich – und zwischendurch tief durchatmen!

Das Vereinfachen ist ein guter Anfang, den anstrengenden und stressigen Alltag zwischen Familie und Beruf zu entschleunigen. Es ist aber nur der erste Teil einer Haltung, die zu Gelassenheit und Zufriedenheit mitten im hektischen Alltag führen kann. Innere und äußere Präsenz sind weitere Voraussetzungen.

PRESENT – *den Augenblick leben*

EIN GESCHENK FÜR MICH UND ANDERE

»Es ist immer wieder dasselbe«, beklagt sich Maike bei ihren Freundinnen über ihren Mann: »Ich freue mich, dass Peter sich etwas eher in der Firma loseisen konnte und wir mal wieder zusammen Abendbrot essen können. Die Kinder sprudeln munter drauflos und erzählen vom Tag, aber Peter wirkt, als wäre er gar nicht da. Er hört nur mit halbem Ohr hin. Und wenn er angesprochen wird, weiß er gar nicht, worüber wir gerade geredet haben. Meistens endet es damit, dass die Große stinksauer den Tisch verlässt: ›Mir hört ja sowieso keiner zu.‹ Oft denke ich dann enttäuscht, dass es ruhiger wäre, wenn Peter gar nicht eher heimgekommen wäre. Er ist ja sowieso nicht anwesend!«
Das zustimmende Nicken der anderen in der Runde zeigt, dass sie das auch gut kennen – bei sich selbst, bei Kolleginnen oder beim Partner: wichtige Dinge gehen einem durch den Kopf, man ist in Gedanken ganz woanders, eben nicht präsent.
Das Problem: Ein Mensch, der innerlich besetzt ist, kann sich nicht öffnen für die Menschen um sich herum. Er reagiert genervt und gereizt

oder überhaupt nicht. Aber nicht nur das: in Gedanken woanders zu sein raubt Kraft und Energie. Es verhindert, in einer Aufgabe, einem Gespräch ganz aufzugehen, Spaß zu haben, sich zu entspannen und dadurch für sich selbst Kraft aus der Situation zu ziehen.
Die Lösung ist *Präsenz*, das konzentrierte Ruhen in sich selbst. Das Wort kommt vom lateinischen *praesens*, was anwesend, gegenwärtig, aktuell, im Augenblick und persönlich bedeutet. Präsenz umfasst dreierlei: die Anwesenheit im räumlichen und körperlichen Sinn, die Gegenwart im zeitlichen Sinn und die persönliche Zugänglichkeit oder Offenheit. Wenn ein Mensch *präsent* ist, dann ist er räumlich und zeitlich anwesend und ansprechbar. Die Gleichung für Präsenz könnte also lauten:

Anwesenheit + Gegenwart + Zugänglichkeit = Präsenz

Im Englischen hat »present« noch eine weitere Bedeutung: Geschenk. Wenn Präsenz mit Geschenk gleichzusetzen ist, könnte theoretisch jeden Tag Weihnachten sein. Wenn die Gleichung aufgeht. Das funktioniert aber nur, wenn alle drei Komponenten gegeben sind.

MIT ALLEN SINNEN ANWESEND SEIN

»Mama!« Als ich nicht sofort reagiere, schallt es aus dem Kinderzimmer meines fünfjährigen Sohnes energischer: »Maa-maa!« Ich frage mich zum tausendsten Mal, weshalb das Wort »Mama« in dieser Tonlage noch nie zum Unwort des Jahres gewählt wurde, und rufe seufzend nach oben: »Was ist denn?« Mein Sohn: »Komm mal!« Meine Antwort: »Warum denn?« Ich habe keine Lust, meine Arbeit ohne guten Grund zu unterbrechen. Außerdem kann er mir doch einfach zurufen, was er will, während ich weiterarbeite. Von oben: »Komm einfach!« Irgendwann gebe ich nach und gehe nach oben. »Kannst du mir helfen, den Baustein zu finden, auf den die Zapfsäule der Tankstelle gemalt ist?« Jetzt bin ich schon mal da und kann ihm auch beim Suchen helfen.

Kinder brauchen die ungeteilte körperliche Anwesenheit und die volle Aufmerksamkeit Erwachsener, um sichergehen zu können, dass sie ihnen und ihren Anliegen auch wirklich zur Verfügung stehen. Kinder erinnern uns daran, dass es gut ist, eins zu sein, ungeteilt und vollständig mit Körper, Geist, Herz und allen Sinnen. Wenn Eltern voll und ganz präsent sind, fällt es ihnen außerdem leichter, von den Kindern etwas einzufordern. Probieren Sie es nur einmal aus: ein Ruf quer durch die Wohnung Richtung Kinderzimmer: »Räum endlich den Geschirrspüler aus – du bist laut Plan heute dran!«, hat wesentlich weniger Wirkung, als sich kurz auf den Weg zu machen, sichtbar im Türrahmen des Spielzimmers zu stehen und ruhig und mit Nachdruck zu sagen: »Ich möchte, dass Du jetzt die Geschirrspülmaschine ausräumst.« Nun werden Sie vielleicht sagen, dass Sie nicht ständig Ihren Kindern hinterherlaufen können, wenn sie etwas von ihnen wollen. Das stimmt, aber »fünfmal gerufen ist einmal gelaufen«. Sie schonen Zeit, Kraft und Nerven, wenn Sie Ihre körperliche Anwesenheit, Ihre Präsenz nutzen. Und Sie werden merken: Wenn Sie mit ganzem Herzen dabei sind, »ganz Ohr« sind und nicht mehr neben sich stehen, können Sie sogar aus anstrengenden Situationen Kraft und Energie schöpfen. Es geht aber nicht nur darum, mit allen Sinnen, Herz und Verstand im »Hier« zu sein, sondern mit den Gedanken auch im »Jetzt« zu verweilen.

DEN REGENBOGEN ANSCHAUEN, WENN ER DA IST

Viele Erwachsene kennen das: Sie fallen abends todmüde ins Bett und schaffen es kaum noch, zwei Seiten zu lesen. Kaum aber schließen sie die Augen, beginnt das Karussell im Kopf seine Nachtschicht. Während ein müder Körper Erholung sucht, meint ein quirliger Geist, nun endlich auf Zeitreise gehen zu können. Er gönnt sich einen Ausflug in die Vergangenheit, bereut Entscheidungen, diskutiert Ansichten, verliert sich in »Ach-hätte-ich-doch«-Spiralen oder träumt einfach schönen Erinnerungen nach. Ab und zu schweift der Geist dann in die Zukunft, sorgt sich und bestreitet mögliche Konflikte.

Vom fehlenden Nachtschlaf ganz zu schweigen, ermüden solche gedanklichen Endlosschleifen. Erholung mitten im Stress ist nur möglich, wenn der Körper nicht nur im Hier, sondern die Gedanken auch im Jetzt sind und sich den anstehenden Dingen stellen. Was aber bedeutet Jetzt?

Neurologen sprechen in diesem Zusammenhang vom »Drei-Sekunden-Fenster«, einer Zeitspanne, die von uns Menschen als Jetzt wahrgenommen wird. Winken, ein Händeschütteln zur Begrüßung, das flüchtige Streicheln einer Katze und selbst das trotzige Aufstampfen des Kindes mit dem Fuß dauern etwa drei Sekunden. Erst danach entschließt man sich zu einer weiteren Handlung – das ist weltweit so, in Rio ebenso wie in Kathmandu. Der Hirnforscher Ernst Pöppel nennt diese Wahrnehmung von Augenblicken »Inseln der Gegenwart«. Dieser Augenblick, diese Insel der Gegenwart, ist der einzige Teil des Lebens, den Menschen wirklich gestalten können. Nur über ihn können sie (in gewissem Maß) »verfügen«. Die Vergangenheit gehört ihnen nicht mehr und die Zukunft noch nicht. Durch Grübelei die Vergangenheit zu verändern oder durch Sorgen die Zukunft zu beeinflussen, ist nicht möglich.

Dies soll natürlich nicht bedeuten, dass die Gedanken nie auf Reisen gehen dürfen. Es ist schließlich die einmalige Gabe des Menschen, dass wir ein Konzept von Vergangenheit und Zukunft haben. Aber: Das Leben spielt in der Gegenwart; diese nicht wahrzunehmen, hieße auch, die Kraft, Energie und Freude, die sie schenkt, zu vergeuden. Ein chinesisches Sprichwort erinnert an die Bedeutung des Lebens in der Gegenwart: »Die Arbeit läuft dir nicht davon, wenn du deinem Kind den Regenbogen zeigst. Aber der Regenbogen wartet nicht, bis du mit der Arbeit fertig bist.« Es gilt also, den Moment zu nutzen, der gerade da ist.

Neben der räumlichen Anwesenheit und der zeitlichen Gegenwart braucht es für Präsenz aber noch ein Drittes: für den anderen erreichbar und für seine Anliegen ansprechbar zu sein.

GANZ BEWUSST FÜR DEN ANDEREN ZUGÄNGLICH SEIN

»Ich bin gleich für Sie da«, diesen Satz haben Sie bestimmt schon öfters gehört – in einem Laden oder an einer Servicetheke, wo der Mitarbeiter im Moment nicht für Sie da war, sondern für einen anderen Kunden oder für die letzten Klicks am Computer. Aber auch wer gerade keine dringende Beschäftigung hat, ist nicht automatisch für sein Gegenüber da. Manchmal ist man zwar äußerlich frei, aber innerlich besetzt. Nicht zugänglich. Vielleicht kennen Sie das: Irgendetwas bewegt Sie so sehr, dass Sie unbedingt mit jemandem darüber reden wollen. Doch Ihr Gegenüber sagt nach den ersten Sätzen: »Oh ja, das kenne ich auch«, und dann geht es los mit seiner Geschichte. Und Sie sind enttäuscht. Hier ist zwar jemand körperlich anwesend, aber nicht wirklich »präsent« im Sinne von »zugänglich«. Für jemand anderen zugänglich zu sein, bedeutet sich Zeit zu nehmen, zuzuhören, sich auf die Situation und den anderen einzulassen.

Dieser dritte Faktor ist für echte Präsenz immens wichtig. Menschen, die viel um die Ohren haben, sich aufreiben durch Aufgaben und Termine, Erfordernisse und Erwartungen, sind innerlich besetzt. Das ist problematisch, denn es braucht Offenheit, zu hören, was gesprochen wird, Stimmungen zu erfassen, sich auf Begegnungen mit anderen Menschen einzulassen. Und es braucht den unverstellten Blick, um in einer anstrengenden Situation das entdecken zu können, was Kraft gibt, und zu wissen, was »dran« ist. Nun können Sie nicht den ganzen Tag für die Menschen um sich herum da sein – wie sollten Sie sonst Ihre eigenen Pläne umsetzen und Aufgaben schaffen? Darum geht es auch nicht. Wichtig ist, wach zu sein, sich einzulassen auf das, was von Ihnen gerade in diesem Moment gefordert wird, wahrzunehmen, was gerade los ist. Dadurch gewinnen Sie Klarheit.

Klarheit benötigen wir, um Lösungen für komplexe Probleme zu finden, deutlich und nicht verletzend »Nein« sagen und eine Grenze setzen zu können. Diese benötigen Sie, um Überblick in schwierigen

Situationen zu bekommen oder deutlich »Nein« sagen und dadurch eine Grenze setzen zu können. Wenn Sie sich über Ihre Beweggründe und Wünsche im Klaren sind, werden Sie deutlicher sagen können, was Ihnen wichtig ist und was nicht. Das spart viel Kraft und Zeit. In jedem Augenblick bei sich selbst, bei Ihren Gefühlen, Wünschen und Bedürfnissen zu sein, bedeutet innere Präsenz. Sie ist eine Voraussetzung für äußere Präsenz. Wenn Sie im wahrsten Sinne des Wortes neben sich stehen, können Sie sich anderen nicht zuwenden. Klar und präsent zu sein, ist ein Geschenk – für Ihre Mitmenschen, aber zuallererst für Sie selbst!

SICH NICHT AUS DER RUHE BRINGEN LASSEN

Ich beobachte noch einmal die Murmel auf meinem Schreibtisch. Und ich genieße den Anblick der ruhigen Bewegung. Sie zeigt mein Wunschbild für Ihren Alltag zwischen Familie und Beruf: Die Kräfte, die Sie in Bewegung halten, und die anderen Kräfte, die für Ihre innere Ruhe und Gelassenheit sorgen, befinden sich im Gleichgewicht. Sie heben einander nicht auf, sondern sie sind beide gleich wichtig.

Dieses Gleichgewicht bedeutet »simple present« – einfache Gegenwart, einfache Präsenz. Präsent zu sein heißt, in sich selbst zu ruhen und zugleich die Umgebung mit wacher Aufmerksamkeit wahrzunehmen. Sie müssen sich nicht zwischen Beruf und Familie, zwischen Kindern und Karriere zerreißen, keinen schmerzhaften Spagat vollführen oder alles unter einen Hut bringen. Es genügt, sich in jedem Augenblick einer Sache, einer Herausforderung, einem Menschen zu widmen, voller Konzentration und Hingabe. Und: Sie werden dadurch nicht weniger schaffen oder mehr Zeit brauchen. Sie werden die wirklich wichtigen Dinge tun.

Genau diese Präsenz ist es, die Ihre Familie und die Menschen, mit denen Sie tagtäglich zu tun haben, von Ihnen brauchen.

Probieren Sie es doch gleich einmal aus. Sie müssen nicht weiterlesen, sondern können sofort damit beginnen, sich einer Sache zuzuwenden, einem Menschen zuzuhören, einer Frage auf den Grund zu gehen.

Tun Sie einen Augenblick lang so, als ob es auf der ganzen Welt gerade nichts Wichtigeres gäbe als diese Aufgabe, dieses Kind, diese Frage! Bleiben Sie bei sich, ruhen Sie in sich. Oder eine andere Möglichkeit, »simple present« zu spüren: Machen Sie für den Rest des Tages alles einen Tick langsamer. Schmecken Sie die Milch im Kaffee. Sehen Sie die Farben des Sonnenuntergangs an. Schauen Sie einmal ganz bewusst Ihren Partner oder auch Ihre Kollegin an: Sieht er oder sie müde oder abgespannt aus? Sie müssen nicht gleich etwas für ihn oder sie tun – seien Sie einfach da. Sie müssen auch nichts denken, nehmen Sie einfach mit allen Sinnen wahr und entspannen Sie sich dabei! Haben Sie heute schon einmal zum Himmel aufgeschaut? Wissen Sie, ob er verhangen oder wolkenlos ist?

Sollte es schon später Abend sein, dann klappen Sie doch das Buch an genau dieser Stelle zu und gehen Sie noch einmal zu Ihren schlafenden Kindern oder Ihrem schlafenden Kind. Überlegen Sie, was heute wunderbar im Zusammensein mit diesem Kind war. Oder noch besser: Überlegen Sie gar nicht! Achten Sie einfach auf die regelmäßigen Atemzüge Ihres Kindes. Seien Sie einmal für einen Moment ganz präsent im Hier und Jetzt.

Sind Sie zurück? Dann möchte ich Ihnen kurz beschreiben, wie es jetzt weitergeht. In den folgenden drei Kapiteln werde ich Ihnen Anregungen geben, wie Sie die »simple present«-Haltung in Ihren Alltag integrieren können, um in Zukunft mit Stress und Überforderung umgehen zu können, ohne sich ausgebrannt zu fühlen. Um gleichzeitig mit Familie und Beruf gesund und glücklich leben zu können, brauchen Sie all Ihre Ressourcen: Ihre Fähigkeiten, Ihre Zeit und Ihre Energie. Gleichzeitig können Sie dafür sorgen, dass diese Ressourcen immer wieder aufgefüllt werden. Ich möchte Ihnen Anregungen geben, wie Sie Ihre Kompetenzen bestmöglich einsetzen, wie Sie Ihre Zeit sinnvoll nutzen und wie Sie im Alltag immer wieder Kraft gewinnen. Zunächst soll es um die Frage gehen: Was tun, wenn ich zu viele Baustellen habe und mir die Arbeit über den Kopf wächst?

DIE PERFEKTIONISMUS-FALLE

Warum Sie nicht für alles zuständig sind

Es geht bereits auf Mitternacht zu, als Anna die Schultasche ihres Sohnes kontrolliert. Sie ist so unendlich müde und müsste eigentlich längst im Bett liegen – morgen wird wieder ein anstrengender Tag in der Firma. Den ganzen Tag Bewerbungsgespräche. Wieso muss sie sich damit eigentlich immer noch herumplagen? Aber als sie dies beim letzten Mal ihren Mitarbeitern überlassen hatte, war es zu einer schwerwiegenden Fehlentscheidung gekommen. Ihr Blick fällt auf das Hausaufgabenheft. Eher beiläufig fragt sie ihren Mann: »Hat Florian seine Matheaufgaben gemacht?« Er lässt die Zeitung sinken, schüttelt den Kopf: »Oje, das haben wir ganz vergessen.« Da ist es endgültig zu viel. Anna spürt, wie in ihr langsam der Ärger hochsteigt. Sie knallt das Heft auf den Tisch: »Wieso muss *ich* eigentlich immer an alles denken? Wieso läuft es nicht, wenn *ich* nicht da bin?« Anna spürt, dass sie ungerecht ist, aber sie kann einfach nicht aufhören. »Wieso bin *ich* immer für alles allein zuständig?« Türenknallend verlässt sie den Raum. So hatte sie sich das nicht vorgestellt. Sie hatten gemeinsam vereinbart, dass sie sich die Nachmittage bezüglich der Kinderbetreuung aufteilen. Aber es funktionierte nicht. Wenn sie nicht da war, gab es Chaos. Erst heute hatte sie in der Konferenzpause daheim anrufen müssen, um ihren Mann an Florians Trompetenunterricht und ihre Tochter an das Füttern der Kaninchen zu erinnern. Außerdem hätte ihre Tochter den Müll hinausbringen sollen. Nichts war passiert. Als Anna vorwurfsvoll den überquellenden Eimer beanstandet hatte, hatte ihr Mann ihn schweigend hinausgebracht, weil die Tochter schon im Bett war. Das hatte Anna noch mehr auf die Palme gebracht. Er sollte die Kinder anhalten, ihre Aufgaben zu erledigen, statt es selbst zu tun! Nun sitzt Anna auf dem Badewannenrand. Den Geburtstagsbrief an ihre beste Freundin hatte sie noch nicht geschrieben und obendrein hatte sie vergessen, ihre Assistentin daran zu erinnern, einen Termin mit dem Steuerberater zu machen. Ihr Blick fällt auf den unordentlichen Stapel Handtücher im Regal und ihr kommen vor hilfloser Wut die Tränen. Als Anna drei feuchte Taschentücher später klar wird, dass ihr Mann am Nachmittag den Einkauf gemacht und das Abendbrot mit einem wirklich leckeren Salat für sie aufbewahrt hatte, fühlte sie sich noch elender.

WENN ALLES *zu viel wird*

Anna ist alles zu viel – zu viele Aufgaben, zu viel Verantwortung, zu viele Erwartungen. Ihre Ohnmacht gegenüber dem Zuviel macht sich in Frust und Ärger Luft. Mir kommt die Situation sehr bekannt vor: die To-do-Listen werden immer länger, die ungelesenen E-Mails stapeln sich im Postfach, die Bügelwäsche auf der Waschmaschine. Überall Baustellen. Und es wird nie weniger, so sehr ich mich auch mühe. Meine Gedanken kreisen ständig um die Aufgaben, die noch zu erledigen sind. Ich fühle mich überfordert. Und während ich selbst die aufwallende Panik »Ich schaffe das alles nicht!« niederzukämpfen versuche, scheinen meine Mitmenschen für das, was zu tun wäre, blind zu sein. Sie sehen einfach nicht von selbst das schmutzige Geschirr, den vollen Tonerbehälter oder die Überschneidung zweier Termine. Zumindest nicht, bis ich die gute Stimmung verderbe und im vorwurfsvollen Kasernenhofton die Aufgaben verteile. Aber selbst wenn die anderen endlich mitarbeiten, das Ergebnis stellt mich selten zufrieden. Und ich fühle mich schlecht. Aber was soll ich tun?

Den Konflikten lieber aus dem Weg gehen und die Dinge einfach selbst erledigen, damit wenigstens das Resultat stimmt? Das scheint auf den ersten Blick manchmal weniger anstrengend. Aber dafür reichen 24 Stunden am Tag einfach nicht aus. Das Fazit: Wenn – und das ist mit Familie und Beruf fast immer der Fall – viel zu tun ist, muss man sich entscheiden zwischen der Rolle des Spaßverderbers, weil man die anderen ständig antreibt oder der Rolle des Workaholics, weil man alles selbst macht. Und warum? Weil man will, dass der Laden läuft. Was ist daran bloß verkehrt?

DIE UNZULÄNGLICHKEIT *der Perfektion*

Vielleicht erinnern Sie sich noch an die Werbung eines Staubsauger-anbieters, in der eine Mutter bei der Arbeitsvermittlung zum Schluss selbstbewusst sagt: »Ich führe ein sehr erfolgreiches, kleines Familien-unternehmen.« Genau das tun auch Frauen und Männer, die neben ihrem beruflichen Engagement noch Kinder großziehen und sich abrackern, damit der Haushalt eine saubere, wohlige Atmosphäre bietet. Ihre Aufgabe ist das Management – die Planung, Organisation und Kontrolle – des Unternehmens »Familie und Beruf« mit seinen Abteilungen »Erwerbsarbeit«, »Nachwuchsförderung«, »Haushalt«, »Personal und Weiterbildung«, »Außenhandel« und so weiter.
Damit das Unternehmen gut läuft, braucht es klare Zuständigkeiten, definierte strukturelle Abläufe, Koordination von Terminen, eine präzise Logistik und vor allem ein funktionierendes Controlling, um Fehler zu minimieren. Jemand muss all das in die Hand nehmen. Wie steht es bei Ihnen in der Familie? Vielleicht sind Sie das oder Ihr Partner, Ihre Partnerin. Vielleicht haben Sie die Abteilungen sauber getrennt – ein Elternteil übernimmt den Bereich »Erwerbsarbeit«, der andere »Wohnung und Einkauf« und »Nachwuchsbetreuung«. Möglicherweise haben Sie es aber auch so eingerichtet, dass jeder mit den Aufgaben in allen Abteilungen vertraut ist. Oder Sie stehen ganz allein da und müssen *alles* selbst stemmen. Sie sorgen dafür, dass »der Laden läuft«, weil sie alleinerziehend sind oder ihr Partner beruflich sehr eingespannt ist.

Anders als in der Werbung jedoch, wo ein Knopfdruck genügt und sich die Arbeit durch die elektrische Wundermaschine fast von selbst erledigt, müssen wir in der Wirklichkeit nicht nur uns selbst zur Erledigung der vielen anstehenden Aufgaben antreiben, sondern nebenbei auch noch Kinder, Kollegen, Mitarbeiterinnen und Partner überzeugen, motivieren, bitten, ermahnen und manchmal sogar erpressen, damit auch sie ihren Teil zum Erfolg des Unternehmens Familie und Beruf beitragen. Und – Geräte, die nicht fehlerfrei arbeiten, bringen wir einfach zurück und reklamieren sie. Dass unsere Mitmenschen nicht durch Fehler das ganze Unternehmen gefährden, müssen wir selbst verhindern. Stellen Sie sich nur einmal vor, die Tochter wäscht weiße und schwarze Wäsche zusammen und darunter befindet sich die bislang blütenweiße Bluse, die Sie morgen für einen wichtigen Termin brauchen. Oder Sie sind dienstags mit dem Abholdienst Ihrer Kinder aus der Kita dran, sind aber felsenfest davon überzeugt, heute wäre erst Montag? Nein, Fehler müssen von vornherein ausgeschlossen werden, bevor sie ein echtes Problem für das ordnungsgemäß funktionierende Zusammenspiel von Familie und Beruf darstellen. Vermeiden lassen sie sich, indem Sie erstens selbst versuchen, Ihre Aufgaben möglichst gut, am besten »perfekt« (im Sinne von lat. *perfectum* – »vollendet« oder auch »fehlerfrei«) zu erledigen. Zweitens sollten Sie natürlich dafür sorgen, dass auch die anderen ihre Sache möglichst gut machen.

Rums!, schon sitzen Sie in der Perfektionismusfalle! Die kann überall zuschnappen – im Chefsessel ebenso wie auf der Bank am Spielplatz oder am Esstisch daheim. Wenn ich an dieser Stelle meiner Seminare das Schild »Perfektionismusfalle« hervorhole, stöhnen meine Seminarteilnehmer für gewöhnlich laut auf. Ich kann sie verstehen: zu oft wurde ihnen schon der Vorwurf um die Ohren gehauen, sie seien einfach zu perfektionistisch, würden sich und andere dadurch unnötig unter Druck setzen und sollten damit aufhören. So einfach ist das aber nicht. Der Wunsch nach Perfektion ist schließlich keine Marotte, die man mal eben abstellen könnte. Er hat durchaus Sinn, ermöglicht er doch, dass das Unternehmen »Familie und Beruf« so erfolgreich ist. Allzu leicht aber wird der Wunsch nach Perfektion zur Falle. Er führt dazu, dass Sie 24 Stunden am Tag rennen und ackern und versuchen, das Notwendige gut zu machen – und dabei oft todunglücklich sind. Denn die anderen verstehen und würdigen nicht, dass Sie alles nur tun, damit der Laden läuft. Ja, sie signalisieren vielleicht sogar, dass sie unter Ihnen und Ihren Ansprüchen zu leiden haben. Dabei treiben Sie sich selbst und die anderen schließlich nicht zum Spaß an. Zu allem Überfluss wird Ihnen vorgehalten, man könne Ihnen ja nichts recht machen. Das führt zu Frustration und Sie fühlen sich gefangen: auf der einen Seite die Zielvorgaben, wie alles sein soll, wie die Dinge »richtig« wären, damit alles optimal klappt und Fehler minimiert werden. Auf der anderen Seite die tatsächlichen »innerbetrieblichen Abläufe«, die ohne Überwachung einfach nicht funktionieren, weil die anderen nicht mitspielen wie sie sollen. Wer in der Perfektionismusfalle gefangen ist, leidet vor allem darunter, dass er – obwohl er nur Gutes im Sinn hat – die Beziehungen zu anderen ebenso belastet wie den Frieden mit sich selbst.

Das ist nicht angenehm. Schließlich hätte man es ja auch selbst gern fröhlich und entspannt. Meist mahnt zu allem Überfluss auch noch ein innerer Kontrolleur in Dauerschleife: »Mach es ordentlich – was sollen denn die anderen denken?« oder »Gib dir nur genug Mühe, dann wirst du dir und der Welt schon zeigen, dass du das hinkriegst!«

Das führt zu inneren und äußeren Verspannungen. Wir ahnen, dass wir nie kriegen werden, was wir uns so sehr wünschen: den perfekten Augenblick, in dem alles so ist, wie es sein soll. Kinder, die wie in der Werbung entspannt basteln, während der weiße Teppich kein Krümelchen aufweist und das Businesskostüm die schlanke Figur umschmeichelt. Die ewige, viel zu oft erfolglose Jagd nach dem Augenblick, in dem alles erledigt und in dem endlich alles gut ist, macht unzufrieden. Aber ohne das Hinarbeiten auf diesen Augenblick würden wir auch nie das leisten können, was uns gelingt. Wir stecken fest.

Meine Friseurin, mit der ich mich gern über diese Dinge unterhalte, drückt es so aus: »Das hat mit Struktur zu tun. Struktur muss sein, damit Vereinbarkeit funktioniert. Aber Struktur braucht Kontrolle. Wenn ich alles kontrolliere, bin ich sicher, dass die Struktur aufrechterhalten wird. Loslassen birgt das Risiko von Chaos. Obwohl man eigentlich genau weiß, dass nur aus dem Chaos ein neuer Stern geboren werden kann. Aber das traut man sich nicht auszuprobieren. Eigentlich schade!« Dieses Zitat aus Nietzsches »Also sprach Zarathustra« gab mir zu denken. Denn es gab Zeiten im eigenen Leben, in denen wir noch Sterne geboren haben. Auch in Ihrem Leben gab es solch eine Zeit, da bin ich ganz sicher! Wenn Sie sich einmal in der Perfektionismusfalle wiederfinden, ist es sinnvoll, einen Blick in die Vergangenheit zu werfen, um zu sehen, an welcher Kreuzung Sie in die falsche Richtung abgebogen sind. Versuchen wir, aus der Falle herauszuklettern und uns zurück an den Ort zu begeben, an dem Sterne geboren werden.

DEM LEBEN WERT GEBEN – *anspruchsvoll sein*

Als ich begann, an diesem Buch zu arbeiten, habe ich an Sie gedacht. Ich habe mich gefragt, was Sie als berufstätige Mutter, als berufstätigen Vater denn charakterisiert und auszeichnet. Ich kam auf Eigenschaften wie »leistungsfähig«, »flexibel«, »aktiv«, »engagiert«, »belastbar« und zu meiner Überraschung tauchte auch der Begriff »anspruchsvoll« auf. Ich haderte eine ganze Weile mit diesem Begriff. Anspruchsvoll, das sind für mich in erster Linie Leute, die immer das Beste vom Beste haben wollen, die ihre Kinder in Designerkleidung stecken, ein teures Opernanrecht haben oder im Hotel jeden Tag ihre Handtücher zum Wechseln auf den Boden werfen. Ich wand mich hin und her und suchte nach einem passenderen Begriff, der bezeichnete, was berufstätige Eltern sind und landete doch wieder bei »anspruchsvoll.« Denn anspruchsvoll zu sein bedeutet auch, ein Verlangen nach etwas zu haben, das einen hohen Wert besitzt und eine Menge zu investieren, um genau das zu bekommen. Und ich wette, das trifft auf Sie im besten Sinne zu: Sie haben einen Beruf, den Sie ausüben möchten. Entweder, weil Sie dort Ihre Fähigkeiten einbringen können, Gemeinschaft im Team finden und hoffentlich auch Anerkennung erhalten. Oder weil Sie einfach Geld verdienen möchten, das Sie und Ihre Familie unabhängig macht und Ihnen erlaubt, sich manchen Wunsch zu erfüllen. Sicher gibt es noch mehr Gründe. Und Sie haben sich für eine Familie entschieden, dafür, das Leben weiterzugeben und mit den heranwachsenden Kindern gemeinsam neue, spannende Wege zu gehen. Und nicht nur das – Sie haben den Anspruch, mit Familie und Beruf gleichzeitig zu leben. Und so zu leben, dass eines nicht unter dem anderen leidet. Dafür investieren Sie eine Menge: Ihre Zeit, Ihre Kraft, Ihre Fähigkeiten. Sie sind anspruchsvoll. Und das ist gut so.

Anspruchsvoll zu sein, ist die erste Bewegungskraft. Diese Kraft hilft Ihnen, immer ein Ziel vor Augen zu haben und auf dieses zuzustreben. Der Anspruch an sich selbst hilft Ihnen, über sich hinaus zu wachsen, sich weiterzuentwickeln, über Ihre Grenzen hinauszuwachsen. Ihr Anspruch fragt immer wieder: »Wie kann es noch besser gehen?«

Und wenn wir auf unserem Weg zu gelingender Vereinbarkeit gut vorankommen und uns dann jemand sagt: »Ich finde toll, wie ihr das schafft!« oder »Wie gelingt es dir nur, trotz allem so entspannt auszusehen?«, dann schwillt uns doch vor Stolz die Brust! Wir bekommen Bestätigung für das, was wir tun. Das tut gut.

Leider aber schießen wir auch oft genug über das Ziel hinaus und vergessen, unseren Anspruch der veränderten Realität anzupassen. Wir möchten mit dem Kind backen und träumen gleichzeitig von der Sauberkeit der Küche aus dem Ausstellungskatalog. Wir haben ein verantwortungsvolles Projekt im Betrieb übernommen und lassen uns plötzlich als Elternvertreterin in der Kita wählen. Wir bekommen den Schreibtisch nicht leer und melden uns freiwillig für eine wichtige Arbeitsgruppe. Es sind zum Teil verantwortungsvolle und schöne

Aufgaben, zum Teil auch all die vielen Kleinigkeiten, die zu einem Berg an- und uns irgendwann über den Kopf wachsen – neben allem, was wir uns an Arbeit sowieso nicht aussuchen können. Und da wir unserem eigenen Anspruch auch noch genügen wollen, machen wir Druck bei der Erledigung der Aufgaben – zunächst uns selbst und dann auch unseren Mitmenschen. Und schon sind wir auf dem besten Weg in die Perfektionismusfalle. Aber diesmal wissen wir ja, wo sie versteckt liegt. Nichts leichter also, als um die Falle einen großen Bogen zu machen. Zwei vermeintliche Lösungswege habe ich gefunden und ausprobiert. Ich sage es Ihnen gleich vorweg, es sind nicht nur Um- sondern Holzwege. Sie führen ins dunkle Dickicht: das Delegieren und der waghalsige Versuch, nicht mehr perfektionistisch sein zu wollen. Sie können diese beiden Wege gern selbst ausprobieren und Ihre eigenen Erfahrungen machen. Oder Sie vertrauen meiner Ortskenntnis und lassen mich kurz erklären, warum diese beiden Wege nicht taugen.

WEGE *ins Dickicht*

»Sie müssen Aufgaben delegieren!«

Kennen Sie diesen Ratschlag: »Sie haben zu viel um die Ohren? Sie schaffen nicht mehr alles allein? Dann ist die Lösung ganz einfach: Sie müssen delegieren! Geben Sie Aufgaben ab, lassen Sie andere machen! Lassen Sie den Schriftkram von der Sekretärin, den Einkauf vom Ehemann, die Gartenarbeit von einem Gärtner und das Etikettieren der Briefumschläge von einem Praktikanten erledigen! Machen Sie den anderen klar, dass auch sie lernen müssen, die anstehenden Aufgaben selbst zu sehen: den Dreck im Flur, die volle Geschirrspülmaschine, den vollen Papierkorb, die fehlenden Klopapierrollen. Und Sie werden wieder Zeit haben, sich in den Sonnenstuhl zu legen!« So genial einfach ist das Leben, wenn wir gelernt haben, zu delegieren – heißt es zumindest im Erste-Hilfe-Set gegen Überforderung.

Bitte lesen Sie aber auch das Kleingedruckte: zum Delegieren gehört nämlich auch, den Menschen um sich herum ständig und vor allem präzise sagen zu müssen, was sie tun sollen. Und Sie müssen das Tun der anderen kontrollieren und gegebenenfalls Konsequenzen ziehen, wenn die Aufgaben nicht gemacht worden sind. Letztendlich bleibt die Verantwortung nämlich doch bei Ihnen, und wenn das Ergebnis mangelhaft ist, so müssen Sie – je nach Wichtigkeit – nacharbeiten lassen oder sich mit der zweiten Wahl zufriedengeben. In diesem Fall aber könnten Sie es eigentlich auch gleich selbst machen.
Auch aus Sicht der Aufgabenempfänger ist das Delegieren nicht gerade attraktiv. Solange Mitarbeiter oder Babysitter dafür bezahlt werden, mag das ein legitimer Handel sein. Partner, Kollegen, Verwandte und Kinder aber fühlen sich schnell als Dienstboten, wenn Sie ihnen Aufgaben übergeben, die zur Sicherheit am besten gleich gekoppelt sind mit der Information, wann, wie und womit genau sie zu erledigen seien. Mit dem Delegieren bekommen wir im allerbesten Fall genau das, was wir wollen – aber nicht mehr. Keine Überraschungen, keine kreativen Lösungen, keine eigenverantwortliche Umsichtigkeit. Meist bekommen wir aber nicht mal das Geforderte. Also wäre es doch am besten, unsere Ansprüche herunterzuschrauben! Aber möchten Sie das?

»Du bist einfach zu anspruchsvoll!«

Diesen Vorwurf habe ich noch nie so richtig verstanden. Wer legt denn das »richtige« Maß für Ansprüche und Bedürfnisse fest? Ich verspreche Ihnen: Wenn Ihnen Ordnung und Sauberkeit wichtig sind, wird es Ihnen nicht besser gehen, wenn Sie krampfhaft über herumliegende Socken oder die seit Tagen herumstehende Kaffeetasse des Kollegen hinwegzustarren versuchen. Es wird Ihnen dann auch nicht helfen, die Ohren vor den Kekskrümel-Geräuschen unter Ihren Hausschuhen zu verschließen, nur um nicht als perfektionistisch zu gelten. Sich unbefriedigende Dinge schönzureden gleicht dem Versuch, mal eben die Lieblingsfarbe zu wechseln.

Vielleicht können Sie nicht immer und überall Ordnung in Ihrem Leben haben. Aber es ist wichtig zu sehen, dass Sie Ordnung brauchen – das ist der Ausgangspunkt für kreative Lösungen. Perfektionismus im Sinne von Fehlersensibilität hat ja auch eine positive Funktion. Er zeigt auf, wo noch Optimierungspotenzial liegt, und motiviert zur Lösungssuche. Wenn wild herumliegende Schuhe Sie stören, dann hilft es nicht zu sagen: »Irgendwann werden es wieder weniger Schuhe im Haus.« Stattdessen sollte ein zusätzliches Regal mit einem beschrifteten Fach für jedes Kind angeschafft werden.
Wenn ich zu hören bekomme: »Schraub mal deine Erwartungen herunter, das muss doch alles nicht sein!«, mag ich nur sagen: »Doch!« Es ist gut, dass Frauen sagen: »Ich will in meinem Beruf arbeiten!« Es ist gut, dass Männer sagen: »Ich möchte bei meinem Kind sein – länger als acht Wochen!« Für Eltern ist es selbstverständlich zu verzichten. Aber bitte nicht auf das, was ihnen wirklich wichtig ist. Sich selbst zu reduzieren und am Willen, sich zu engagieren, zu zweifeln, hieße, sich selbst die Lebensfreude zu nehmen.

Ich kann nicht alles allein machen. Aufgaben zu delegieren und die eigenen Ansprüche herunterzuschrauben sind sehr populäre Lösungsvorschläge. Mir aber haben sie beide nicht geholfen und sie immer wieder gesagt zu bekommen, macht sie eher zu Vorschlaghämmern. Wie schön wäre es, wenn der Laden erfolgreich liefe, ohne dass wir uns selbst und andere ständig auf Trab halten müssten. Perfekt wäre es, wenn alle Beteiligten freiwillig die anstehenden Aufgaben erledigen würden. Und wunderbar, wenn wir uns engagieren könnten, ohne in die Perfektionismusfalle zu tappen. Aber wie soll das gehen?

DU GEWINNST NICHT ALLEIN:
andere beteiligen

Der eigene Anspruch ist eine starke Kraft, wenn er aber ein Niveau erreicht, wo uns Aufgaben und Verpflichtungen über den Kopf wachsen und wir deshalb geradewegs auf die Perfektionismusfalle zumarschieren, braucht es eine Gegenkraft, die dafür sorgt, dass wir die anstehenden Aufgaben erledigen können, ohne uns und unsere Mitmenschen unter Druck zu setzen. Diese Kraft finden wir, wenn wir andere an dem, was zu tun ist, von Anfang an *beteiligen*. Lassen Sie mich das genauer erklären.

Mika Häkkinen, der erfolgreiche Formel-1-Rennfahrer, soll einmal gesagt haben: »Du gewinnst nie allein. An dem Tag, an dem du was anderes glaubst, fängst du an zu verlieren.« Aus diesem Zitat spricht einerseits das Wissen um die eigenen Grenzen, dem Gegenteil von Selbstüberschätzung. Andererseits verdeutlicht es große Wertschätzung und Respekt für das Team, das mit ihm gemeinsam auf den Sieg hingearbeitet hat – jeder nach seiner Spezialisierung und mit seinen Fähigkeiten. Jeder Mechaniker ist hochmotiviert, für das Auto und seinen Fahrer sein Bestes zu geben. Beim Boxenstopp muss jeder Handgriff sitzen – das Team ist eingespielt, jede Sekunde ist wichtig. Und trotzdem: Die Arbeitsschritte sind maximal optimiert, nicht weil der Teamchef sie ganz perfektionistisch bis ins Detail vorgegeben hat, sondern weil jeder Einzelne für sich und gemeinsam mit den anderen ausprobiert und geübt hat, wie es am effektivsten klappt.

Weder die Formel 1 noch die Vereinbarkeit von Familie und Beruf kann einer allein meistern – auch Sie und ich nicht. Aber das müssen wir auch nicht. Dafür braucht es ein ganzes Team, das zusammenarbeitet. Das Team ist längst da, Partner oder Partnerin, Kinder, Großeltern, Kolleginnen und Mitarbeiter, Chefinnen und Arbeitgeber, Gleichstellungsbeauftragte, Kita und auch Sie selbst sind Teil des Teams. Natürlich sind Sie als Eltern, denen die erfolgreiche Vereinbarkeit am Herzen liegt, in der Rolle des Teamchefs, der die Kompetenzen und Fähigkeiten der einzelnen Teammitglieder fördert und ihre Beteiligung an dem, was zu tun ist, ermöglicht und auch einfordert.

»

EXKURS
Wen kann ich überhaupt beteiligen?

Neben den »üblichen Verdächtigen« wie Nachbarn, Großfamilie, Freunde lohnt es sich, über Hilfe durch Elternnetzwerke, Au-Pair, Haushaltshilfe, Hausmeisterdienst, Wäsche- und Bügelservice, Babysitter, Mehrgenerationenhaus, Kirchengemeinde, Vereine, einen Lebensmittel-Lieferservice oder einen Familienservice nachzudenken. Vergessen Sie auch nicht, dass Sie per Inserat in der Zeitung oder Aushang in der Schule nach Unterstützung suchen können. Und auch ungeahnte nachbarschaftliche Möglichkeiten zeigen sich dem, der dafür offen ist. Neulich erst las ich auf einem Aushang im Supermarkt: »62-jährige Mutter dreier erwachsener Kinder bietet junger Mutter an, zweimal in der Woche eine Stunde mit dem Kinderwagen spazieren zu gehen (kostenfrei).« – Wunderbar, oder?

«

Was aber, fragen Sie sich jetzt vielleicht, ist der Unterschied zwischen dem Beteiligen eines Teams und dem Delegieren? Eine Teamchefin verteilt schließlich auch Aufgaben und überwacht, dass sie bestmöglich erledigt werden. Über meinem Schreibtisch hängt seit vielen Jahren eine Karte von Antoine de Saint-Exupéry, die den Unterschied verdeutlicht. Darauf steht das bekannte Zitat: »Wenn Du ein Schiff bauen willst, dann trommle nicht Männer zusammen, um Holz zu beschaffen, Aufgaben zu vergeben und die Arbeit einzuteilen, sondern lehre die Männer die Sehnsucht nach dem weiten, endlosen Meer.«

Für das Unternehmen Beruf und Familie bedeutet das, innerhalb der Familie, im Kollegenteam, im Gespräch mit Lehrerinnen und Erziehern über gemeinsame Vorhaben zu sprechen, Ziele festzulegen und gemeinsam zu überlegen, wie diese am besten erreicht werden können. Dabei ist jeder Einzelne gefragt, sich mit seinen Fähigkeiten einzubringen – das hebt ihn über die Rolle eines bloßen Handlangers, der sich der Erfüllung Ihrer Ansprüche verpflichtet sieht weit hinaus. Denn jeder erhält durch Beteiligung die Möglichkeit, sich aus eigenem Entschluss zu engagieren. Andere zu beteiligen, sie einfach mal »machen« zu lassen, entlastet mich in meiner Verantwortung für die Erledigung der Dinge – der beste Schutz vor der Perfektionismusfalle.

EXKURS
Beteiligen Sie andere Menschen an Ihrem Familienleben!

Die Vereinbarkeit von Familie und Beruf ist von der Kleinfamilie kaum allein zu stemmen. Es braucht ein größeres soziales Netzwerk, das es aufzubauen gilt. Im Wesentlichen besteht dieses aus einem Kern enger Vertrauter der Familie.

VERTRAUENSPERSONEN FÜR DIE KINDER:

Eltern müssen ihren Kindern nicht allein alles Wichtige mit auf den Lebensweg geben. Kinder brauchen auch andere Erwachsene als Vertrauenspersonen – wenn sie mal Kummer haben oder es mit den Eltern kriselt. Durch sie lernen sie auch alternative Lebensmodelle kennen. Das können Paten sein, Geschwister oder Freunde der Eltern, ältere Nachbarskinder, ältere Cousinen oder Cousins oder die Großeltern.

URGROSSELTERN UND GROSSELTERN: Aktive Großeltern oder Urgroßeltern bilden eine der wichtigsten Stützen für jede Kleinfamilie, sowohl organisatorisch als auch erzieherisch. Das müssen nicht zwangsläufig die leiblichen Großeltern sein, sondern können auch sogenannte Leih-Omas und Leih-Opas sein. Sie haben, zumindest, wenn sie selbst schon aus dem Arbeitsleben ausgeschieden sind, Zeit für die Kinder, sind geduldig, haben ein »offenes Ohr« für Sorgen und eine Menge Liebe und Geborgenheit zu verschenken. Sie können eine verlässliche Bindung zu den Kindern aufbauen, wissen von früher zu erzählen und, im Fall der leiblichen Großeltern, wie es war, als die Eltern selbst noch klein waren. Sie haben einen großen Erfahrungsschatz, den sie mit den Enkeln teilen können, und vermitteln manchmal andere Werte als die Eltern – dies zeigt den Kindern ihre Wurzeln und die Vielfalt des Lebens. Und auch die Großeltern profitieren. Sie erhalten Anteil an der Neugier, Lebensfreude und Spontaneität der Kinder, bleiben selbst herausgefordert und aktiv, haben einen wichtigen Platz in der Familie, werden gebraucht und geliebt. Und sie sind die wichtigsten Nothelfer, wenn Sie Unterstützung brauchen. Aber Vorsicht, auch für Großeltern gilt, dass sie nie nur der verlängerte Arm der Eltern sind! Sie brauchen Freiraum, um ihre eigene Beziehung zu den Enkeln gestalten zu können. Und dazu gehört manchmal eben auch ein ordentliches Verwöhnprogramm.

FREUNDE: Achten Sie gut auf Ihre Freundschaften und die Ihres Partners. Sicher können Sie nicht den kompletten Freundeskreis durch die Rush-Hour des Lebens retten, aber zwei, drei beste Freunde sind sehr wichtig – um sich mal auszuquatschen, die Dinge in einem anderen Licht zu sehen, Anregungen zu erhalten oder auch mal die Leviten gelesen zu bekommen. Dazu sind Freunde da. Und natürlich können befreundete Familien eine große Entlastung bieten, wenn man in derselben Lebenssituation steckt und nicht viel erklären muss.

«

Aber vielleicht wollen Sie gar nicht alle Aufgaben hergeben, und vielleicht sind die Menschen in Ihrem Umfeld gar nicht so einfach bereit, sich mit Ihnen an einen Tisch zu setzen: weil sie sehr zufrieden damit sind, dass doch eigentlich alles ganz gut läuft – für sie. Deshalb braucht es für die Beteiligung gründliche Vorbereitung.

DIE AXT *schärfen*

Eine gründliche Vorbereitung beginnt damit, sich innerlich davon zu befreien, nur noch Spielball von dringenden Angelegenheiten und Aufgaben zu sein. Es ist notwendig, das Ganze einmal aus gewissem Abstand zu betrachten und innere Ruhe und Präsenz zu entwickeln. Weg vom Reagieren hin zum selbstbestimmten Handeln, raus aus der Perfektionismusfalle, hin zu echtem Miteinander beim Projekt »Alltag«.

Ich kann mir gut vorstellen, dass manche von Ihnen jetzt denken: »Abstand nehmen? Wenn so viel ansteht? Wenn ich das könnte, dann wäre ich ja schon entspannt und bräuchte dieses Buch nicht zu lesen!« Und wenn Sie jetzt am liebsten weiterblättern möchten, um schnell herauszufinden, wie das Beteiligen funktionieren soll, dann ist folgende Geschichte genau richtig für Sie. Jorge Bucay erzählt in seinem Buch »Komm, ich erzähl dir eine Geschichte« von einem Holzfäller, der am ersten Tag seiner neuen Arbeit begeistert 18 Bäume fällt. Der Vorarbeiter lobt ihn. Das motiviert den Holzfäller und er versucht täglich neu, die Vorgabe zu halten. Aber es gelingt ihm trotz allen Kraftaufwands nicht. Jeden Tag schafft er immer weniger Bäume, obwohl er sich immer mehr ins Zeug legt. Völlig erschöpft beichtet er dem Vorarbeiter, dass er geackert habe wie ein Wilder, aber das Soll nicht mehr leisten könne. Da fragt ihn der Vorabeiter, wann er denn das letzte Mal seine Axt geschärft habe. Der Holzfäller blickt ihn erstaunt an und stellt fest, dass er dazu gar keine Zeit gehabt hat vor lauter Bäumefällen. Wie der Holzfäller sind auch wir in der Hektik des Alltags oft zu beschäftigt, um eine Pause einzulegen, in der wir uns genau anschauen, was wir eigentlich leisten. Während sein Werkzeug stumpf wird, gewöhnen wir uns an Stress und Erschöpfung, ohne uns noch zu fragen, ob wirklich alles so notwendig ist, dass es unbedingt von uns getan werden muss.

Nehmen Sie sich einen Augenblick Zeit, schärfen Sie Ihren Blick und verschaffen Sie sich einen Überblick über das, was Sie jeden Tag im Einzelnen so leisten. Erst wenn Sie wissen, welche Aufgaben es Ihnen wert sind, optimal erledigt zu werden, und welche Ihnen eine echte Last sind, können Sie einschätzen, wofür und woran Sie die Menschen in Ihrer Umgebung beteiligen wollen. Am Leichtesten verschafft man sich aus einiger Höhe Überblick. Kommen Sie deshalb im nächsten Abschnitt mit auf eine gedankliche Ballonfahrt.

ÜBERBLICK *gewinnen*

DIE AKTIVITÄTEN-LANDKARTE

Jemand hat Ihnen eine Ballonfahrt geschenkt. Ich hoffe, Sie finden das eine angenehme Vorstellung, andernfalls stellen Sie sich einfach die Landkarte einer reizvollen Gegend vor. Nachdem der Ballon Sie in die Höhe getragen hat – es ist warm und ein angenehmes Lüftchen weht –, blicken Sie übers Land. Ein Gefühl von Leichtigkeit erfüllt Sie. All das, was unten groß und wichtig aussah, erscheint von oben weit weniger imposant. Und nun stellen Sie sich vor, dass das Land, das unter Ihnen liegt, aus all dem besteht, was Sie den ganzen Tag so machen. Da sind am Horizont hohe Berge, das ist vielleicht Ihre Berufstätigkeit. Sie wissen, Sie kraxeln dort meist ganz gern herum und genießen die Aussicht von oben, wenn Sie einen steilen Aufstieg bewältigt haben. Dann ist dort vielleicht eine Stadt, das könnte Ihr Haushalt sein. Dort gibt es Wolkenkratzer, Industriegebiete, aber auch Parks und quirlige Szeneviertel. Dort ist immer was los, die Stadt schläft nie. Umgeben ist

die Stadt von einem breiten grünen Waldgürtel, das ist vielleicht Ihr Grundstück, das viel Arbeit macht, Ihnen aber auch Erholung schenkt. Was sind die anderen Bereiche Ihres Lebens – Ihre Kinder, Ihre Partner, Ihre Freunde, Ihre Hobbies … Erkennen Sie diese eher in üppigen Blumenwiesen, gefährlichen Schluchten oder reißenden Flüssen?
Nun landen Sie bitte wieder ganz sanft auf dem Erdboden.
Und nun bitte ich Sie, diese Landkarte aus Ihrem Kopf auf ein Blatt Papier zu übertragen. Das können Sie ganz kreativ machen, indem Sie alles aufmalen. Sie können aber auch eine Mindmap zeichnen. Wenn Sie im Moment weder auf das eine noch das andere Lust haben, weil Sie noch gar nicht wissen, wozu das gut sein soll – dann lesen Sie einfach weiter und holen Ihre Zeichnung zu einem späteren Zeitpunkt nach, wenn Ihnen danach ist. Ansonsten schreiben Sie bitte die großen Lebensbereiche auf, in denen Sie sich engagieren. Also zum Beispiel »Kinder«, »Haushalt«, »Arbeit«, »Familie«, »Sportverein«, »Partnerschaft«, »Hobbies« und so weiter.
Anschließend notieren Sie mit je einem Stichwort Aufgaben, die Sie in dem jeweiligen Bereich übernehmen. Da könnte dann beispielsweise stehen »Kindergeburtstag vorbereiten und durchführen«, »zum Elternsprechtag gehen«, »Arbeit: morgens die Kaffeemaschine anstellen«, »Geld für Mitarbeitergeschenke einsammeln«, »Wäsche«, »Dienstplan erstellen«, »Skiurlaub buchen« etc. Schreiben und malen Sie sich einfach alles von der Seele, je genauer, desto besser.
Wie geht es Ihnen, wenn Sie sich Ihre Aktivitäten-Landkarte anschauen? Sind Sie erstaunt, überrascht, stolz? Lassen Sie diesen Eindruck einen Augenblick auf sich wirken.
Ich mache eine solche Bestandsaufnahme übrigens immer dann, wenn mir alles zu viel wird und über den Kopf zu wachsen droht. Ich nutze dafür die Zeit im Wartezimmer, während einer langweiligen Besprechung, so lange die Nudeln kochen oder abends im Bett. Indem Sie den Aufgaben Namen geben und sie aufgeschrieben vor sich auf den Tisch legen, gewinnen Sie den ersten Abstand. Die Aufgaben verlie-

ren ihre Übermacht. Es ist ein bisschen wie bei Rumpelstilzchen: als die Königstochter es endlich beim Namen nennen kann, hat es keine Macht mehr über sie und stampft sich vor Wut selbst in die Erde.
Wenn Sie mögen, hängen Sie sich Ihre Aktivitäten-Landkarte gut sichtbar auf (oder legen Sie sie unters Kopfkissen), um sie jederzeit ergänzen zu können. Nachdem Sie sich im ersten Schritt einen Überblick verschafft haben, ist der zweite Schritt das Sortieren der Aufgaben. Zum Sortieren brauchen Sie ein Raster, mit dessen Hilfe Sie eine Bewertung vornehmen können. Die meisten bekannten Raster stellen die Aufgaben in den Mittelpunkt, fordern auf, sie nach »wichtig« und »dringend« zu bewerten. Was aber ist »dringend«, was »wichtig«? Um das herauszufinden, müssen Sie mit Ihren Gedanken ständig um die Aufgaben kreisen. Genau das aber nimmt Ihnen Ihre innere Sicherheit und Gelassenheit.
Bleiben Sie lieber bei sich. Überlegen Sie besser, ob die Erledigung einer Aufgabe überhaupt in Ihrer Kompetenz liegt.

MEINE KOMPETENZEN – HIER STECKT EINE MENGE ENERGIE DRIN

Ihre Kompetenz ist neben Zeit und Energie die wichtigste Ressource, die Ihnen für die gelingende Vereinbarkeit von Familie und Beruf zur Verfügung steht – eine Kraft, die Sie bereits in sich tragen! Stellen Sie sich einmal vor, Sie backen den besten Käsekuchen in Ihrer Umgebung – Ihr Backwerk wird regelmäßig gelobt und die Zubereitung geht Ihnen schnell von der Hand. Sie haben diesen bewährten Kuchen schon so oft gebacken, dass Sie ihn im Schlaf beherrschen. Obwohl Sie viel um die Ohren haben – wenn man Sie bittet, etwas zum Buffet beim Sommerfest der Kita beizusteuern, schreiben Sie sich gern mit Ihrem Käsekuchen in die Liste ein: Sie fühlen sich fähig, diese Aufgabe gut und schnell auch neben all der anderen Arbeit zu bewältigen, und Sie sind bereit dazu. Denn es ist Ihnen lieber, sich am Vorabend mit einem Glas Wein in die Küche zu stellen, als dazu verdonnert zu werden, eher zum Fest zu erscheinen, um den Spielplatz zu schmücken. Letztendlich fühlen Sie sich auch zuständig, etwas beizutragen, denn es ist das Sommerfest Ihres Kindes, zu dem immer alle Eltern etwas beitragen. Kurzum: Wenn Ihr kleiner Sohn den leckeren Kuchen stolz auf das Buffet wuchtet, werden er und Sie rundherum zufrieden sein und das auch ausstrahlen, und mancher wird sich insgeheim wundern: »Wie schafft die Frau (der Mann) das nur, neben all dem, was sie (er) so tut, auch noch einen Kuchen zu backen?«

Dass Sie sich für diese Aufgabe kompetent fühlen, bewirken genau drei Dinge: Sie sind *fähig*, Sie sind *bereit* und Sie sind *zuständig*. Liegen diese drei Voraussetzungen vor, aus denen sich Kompetenz zusammensetzt, dann gelingt es Ihnen nicht nur, die Aufgaben schnell, effektiv und mit Leichtigkeit zu erledigen: quasi als Bonus schöpfen Sie sogar noch Energie, obwohl Sie doch eigentlich »arbeiten«.

Ihre angeborenen oder mit viel Fleiß erworbenen Fähigkeiten sind gefragt. Es sind die Dinge, die Ihnen zu tun leicht fallen. Das kann das Backen sein, aber auch Zuhören, Vorlesen, Musizieren, Organisieren, Begeistern, Reden halten und vieles mehr. Sie können diese Fähigkeiten zum Wohl Ihrer Familie, Ihrer Kollegen oder der Allgemeinheit einbringen, das tut gut. Hier dürfen Sie sich auch ganz Ihrem Wunsch nach Perfektion hingeben und erhalten im besten Fall noch Anerkennung für das Geleistete.

Im Umkehrschluss bedeutet das, dass bei Aufgaben, deren Erledigung Ihnen eine Last ist, eine der drei Bedingungen für Kompetenz fehlt: Es werden Fähigkeiten verlangt, über die Sie (noch) nicht oder nur eingeschränkt verfügen. Oder die Aufgabe ist zwar machbar, aber Sie sind nicht bereit dazu, weil Sie den Sinn der Aufgabe nicht einsehen oder Ihnen schlichtweg Zeit oder Energie fehlen. Oder Sie werden mit Problemen oder Aufgaben konfrontiert, für deren Lösung und Erledigung andere zuständig sind.

Bevor Sie zu einer Aufgabe zukünftig »Ja!« sagen, machen Sie einen Kompetenzcheck.

DER KOMPETENZCHECK

1. Habe ich die entsprechenden Fähigkeiten und/oder Erfahrungen für diese Aufgabe?

Bei Aufgaben, die Sie »mit links« bewältigen, müssen Sie über diese Frage nicht weiter nachdenken. Andere Aufgaben könnten Sie interessieren, weil sie eine Herausforderung darstellen und Sie Lust haben, etwas auszuprobieren und dazuzulernen. Ich hätte zum Beispiel mal Lust, vor einem richtig großen Publikum eine Rede oder einen Vortrag zu halten. Ich wüsste schon jetzt, dass ich vor Lampenfieber wochenlang nicht richtig schlafen könnte. Trotzdem wäre es eine Herausforderung, die mich reizen würde. Nie im Leben aber würde ich auch nur vor einem kleinen Publikum ein Solo singen. Das würde mich völlig überfordern. Solch eine Aufgabe könnte ich nicht annehmen, denn damit wäre niemandem gedient. Außerdem gibt es andere, die einfach viel besser singen können als ich. Überlegen Sie also ehrlich, ob Sie sich einer Aufgabe gewachsen fühlen. Übrigens: In der Regel sind uns andere Menschen recht dankbar, wenn wir realistisch einschätzen, etwas nicht zu können.

2. Bin ich bereit, diese Aufgabe zu übernehmen?

Fragen Sie sich ehrlich, ob Sie die für die Aufgabe notwendigen zeitlichen und finanziellen Ressourcen haben. Sind Sie im Moment ganz gut bei Kräften oder völlig ausgelaugt und erschöpft? Informieren Sie sich vorher, was genau auf Sie zukommt und wer etwas davon hat, wenn Sie das tun. Überlegen Sie, wie wichtig die Lösung des Problems ist und was schlimmstenfalls passieren könnte, wenn Sie diese Aufgabe nicht übernehmen. Könnten Sie damit leben? Dieses Innehalten kann manchmal Zehntelsekunden dauern, manchmal braucht es auch Tage oder Wochen zu überlegen, ob man z.B. für die Ehe, Kinder oder eine neue Arbeitsstelle bereit ist. Aus der Erkenntnis der Bereitschaft erwachsen Motivation und Offenheit. Je mehr Sie Ihre Bereitschaft in Freiheit abwägen können und zu dem Schluss kommen: »Ja, ich will!«, umso stärker werden Ihr Kompetenzgefühl und Ihre Motivation sein. Nicht nur die Freiheit zu entscheiden, *ob* Sie bereit sind, eine Aufgabe zu übernehmen, sondern auch *wie*, erhöht Ihre Motivation.

3. Bin ich für diese Aufgabe zuständig?

Es gibt Dinge, die von uns ohne Wenn und Aber erledigt werden müssen, einfach, weil wir zuständig sind, weil sie in unseren ureigensten Aufgabenbereich fallen. Wenn eine Verkäuferin zu bestimmten Zeiten an der Kasse sitzt oder ein Klassenlehrer Zeugnisse schreibt, dann tun sie dies, weil es ihre Arbeit ist und sie dafür bezahlt werden. Wenn eine Mutter auf das blutende Knie ihres Kindes pustet, während der Vater einen Kinderschutzfilter auf dem Computer installiert, dann tun sie dies, weil sie sich entschieden haben, Eltern zu sein und nun zuständig für die Sicherheit und Gesundheit ihres Kindes sind. Dabei können die konkreten Zuständigkeiten natürlich auch Ergebnisse von Absprachen oder Gewohnheiten sein.

Mögen wir uns die Fragen nach Fähigkeit und Bereitschaft vielleicht noch – mehr oder weniger bewusst – stellen, fragen wir uns jedoch viel seltener, ob wir auch wirklich zuständig sind. Das ist ein großer Fehler, denn hier verlieren wir viel Kraft und Energie. Wir lösen Probleme, die gar nicht unsere sind, und übernehmen Aufgaben, die andere viel besser und schneller erledigen könnten.

EXKURS
Kompetenzentwicklung im Betrieb Familie

Sie möchten, dass Ihr heranwachsendes Kind Verantwortung übernimmt – nicht nur für sich selbst, sondern auch für den Alltag in der Familie, dass es lernt, sich gut zu organisieren und selbstständig

Probleme zu lösen? Sie möchten keinen Hotelbetrieb für verwöhnte Kinder aufmachen? Dann unterstützen Sie Ihr Kind frühzeitig, seine Kompetenzen zu entwickeln. Während Sie bei der Geburt Ihres Kindes noch die volle Verantwortung haben, geben Sie diese über die Jahre nach und nach an das Kind ab, bis es erwachsen ist.

FÄHIGKEITEN ENTWICKELN: Kleine Kinder möchten sehr gern Aufgaben übernehmen, oft fehlen ihnen aber noch die entsprechenden Fähigkeiten. Angesichts der knappen Zeit fällt es Ihnen vielleicht manchmal schwer, die notwendige Geduld dafür aufzubringen. Wenn Sie wirklich keine Zeit haben, machen Sie es lieber selbst. Aber planen Sie auch ganz bewusst gemeinsame Aktivitäten ein, bei denen die Zeit nicht drückt: Kuchen backen, Wäsche waschen, Abwaschen, Gartenarbeit, Saubermachen. Lassen Sie Ihr Kind zunächst mitmachen, später überlassen Sie ihm allein das Feld und bieten nur Ihre Hilfe an. Wichtig ist, dass das Kind auch mal Fehler machen oder hin und her probieren darf – auch während Sie dabei sind. Beißen Sie sich lieber auf die Zunge, als vorschnell einzugreifen, solange das Kind nicht in Gefahr gerät. Denn Kinder lernen durch Erfahrung viel nachhaltiger als durch Belehrung. Gemeinsam kann man dann schauen, wie es besser ginge. Und verlieren Sie nicht das Ziel aus den Augen: Eines Tages wird Ihr Kind Ihnen einen Kuchen backen.

ZUSTÄNDIGKEIT VERSTEHEN: Im berüchtigten »Hotel Mama« werden Jugendlichen Aufgaben abgenommen, für die sie längst selbst zuständig wären. Wenn Sie das nicht möchten, beginnen Sie frühzeitig damit, Ihr Kind in die alltäglichen Familienaufgaben einzubinden. Wofür das Kind selbst verantwortlich ist, das sollte es auch selbst tun. Von klein an. Ein Kind wickelt sich ein Bonbon aus? Vater oder Mutter sind nicht der Mülleimer fürs Papier! Ein Kind ist den ganzen Tag Ski gefahren? Es kann anschließend selbst den Schnee von den Ski abfegen! Ein Kind kann mit öffentlichen Verkehrsmitteln oder dem Fahrrad selbst zum Training kommen? Dann sollte es das auch tun. Die Kinder lernen sich als wichtigen Teil des Teams »Familie« verstehen. Sie leisten ihren Beitrag dazu, dass Mama und Papa bei Kräften bleiben und ihre Arbeit schaffen und entwickeln ein gesundes Selbstbewusstsein, davon profitieren alle. Und die Kinder verstehen das sehr gut und danken es langfristig auch – fragen Sie mal jugendliche Kinder in einer ruhigen Minute nach verwöhnten Klassenkameraden!

BEREITSCHAFT WECKEN: Das ist vielleicht der schwierigste Punkt bei der Kompetenzentwicklung. Leider sinkt die Bereitschaft zur Mithilfe im Haushalt proportional zu den steigenden Fähigkeiten. Bleiben Sie fest und machen Sie deutlich: »Lass uns darüber reden, was und wie du dich helfend einbringen kannst. Aber ob – darüber gibt es keine Diskussion.« Auch wenn das immer Konflikte birgt – wenn man diese jetzt vermeidet, haben es die Kinder später schwer. Wenn Sie die Mithilfe Ihrer Kinder einfordern, lernen diese Leistungsbereitschaft, Pflichtbewusstsein und Konfliktfähigkeit, Eigenschaften, die sie im späteren Leben gut brauchen können. Treffen Sie Absprachen! Dazu vereinbaren Sie am besten regelmäßige Familien-Team-Meetings.

DAS FAMILIEN-TEAM-MEETING: Einmal in der Woche, zum Beispiel am Sonntagabend, ist es gut, sich zusammenzusetzen, vielleicht etwas Leckeres zu essen und gemeinsam als Eltern und Kinder (etwa ab dem Grundschulalter) anstehende Ereignisse zu besprechen, den Urlaub zu planen oder auch einfach die Termine und Aufgaben der kommenden Woche abzustimmen: Was liegt an? Wer kann was übernehmen? So lernen Kinder den Blick auf die gesamten Familienabläufe zu lenken – natürlich altersgerecht und kindgemäß.

Fragen Sie sich zum Schluss: In welchen Punkten übernimmt mein Kind schon Verantwortung, wo könnte es mehr sein? Wo ist es noch überfordert und was bräuchte es, damit es ihm mit dieser Aufgabe gut geht? Und denken Sie daran: Wenn Sie Ihrem Kind Verantwortung zutrauen, macht es das stark und unabhängig. Achten Sie aber auch darauf, dass Ihr Kind mit den Aufgaben nicht überfordert ist und seine Grenzen gewahrt bleiben.

Wenn Sie den Kompetenzcheck gemacht haben, geht es nicht gleich darum, etwas zu tun, künftig besonders oft »Nein« zu sagen oder bestehende Zuständigkeiten über den Haufen zu werfen. Es geht vielmehr um eine Sensibilisierung für das, was wirklich ansteht und das, was uns eigentlich überfordert. Denn Sie müssen eben nicht »alles selbst machen«.

Wie aber können Sie mit Aufgaben umgehen, die bereits an Ihnen kleben wie der Kaugummi am Schuh?

AUFGABEN *bewerten*

DAS AMPELSYSTEM

Wie steht es um Ihre Aktivitäten-Landkarte? Ist in den letzten Tagen noch einiges dazugekommen? Ich bitte Sie jetzt, sich Ihre Landkarte noch einmal vorzunehmen und dazu noch drei Farbstifte in den Farben Rot, Gelb und Grün. Machen Sie jetzt für jede einzelne Aufgabe den Kompetenzcheck und markieren Sie die jeweilige Aufgabe mit einer der drei Farben. Vergegenwärtigen Sie sich dabei immer wieder, dass dies eine Momentaufnahme ist, die nicht in Stein gemeißelt ist und sich jederzeit wieder ändern kann.

Markieren Sie die Aufgaben nun folgendermaßen:

• GRÜN: Alle drei Kompetenzmerkmale sind erfüllt. Grün sind alle Aufgaben, deren Erfüllung für Sie im Augenblick in Ordnung ist, deren Erledigung Sie nicht dem Zufall überlassen wollen, bei denen ihr Herz so richtig aufgeht. Bei diesen Aufgaben können Sie Ihre Perfektionsansprüche so richtig ausleben und allen ist gedient.

• GELB: Eines der Kompetenzmerkmale fehlt. Eigentlich überfordert die Aufgabe Ihre Fähigkeiten oder Sie fühlen sich nicht (allein) zuständig oder etwas in Ihnen sträubt sich gegen diese Aufgabe. Sie können eine Aufgabe auch Gelb markieren, wenn das Ergebnis für Sie nicht so wichtig ist und Ihnen auch die »2. Wahl« genügen würde. Gelb sind alle Aufgaben, die nicht gut genug für Grün und nicht schlimm genug für Rot sind – Gelb sollten Sie besonders kritisch betrachten.

• ROT: Machen Sie einen dicken roten Kringel bei allen Aufgaben, die Ihnen viel zu viel Energie rauben. Für die Sie unnötig viel Zeit aufwenden, die Sie überhaupt nicht befriedigen und gegen die Sie einen regelrechten Widerwillen verspüren. Rot können auch Aufgaben sein, die Sie regelmäßig vor sich herschieben und sich davor drücken, sie zu erledigen. Bei roten Aufgaben ist höchstens *ein* Kompetenzmerkmal vorhanden. Hier klingeln – wenn Sie ganz ehrlich sind – eigentlich schon länger alle Alarmglocken.

Haben Sie es geschafft? Wie sieht Ihre Landkarte nun aus? Ist viel Grün zu sehen? Dann freuen Sie sich! Sie können Ihre Kompetenzen schon optimal einbringen und all Ihre Kraft mündet in Engagement, das allen zugutekommt. Vermutlich sind aber die meisten Aufgaben gelb gekennzeichnet. Fragen Sie sich bei diesen Dingen: Was müsste ich tun, damit aus der gelben eine grüne Aufgabe wird? Oder vielleicht sagen Sie sich: »Ich würde die Aufgabe ja gern übernehmen, wenn …« Es gibt auch gelbe Aufgaben, von denen Sie – wenn Sie ehrlich sind – sagen müssen, dass sie eigentlich schon orange sind. Haben Sie ein Auge darauf – hier lauern die heimlichen Stimmungskiller und Energiebremsen.
Die roten Dinge sollten Sie auf der Stelle loswerden. Stoppen Sie das, was Ihnen Lebenskraft und Freude raubt! Jetzt und hier!

DIE NOTWENDIGKEIT PRÜFEN

Bevor Sie sich aber von den roten Aufgaben entschieden trennen, machen Sie noch einen letzten Check – diesmal unter dem Gesichtspunkt der Notwendigkeit: Sind alle gelben und roten Aufgaben jetzt und hier wirklich notwendig, damit es Ihnen in Ihrer Familie und in der beruflichen Entwicklung gut geht? Verabschieden Sie sich von Unnötigem mit den Worten von Coco Chanel: »Lebenskunst ist die Kunst des richtigen Weglassens« – zugunsten Ihrer Gelassenheit. Manche Aufgaben können Sie getrost mit der Anmerkung »später« versehen, die legen Sie sich auf Wiedervorlage für einen geeigneten Zeitpunkt. Den Dachboden entrümpeln können Sie zum Beispiel auch noch, wenn die Kinder etwas größer sind.

Wenn es hart auf hart kommt

»Ich sehe aus einigen roten Aufgaben keinen Ausweg.«

Machen Sie den gedanklichen Test: Was würde schlimmstenfalls passieren, wenn Sie die rote Aufgabe ganz weglassen? Würde Sie das erleichtern oder ist das einfach keine Option? Auch wenn Sie im Moment noch nicht wissen, was Sie mit dieser bestimmten roten Aufgabe machen sollen – wesentlich ist, dass Sie ab jetzt aufmerksam dafür sind, ob sich eine Lösung ergeben könnte.

Möglicherweise denken Sie sich nun, dass es ja schön und gut ist, wenn Sie beschließen, das, was Sie auslaugt, nicht mehr zu tun. Aber wie soll sich die Aufgabe dann erledigen – denn von selbst wird sie es wohl nicht tun. Dann ist es an der Zeit für den nächsten Schritt.

NICHT MEHR, *wie es immer war!*

DEN HUT ABLEGEN

Wenn wir in der deutschen Sprache ausdrücken wollen, dass jemand verantwortlich für die Erledigung einer Aufgabe ist, sagen wir: »Er hat den Hut auf!« Bei den grünen Aufgaben tragen Sie den Hut vermutlich ganz gern und würden ihn vielleicht nur ungern ablegen.

Aber auch für die roten Aufgaben, die Sie nicht mehr (allein) erledigen wollen, haben Sie immer noch den Hut auf. Also: runter damit! Schließlich sehen alle anderen noch den Hut auf ihrem Kopf, und sei es nur, weil Sie diese Aufgaben bisher immer übernommen haben. Legen Sie also den Verantwortungs-Hut in Gedanken vor sich auf den Tisch. Dort liegt er und Sie können ihn betrachten und ganz entspannt sagen: »Das da ist die Aufgabe, das muss gemacht werden.«

Wie klingt es für Sie, wenn Sie statt: »Ich muss am Freitag pünktlich zu Hause sein, um die Kinder ins Schwimmtraining zu bringen«, sagen könnten: »Die Kinder müssen Freitag um 18:00 Uhr beim Schwimmtraining sein.«? Wenn Sie statt »Ich kann nicht entspannt auf der Couch liegen, ich muss den Entwurf noch fertig machen«, sagen: »Am Montag muss der Entwurf fertig sein.«

Solange der Hut auf Ihrem Kopf sitzt, beschränkt er Ihre Sicht. Ihr Blickfeld erlaubt Ihnen nur den Fokus auf: »Ich muss das machen! Wer soll es sonst machen?« Andere, kreative Lösungen, die Ihnen die Last der Aufgabe abnehmen könnten, sind nicht in Sicht. Warten Sie nicht, bis jemand vorbeikommt, der Ihnen den Hut abnimmt, sondern tun Sie das selbst.

Nehmen Sie sich jetzt noch einmal Ihre Landkarte vor und überlegen Sie zu jeder Aufgabe laut: »Ich muss …«, und ersetzen Sie es durch: »… muss noch gemacht werden.« Denken Sie dran – Sie müssen an dieser Stelle noch keine Lösung parat haben. Es geht zunächst darum, dass Sie sich aus der Verpflichtung herausnehmen und den Blick weiten. Wie fühlt sich das für Sie an? Spüren Sie einen Unterschied? Körperlich? Ich selbst kann bei diesem Test plötzlich viel freier atmen. Der Rasen sollte mal wieder gemäht werden? Okay, aber das ist noch lange keine Aussage über mich. Manchmal genügt dieser kleine Schritt zurück – runter mit dem Hut vom Kopf, raus aus der Verschmelzung von Person und Aufgabe –, um plötzlich sagen zu können: »Eigentlich ist das Rasenmähen schon okay. Ich will es nur nicht allein machen, denn dann wird es mir zu viel.«

Denken Sie diesen kleinen Unterschied nicht nur, sprechen Sie ihn auch laut aus – damit Sie es selbst hören.

Wenn es hart auf hart *kommt*

»Jemand einstellen, der sich um meinen Haushalt kümmert? Das kann ich mir nicht vorstellen!«

Gerade Frauen tun sich oft schwer, eine Haushaltshilfe zu beschäftigen – sie sehen den Haushalt als ihre ureigenste Aufgabe an und können sich nicht vorstellen, dass jemand anderes für sie putzt. Wenn das Putzen aber eine Ihrer roten Aufgaben ist, dann machen Sie sich klar: Wenn Sie die Stärken anderer nutzen, können Sie Ihre eigenen Stärken besser für sich und andere zur Geltung bringen. Während also jemand anderes Ihre Fenster putzt, können Sie inzwischen Ihrem Beruf nachgehen. Sprechen Sie mit Ihrem Partner, wer die Haushaltshilfe bezahlt. Denn auch das ist nicht automatisch Ihre Pflicht!

Das ist der Beginn, um ins Gespräch zu kommen mit allen anderen. Und öfter, als Sie vielleicht ahnen, werden Sie jemanden finden, der bereit ist, Ihnen den Hut abzunehmen. Wenn Sie es geschickt anstellen und eher wie eine »Giraffe« als ein »Wolf« sagen, was Sie brauchen!

GIRAFFEN- STATT WOLFSSPRACHE

Annikas Laune sank unter den Gefrierpunkt. Okay, in der Nacht hatte sie schon geahnt, dass es mit dem Arbeitstag heute eventuell nichts werden würde. Der fünfjährige Jakob war mit Ohrenschmerzen zu den Eltern ins Bett gekrochen und hatte sehr unruhig geschlafen. Da hatte Annika bereits überlegt, was das bedeuten würde. Ihr Lebenspartner würde in die Firma fahren, er hatte heute jede Menge Termine, wie jeden Montag. Sie selbst hatte sich den Tag mühsam von Terminen freigeboxt, um ungestört im Homeoffice arbeiten zu können. Und nun das! Klar wäre es sinnvoll, wenn Jakob heute zu Hause bliebe und sich auskurieren würde. Aber an ungestörtes Arbeiten wäre dann kaum zu denken. Als sie morgens zusammen in der Küche stehen, während der Kleine den Nachtschlaf nachholt, fragt sie trotzdem: »Was machen wir denn nun heute mit Jakob?« Worauf ihr Partner antwortet: »Ich kann heute nicht daheim bleiben, ich habe Termine. Vielleicht morgen.« Damit ist er fertig – meint er. Aber Annika erst. Eisig und bitter erwidert sie: »Und was heißt das jetzt? Ist das alles, was du zu sagen hast? Dass von vornherein klar ist, dass ich nebenbei auch auf Jakob aufpassen kann, wenn ich heute daheim arbeite? Und deine Arbeit ist mal wieder so wichtig, dass du unabkömmlich bist? Du machst es dir sehr einfach!« Seinen unbeholfenen Einwand, so sei es doch gar nicht gemeint gewesen, überhört Annika in ihrem Ärger. Warum kann er ihre Arbeit nicht genauso ernst nehmen und mit ihr gemeinsam überlegen, was zu tun ist, wenn Jakob krank ist?

Kennen Sie solche Auseinandersetzungen aus Ihrem eigenen Alltag? Eigentlich wollen wir nur sagen, was uns wichtig ist, was uns kränkt oder nervt. Stattdessen verwickeln wir uns in Vorwürfe und Angriffe. Das macht uns selbst nicht glücklich und schadet unseren Beziehungen. Der andere reagiert auf eine solche Ansprache wahlweise ausweichend, gereizt oder mit einem Gegenangriff. Und wir selbst bekommen selten das, was wir eigentlich brauchen und wollen.

Die gewaltfreie oder auch einfühlsame Kommunikation nach Marshall B. Rosenberg bezeichnet diese missglückten Versuche, unsere Bedürfnisse auszudrücken, als Wolfssprache.
Der Wolf steht für diese Art zu sprechen Pate, weil er angreifen muss, um seine elementaren Bedürfnisse zu erfüllen und um zu überleben. Ähnlich versuchen wir Menschen manchmal, unsere Bedürfnisse zu erfüllen, indem wir anderen sagen, was sie tun sollen, wie sie sein sollen, was sie verkehrt machen. Der Wolf in uns weiß nämlich genau, was richtig und was falsch ist. Er sitzt quasi dauerhaft in der Perfektionismusfalle, denn er ist überzeugt, dass seine Sicht der Dinge für alle gilt. Der Wolf spricht am liebsten in Du-Botschaften: »Du bist einfach zu faul, das kann ja nichts werden.« Manchmal zieht sich der Wolf auch einen Schafspelz über und verkleidet seine Du-Botschaft mit dem Wörtchen »Ich«: »Ich kann ja zu nichts kommen!« Der Wolf unter dem Schafsfell flüstert: »Weil *du* mich dauernd störst!« Oder er sagt: »Ich fühle mich verletzt!« (»Von *dir*!«) oder auch: »Ich muss alles allein machen!« (»Weil *du* mir nicht hilfst!«) Der Wolf ist ständig auf der Jagd und bereit zum Angriff. Das ist auf die Dauer anstrengend – und macht unglücklich. Wenn wir andere Menschen beteiligen wollen an den Dingen, die uns am Herzen liegen, ist die Wolfssprache nicht geeignet – weder für uns selbst noch für unser Gegenüber.
Die Alternative sei laut Rosenberg, es so angehen zu lassen wie die Giraffe. Sie spaziert gemächlich durch die Savanne, wo ihr die Blätter friedlich vor das Maul wachsen. Die Giraffe steht Pate für eine Haltung, die ganz bei sich ist, für eine Sprache, die einfühlsam, aufmerksam und zugewandt ist – sich selbst, aber auch anderen gegenüber. Die Giraffe in uns respektiert die Bedürfnisse aller, sie braucht nicht zu drohen oder zu fordern. Sie geht davon aus, dass alle Menschen an guten Beziehungen interessiert sind, und deshalb bittet sie um Hilfe, wenn sie Unterstützung braucht. Sie lebt in der Gewissheit, dass die anderen ihr helfen werden, wenn sie können. Auch wenn die Giraffe Vegetarierin ist und ihr Name, aus dem Arabischen abgeleitet, »die Liebliche« bedeutet, ist

sie nicht schwach. Sie ist das höchste Landlebewesen mit dem größten Weitblick und weiß sich durchaus zu verteidigen. Aber das hat sie selten nötig.

Gewaltfreie und einfühlsame Kommunikation hat nichts zu tun mit »weichem« Gerede, ist kein Weglaufen vor Konflikten. Giraffensprache ist stark und fördert gelingende Beziehungen, Kooperation und Zufriedenheit. Und auch, wenn sie stets den anderen in den Blick nimmt, schwächt sie nie die eigene Position. Das macht erfolgreich. Henry Ford kannte diese Sprache: »Wenn es ein Geheimnis des Erfolges gibt, so ist es dies: den Standpunkt des anderen verstehen und die Welt mit seinen Augen sehen.«

Wenn es hart auf hart *kommt*

»Mein Gegenüber lässt den Wolf raushängen.«
Sie haben eine Bitte geäußert, aber Ihr Gegenüber reagiert gereizt, abweisend oder sogar mit einem Gegenangriff? Denken Sie daran: Ein Angriff hat wenig mit Ihnen zu tun. Er ist die unangemessene Äußerung eines Bedürfnisses. Bleiben Sie ganz bei sich, sprechen Sie noch einmal über Ihr Anliegen und versuchen Sie herauszufinden, welches Bedürfnis Ihrem Gesprächspartner so wichtig ist, dass er oder sie auf Ihren Wunsch nicht angemessen eingehen kann.

Die Giraffensprache eignet sich also hervorragend, andere Menschen an Aufgaben zu beteiligen und Unterstützung zu erbitten, ohne zu betteln. Wenn Sie diese Haltung kultivieren, behalten Sie den Überblick, und Sie müssen keineswegs alles allein machen. Hilfreich sind dafür folgende vier Schritte. Sie bilden sozusagen die Grammatik der Giraffensprache und sollen Ihnen helfen, ganz bei sich zu bleiben.

Sagen Sie es in vier Schritten!

1. Beobachtung: Im ersten Schritt teilen Sie mit, auf welches Vorkommnis, welche Situation, welche Beobachtung Sie sich beziehen. Sie benennen also zunächst den Anlass des Gespräches: »Du bist 20 Minuten nach der vereinbarten Zeit gekommen.« Wichtig ist, keine Bewertung beizumischen, die sofort den Fluchtreflex des anderen auslösen könnte – Sie wollen ja, dass Ihr Gegenüber Ihnen wirklich zuhört und Sie versteht. Sagen Sie also nicht: »Du kommst ja schon wieder zu spät!«

2. Gefühl: Benennen Sie nun Ihr Gefühl in dieser Situation, damit Ihr Gegenüber »im Bilde ist«, was in Ihnen vorgeht: »Ich bin ärgerlich, weil ich gern den Anfang des Films mit dir gesehen hätte.« Bleiben Sie mit Ihrer Aussage bei sich und dem, was in Ihnen vorgeht. Das ist vielleicht ungewohnt. Wir suchen normalerweise die Ursache für unsere negativen Gefühle eher in den Handlungen der anderen: »Ich bin wütend, weil du mich hier warten lässt!« Das Verhalten des anderen ist vielleicht der Auslöser, die Ursache für den Ärger aber ist das eigene unerfüllte Bedürfnis nach Verlässlichkeit.

3. Bedürfnis: Da der andere sicherlich nicht hellsehen kann, ist es wichtig, Ihrem Gegenüber zu sagen, welches Bedürfnis Ihren Gefühlen zugrunde liegt: »Mir ist Verlässlichkeit wichtig.« Bedürfnisse müssen nicht diskutiert werden, sie sind universal – wenn auch von Mensch zu Mensch sehr unterschiedlich in ihrer Bedeutung und praktischen Erfüllung. So haben sowohl Mütter als auch Väter und Kinder das Bedürfnis nach Ordnung. Der Mutter ist allerdings wichtig, dass die Schultaschen nicht im Weg stehen, während der Vater aus dem Anzug springt, wenn die Sekretärin seinen Schreibtisch aufräumt. Der Sohn weiß indessen genau, wo er in seinem offensichtlichen Chaos seine Sachen findet. Wenn Sie Ihr Bedürfnis formulieren, drücken Sie das »Ja« in Ihrem Leben aus: Sagen Sie »Ja« zu Ordnung und Gesundheit, zu Bildung und Zärtlichkeit, zu Anerkennung und Entfaltung.

4. Bitte: Und schließlich äußern Sie eine ganz konkrete Bitte: »Wenn du das nächste Mal merkst, dass du es nicht rechtzeitig schaffst, rufe mich bitte an, damit ich mich darauf einstellen kann!« Was unterscheidet eine Bitte von einer Forderung? Auf eine Bitte kann der andere mit »Nein« antworten – das geschieht nicht, weil er Sie ärgern möchte, sondern weil ein für ihn wichtigeres Bedürfnis dazwischensteht. Darüber kann man reden. Auf eine Forderung hingegen kann der andere schlecht mit »Nein« reagieren, weil er mit Sanktionen rechnen muss.

Wenn es hart auf hart kommt

»Meine Kinder spielen nicht mit.«

»Nö, mache ich nicht!« Wenn Kinder einer Bitte nicht nachkommen, dann hat Ihr Anliegen im Moment keine Priorität, weil dem Kind ein anderes Bedürfnis wichtiger ist. Wenn Sie mit der Bitte jedoch das Einhalten einer Vereinbarung einfordern, so bleiben Sie fest und kommen Sie dem kleinen Verweigerer höchstens in Sachen Zeitpunkt oder Art der Aufgabenerledigung etwas entgegen. Machen Sie deutlich, dass Sie das Bedürfnis Ihres Kindes akzeptieren und trotzdem Unterstützung benötigen.

An dieser Stelle fängt es in den Seminaren häufig an zu grummeln: »Was soll der ganze Schmus? So ein künstliches Reden – das ist doch weltfremd! Im Alltag kann ich mich doch nicht derart verbiegen und so geschwollen reden! Da lachen mich doch alle aus!«

Annika hat es ausprobiert, obwohl ihr Mann auch nichts von solchem »Psycho-Quatsch« hält. Abends hat sie mit ihm geredet: »Weißt du, heute Morgen, da hast du auf die Frage, was heute mit Jakob werden soll, sofort gesagt, du könntest nicht daheim bleiben. Ich war frustriert, weil ich spüren möchte, dass meine Arbeitszeit genauso wichtig ist, wie deine Termine. Bitte lass uns gemeinsam überlegen, welche Möglichkeiten wir haben, wenn Jakob das nächste Mal krank ist.« Was vermuten Sie, wie Annikas Mann reagiert hat? Probieren Sie einfach beide Sprechweisen aus, die des Wolfes und die der Giraffe – und beobachten Sie, was passiert. Mit Ihnen, Ihrem Gegenüber und der Beziehung, die Sie verbindet.

EXKURS
Wer hat hier eigentlich das Problem?

Sie sind sich Ihrer Kompetenzen bewusst und beteiligen andere souverän an notwendigen Aufgaben, finden sich aber trotzdem mit Problemen konfrontiert, bei denen Sie der Lösung einfach nicht näher kommen? Dann lohnt es sich, noch genauer hinzuschauen: Wer hat eigentlich das Problem? Denn nur, wer für das Problem zuständig ist, kann es auch lösen. Alles andere ist vergebene Liebesmüh.

EIN ANDERER HAT EIN PROBLEM UND MÖCHTE, DASS SIE ES LÖSEN: Ihre Arbeitskollegin schluchzt, weil sie sich von den anderen Teammitgliedern ausgeschlossen fühlt. Ihr Freund weiß nicht, ob er die neue Arbeitsstelle annehmen soll und möchte, dass Sie ihm sagen, was er tun soll. Ihr Kind möchte, dass Sie ihm eine Sportbefreiung schreiben, weil heute der Cooper-Test ansteht. Andere haben also ein Problem. Es tut nicht Ihnen weh, es schadet nicht Ihnen, sondern einem anderen Menschen. Sie können sich diesem Menschen zuwenden, mit ihm mitfühlen und ihn unterstützen bei seiner Problemlösung, aber Sie können das Problem nicht stellvertretend für den oder die andere lösen. Vielleicht setzt Sie der andere unter Druck: »Ja, sag du doch auch mal was!« oder: »Dir ist wohl völlig egal, wie es mir geht!« Das zeigt die große Not dessen, der im Problem gefangen ist und keine bessere Lösung sieht, als andere mit in sein

Problem hineinzuziehen. Sie sind nicht lieblos, wenn Sie (vor allem für sich selbst) klarstellen, dass es niemandem nutzt, wenn Sie sich das Problem des anderen zu eigen machen. Denn als Helfer am Rand brauchen Sie einen klaren Kopf und viel Kraft. Bleiben Sie bei sich, nur dann können Sie für den anderen auch da sein.

SIE SELBST HABEN EIN PROBLEM, ABER DIE ANDEREN SPIELEN BEI DER LÖSUNG NICHT MIT:

Sie ärgern sich über die Unordnung im Kinderzimmer und wollen, dass Ihre Partnerin für Ordnung sorgt. Ihr Chef delegiert immer wieder Arbeiten an Sie, für die Sie gar nicht zuständig sind. Ihre Tochter trägt den Rock für Ihren Geschmack eindeutig zu kurz.

In diesen Situationen haben Sie ein Problem, Sie sind zuständig für die Lösung und müssen handeln. Wenn Sie also versuchen, Ihrer Partnerin das Problem der Unordnung im Kinderzimmer zu übertragen, das sie selbst gar nicht hat, oder wenn Sie Ihrer Tochter Vorwürfe wegen ihrer Kleidung machen und sich still über Ihren Chef aufregen, beißen Sie sich vielleicht die Zähne aus. Die anderen werden sich dennoch nicht zuständig für die Lösung Ihres Problems fühlen. Was können Sie tun? Nutzen Sie die vier Schritte der einfühlsamen Kommunikation (S. 86–87), um sich klarzuwerden, was Sie, ganz konkret, von den anderen brauchen würden, um Ihr Problem lösen zu können. Bitten Sie die anderen dann um Unterstützung und Beteiligung. «

Es geht nicht darum, alle vier Schritte sklavisch abzuarbeiten. Die dahinterliegende Haltung ist wichtig: Ich weiß, was mir wichtig ist, bleibe bei mir und lasse dem anderen die Freiheit, sich für oder gegen eine Beteiligung zu entscheiden. Entscheidend ist die Einladung zum Gespräch, um miteinander zu überlegen: Was können wir gemeinsam tun, um dieses Problem oder jene Aufgabe zu lösen? Ich muss nicht schon im Voraus den richtigen Weg kennen. Oder um es mit den

Worten des persischen Mystikers Rumi zu sagen: »Jenseits von richtig und falsch liegt ein Ort. Dort treffen wir uns.« – Und finden eine kreative Lösung!

Wenn es **hart auf hart** *kommt*

»Mein Vorgesetzer beharrt auf in meinen Augen sinnlosen Aufgaben.«

Versuchen Sie herauszubekommen, was hinter der Aufforderung Ihres Vorgesetzten steckt. Fragen Sie genau nach, versuchen Sie zu verstehen, um welches Bedürfnis es tatsächlich geht – oft wird dies Anerkennung, Struktur oder Sicherheit sein. Zeigen Sie Verständnis für das Bedürfnis Ihres Vorgesetzten, ohne die Aufgabe kommentarlos zu akzeptieren. Wenn diese Ihren Werten völlig zuwider läuft, ist es notwendig, »Nein« zu sagen. Wie das gut geht, lesen Sie in Kapitel 5, »Die Stressfalle«.

Wenn es Ihnen gelingt, mit dem Gegenüber einen gemeinsamen Weg im Gespräch zu finden und ihn an der Lösung des Problems oder der Erledigung der Aufgabe zu beteiligen, werden Sie sich leicht und sehr zufrieden fühlen. Von der Last des Perfektionismus keine Spur mehr!

GELASSENHEIT *entwickeln*

Wissen Sie, was eine der schönsten Nebenwirkungen ist, wenn die Kinder größer werden? Als Mutter oder Vater wird man für gewöhnlich viel gelassener. Man erlangt eine innere Ruhe, die sich auch auf alle anderen Lebensbereiche überträgt. Der einzige Wermutstropfen: diese Gelassenheit hätte man von Anfang an gebraucht, dann hätte man sich eine Menge Kräfteverschleiß gespart!

Gelassenheit hat viel mit »lassen« zu tun. Wenn es Ihnen gelingt, andere zu beteiligen, werden Sie automatisch loslassen (müssen und dürfen): Erwartungen und Aufgaben, Gewohnheiten und vor allem Überzeugungen wie: »Ich muss alles allein schaffen!« Und: »Nur ich weiß, wie es gemacht werden muss!«

Wenn es hart auf hart *kommt*

»Manchmal geht der Perfektionismus doch mit mir durch.« Sie haben einen sehr hohen Anspruch, was das Zusammenlegen der Handtücher, ein bestimmtes Ordnungssystem auf dem Schreibtisch oder das Verfassen von Reden betrifft? Wenn es Sie glücklich macht, hier Ihren Perfektionismus auszuleben, dann machen Sie es ruhig – so lange Sie die Zeit dafür finden. Aber verabschieden Sie sich davon, anderen diesen Anspruch abzuverlangen. Sie erzeugen hier zu viele Reibungsverluste und sorgen für Frust bei den anderen. Überlegen Sie, ob sich das wirklich lohnt!

Wenn Sie gelassen an die Dinge herangehen, wird Ihnen eine Menge geschenkt: Sie dürfen, müssen aber nicht mehr immer die »Macherin« sein. Sie können sich freuen, wenn andere etwas übernehmen und dabei auf Ideen kommen, die Ihnen selbst vielleicht gar nicht eingefallen wären. Lassen Sie sich überraschen!
Das Loslassen von Verantwortung kann ungemein erleichtern. Der Druck, der auf Ihnen lastet, lässt nach, (innere) Verspannungen lösen sich. Ihre Umgebung wird es Ihnen danken, wenn Sie »locker drauf« sind. Wenn Sie aufpassen, dass sie nicht in die Perfektionismusfalle tappen, bekommen Sie ein gutes Verhältnis zwischen Fehlervermeidung und Fehlerfreundlichkeit hin. Menschen, die sich entwickeln, die wachsen wollen – das gilt für Kinder und Auszubildende genauso

wie für Sie selbst – müssen Fehler machen dürfen. Nur so können wir uns ausprobieren und lernen. Es schenkt Selbstvertrauen, wenn gerade die Kinder wissen: »Ich darf etwas wagen, und wenn es schiefläuft, dann stehen meine Eltern trotzdem zu mir.«
Das braucht natürlich eine Menge Zutrauen ins Leben. Wir Eltern vergessen oft, dass wir zwar sehr wichtig für unsere Kinder sind, aber dass von einem Fehler unsererseits nicht das Wohl und Wehe unserer Kinder abhängt. Sie tragen eine eigene Kraft in sich und orientieren sich auch an anderen. Kinder wollen keine perfekten Eltern. Sie wollen authentische und ehrliche Eltern, die auch mal müde und erschöpft sein dürfen, die sich aber auch entschuldigen können, wenn sie ungerecht waren. Das macht uns zu Vorbildern. Sie dürfen natürlich auch stolz sein, wenn mal alles rund läuft und alles genau so ist, wie Sie es sich vorgestellt haben. Es darf auch mal alles perfekt sein!
Sich einen Überblick verschaffen, Aufgaben bewerten, andere beteiligen, gelassen bleiben – für all das brauchen Sie keine zusätzliche Zeit, das können Sie jederzeit und überall tun. Aber sicherlich benötigen Sie innere Muße, um hin und wieder gedanklich Abstand zu nehmen von dem, was zu tun ist. Oft aber ist genau diese innere Atempause sehr schwierig, weil uns die Zeitnot im Nacken sitzt. Schauen wir nach der ersten Ressource Kompetenz jetzt auf die zweite: die Zeit.

ZUSAMMENFASSUNG

» *Kompetenzmanagement in 3 Schritten*

1. Verschaffen Sie sich einen Überblick über alle Ihre Aufgaben anhand einer Aktivitäten-Landkarte: Was ist zu tun?
2. Bewerten Sie die Aufgaben nach dem Ampelsystem: Machen Sie den Kompetenzcheck!
3. Beteiligen Sie andere Menschen an den Aufgaben: Nutzen Sie die vier Schritte der einfühlsamen Kommunikation!

DIE STRESSFALLE

Wie Sie für alles Wichtige in Ihrem Leben Zeit finden

»Du denkst aber schon daran, dass du morgen früh die Kinder fertig machen musst? Ich muss frühzeitig los zur Messe.« Benno, der eben ins Bett geschlüpft war und sich wohlig an seine Frau hatte schmiegen wollen, setzte sich ruckartig auf. »Das geht nicht! Morgen feiert mein Chef seinen 60. Geburtstag und hat uns alle zum Frühstück eingeladen!« »Natürlich geht das. Du weißt es lange genug.« Kühl dreht seine Frau sich weg und macht das Licht aus. Kein »Gute Nacht!«. Aus der Traum vom Kuscheln. Benno stellt seinen Wecker neu. So ein Mist! Es war nicht das erste Mal, dass er in letzter Zeit Termine verschwitzte. Und meistens Familientermine. Immer häufiger gab es deshalb Streit. Am nächsten Morgen steht er eine halbe Stunde früher auf, stellt das Lieblingsmüsli der neunjährigen Tochter auf den Tisch, schmiert für den dreijährigen Sohn ein Nutella-Brot, anschließend weckt er die beiden: »Heute müssen wir uns ein bisschen beeilen, Papa muss heute pünktlich sein!« Er legt den beiden die Sachen zurecht. Als er zurück ins Kinderzimmer kommt, spielt sein Sohn vertieft mit den Autos, die Tochter sitzt am Schreibtisch: »Ich habe vergessen, Mathe zu machen!« Bennos Puls beschleunigt sich: »Jetzt ist keine Zeit dazu!« »Ich muss das aber machen!« Benno nimmt ihr das Heft weg: »Das hätte dir eher einfallen müssen! Los, anziehen!« Er treibt seinen Sohn ins Bad, zieht ihn an. Der spürt die Anspannung und beginnt, sich zu wehren. »Nein, nicht die Hose!« Das darf doch nicht wahr sein, wieso ging ausgerechnet heute alles schief? »Du ziehst jetzt die Hose an! Ich habe keine Zeit für Diskussionen.« Schluss mit lustig, der Tag ist schon gelaufen, bevor er begonnen hat. Drei Auseinandersetzungen später wegen des falschen Müslis, der Buddelhose und dem Geschrei des Sohnes im Kindergarten, weil der Papa den Hoppel-Hasi daheim liegen gelassen hat, hätte Benno ins Lenkrad beißen mögen. Natürlich war er voll in den Berufsverkehr gerauscht. Und das alles tat er sich und seinen Kindern wegen eines Frühstücks in der Firma an! Und seine Arbeit machte sich bei solchen Späßchen auch nicht von allein. Als ein Kollege ihn fragt, ob er an die Glückwunschkarte für den Chef gedacht habe, wäre er ihm am liebsten an die Gurgel gegangen.

»ICH HABE KEINE ZEIT« – *und das 24 Stunden am Tag*

Benno fliegt das Leben um die Ohren. Wohl jeder kennt solche Tage. Es ist schon vorher klar, dass sie zu kurz sind. Das Gefühl »Ich habe keine Zeit!«« ist ständiger Co-Pilot. Man tut, was man kann – versucht die Dinge mit Überschallgeschwindigkeit zu erledigen, Probleme zu lösen, den Mangel an Zeit zu managen. Aber es genügt nicht. So sehr man sich beeilt und hetzt – es bleibt immer etwas unerledigt. Und auch wenn man alles super durchgeplant hat: Es kommt mit Sicherheit irgendetwas dazwischen. Man ist fertig und kaputt. Alle Alarmglocken schrillen und signalisieren »Stress!«.
Aber es kommt noch viel schlimmer: Wenn sich solche Tage aneinanderreihen, fängt man an, Termine zu vergessen oder versäumt, wichtige Aufgaben zu erledigen. Man kriegt nicht mal die einfachsten Dinge auf die Reihe, entwickelt Wortfindungsstörungen, die Konzentration leidet. Während die Kollegin die Dienstübergabe macht, starrt man sie an und fragt sich irgendwann, was sie eigentlich gerade gesagt hat. In der Partnerschaft geht es nur noch um »Kannst du morgen die Kinder abholen?«. Gereiztheit und Unzufriedenheit machen sich breit. Dabei weiß man ja eigentlich, dass es dem anderen auch nicht besser geht.
An stressigen Tagen tragen wir die Fäuste geballt in den Hosentaschen,

ohne etwas im Griff zu haben. Dann braucht es nur einen kleinen Auslöser und wir gehen in die Luft.

Wenn Sie solche Tage kennen, haben Sie sicher auch schon versucht, gegenzusteuern: Sie wissen, Sie müssen etwas unternehmen und ziehen die Konsequenzen. Sie gehen vielleicht mit Ihrer Partnerin ins Kino. Seit Jahren wieder das erste Mal, und schlafen prompt nach der ersten Hälfte des Filmes ein. Bruchlandung außerhalb des Rollfeldes. Aus die Motoren. Schluss mit dem Traum vom Fliegen. Selbst das Gegensteuern scheint nichts mehr zu bringen.

Sie dachten, Sie kriegen das alles hin mit Kindern und Job, mit einer gleichberechtigten Aufteilung der Hausarbeit und einer erfüllenden Partnerschaft? Sie dachten, wenn Sie alles gut organisieren, wenn Sie nur Kurs halten und die richtige Geschwindigkeit draufhaben, wird das schon klappen?

Ich bin mir sicher, Sie haben richtig gedacht. Sie kriegen das hin. Aber nicht, wenn Sie mitten im Stress keinen klaren Gedanken mehr fassen können. Nicht, wenn Sie von einer Akutlösung zur nächsten stolpern. Und vor allem nicht, wenn Ihr Leben auf Auto-Pilot geschaltet ist und Sie nur noch zuschauen können, wie der Businessplaner, die Bedürfnisse der Kinder, angeordnete Überstunden und die Erwartungen der Großeltern den Kurs Ihres Alltags bestimmen, anstatt Ihre eigenen Ziele und Wünsche.

Wenn Sie allem Wichtigen in Ihrem Alltag Zeit einräumen wollen – dem Bilderbuchvorlesen genauso wie der Mittagspause mit Kollegen in der Kantine, der Zweisamkeit mit dem Partner ebenso wie der eigenen Fortbildung – dann ist es zunächst notwendig, innerlich einen Schritt zurückzutreten und Ihre momentane Situation anzuschauen. Es ist wichtig, Ihren Stress zu verstehen – denn er ist nicht Ihr Feind. Er ist eher ein Lehrer, der manchmal mit seinen Lektionen ziemlich nerven kann. Bevor Sie ihm den Rücken kehren, wäre es vielleicht ganz gut, zu hören, was er zu sagen hat.

AUF DER JAGD *nach großen Tieren*

»Ist das ein Stress!«, klagt wohl jeder Mensch einmal – bei der Arbeit, zu Hause und sogar in der Freizeit. Die Skala reicht dabei von »Ich bin ja so beschäftigt!« bis hin zu »Ich bin völlig erschöpft und kann nicht mehr!«.

Mit »Stress« (lat. *stringere* = »anspannen«) bezeichnen wir alle inneren Zustände von Anspannung und Druck. Unser Körper und unsere Psyche reagieren auf diese Spannungen sehr unterschiedlich. Ich entwickle zum Beispiel einen (durchaus nicht unangenehmen) Heißhunger auf Schokolade und bekomme irgendwann (sehr unangenehme) Spannungskopfschmerzen.

Stressreaktionen hatten in der Menschheitsentwicklung einmal eine wichtige Rolle: Auf alarmierende Situationen wie den Angriff eines wilden Tieres mussten unsere Vorfahren schnell reagieren können. Hormone wie Adrenalin sorgten dafür, dass in Sekundenschnelle Kräfte und Energien freigesetzt wurden, um wahlweise angreifen oder fliehen zu können. Wurde das Tier erfolgreich erlegt, folgte am Abend beim Feiern und Erzählen am Lagerfeuer die Entspannung.

Die Gesellschaft hat sich weiterentwickelt, aber unsere hormonellen Reaktionen sind auf Steinzeit-Niveau geblieben. Heute nennen sich die wilden Tiere U-Bahn, Sale, Provision oder Kinderkrankheit und wir flüchten in der Regel auch nicht mehr vor ihnen, sondern jagen ihnen hinterher. Unser Problem: Stressige Situationen erleben wir nicht mehr nur hin und wieder, sondern wir sind von früh bis abends von den wilden Tieren der heutigen Zeit umzingelt und unsere Stress-Hormone tanzen Tango. Wir »kämpfen« täglich mit Terminen, Kundengesprächen, Bügelwäsche-Bergen, Warenlieferungen, dem Berufsverkehr, unordentlichen Kinderzimmern. Trotzdem schaffen wir es nie, den »Gegner« endgültig zu erlegen. Die Wohnung ist wieder schmutzig, die kommende Woche muss wieder gut organisiert werden und die nächste Dienstreise kommt bestimmt. Da bleibt keine Zeit, sich an den Kamin zu setzen, das Geschaffte zu feiern, sich darüber zu freuen – und das Adrenalin wieder abzubauen. Um es kurz zu machen: Wenn wir keine Zeit und dadurch Stress haben, sind wir permanent angespannt – körperlich, nervlich, emotional und seelisch. Wir haben keine Zeit, die Spannungen zu entladen und sie schaden uns. Aber das ist nicht das einzige Problem gestresster Menschen.

LEBEN *an der Oberfläche*

Haben Sie einmal versucht, sich während kleine Kinder im Haus sind einen Tee zu kochen? Ich weiß gar nicht mehr, wie oft ich früher das Teewasser neu aufsetzen musste, bevor ich dazu kam, die Teeblätter zu überbrühen! Auf der Verpackung stand fünf Minuten ziehen lassen. Nach 30 Minuten war der Tee ungenießbar, ich schüttete ihn weg. Kein Resultat, kein Genuss. Trotz so viel Investition! Neuer Versuch, die Anspannung wuchs … und irgendwann stieg ich auf Kaffee um.

Eltern kleiner Kinder wünschen sich oft nichts sehnlicher, als sich irgendeiner Sache ungestört hingeben zu können und diese auch zu Ende zu bringen – Schlafen, aufs Klo gehen, Telefonieren, einen Reifen wechseln oder einen Artikel lesen. Denn dabei bauen wir einen Spannungsbogen auf: Einarbeiten – konzentriertes Vertiefen – zum Schluss kommen – sich über das Ergebnis freuen. Wenn wir einer Tätigkeit so nachgehen können, macht uns das zufrieden. Das ist Erfüllung. Man verwendet dafür auch den englischen Begriff *»flow«* – »Fließen« oder »Strömen«. Uns erfasst ein Rausch von Schaffensfreude. Wenn dieser Spannungsbogen aber ständig unterbrochen wird, kommen wir nie in diesem Gefühl entspannten Tuns an. Das ist frustrierend.

Kein Wunder, dass sich Eltern kleiner Kinder manchmal regelrecht auf die Arbeit im Job freuen: Sie ermöglicht ihnen, sich in Aufgaben zu vertiefen und Dinge fertig zu bringen (sofern nicht auch dort eingehende E-Mails und gesprächsfreudige Kollegen den Arbeitsfluss unterbrechen).

Was aber tun wir, wenn wir ständig gestört werden? Wir versuchen, schneller als die Störungen zu sein! Das Telefon klingelt. Zeit, zur Kita zu fahren. Eine E-Mail rauscht herein. Energisches Klopfen an der Badezimmertür. Ein kurzfristiger Auftrag landet auf dem Schreibtisch. Die Windel ist voll. Opa hat einen Herzinfarkt. Mein Sohn einen Wutanfall im Supermarkt. Der Mann einer Freundin will sich trennen. Bandscheibenvorfall beim Kollegen. – Wir wissen ganz genau, dass gleich wieder irgendetwas das unterbrechen wird, was wir uns vorgenommen haben zu tun. Also versuchen wir, uns zu beeilen und mehreres gleichzeitig zu tun, um das Zeitfenster bis zu nächsten Unterbrechung optimal zu nutzen. Die Folge ist Stress pur! Unsere Konzentration leidet, unsere Aufmerksamkeit treibt an die Oberfläche.
Um es mit einem Bild zu sagen: Wenn wir im Auto sitzen und die Zeit knapp bis zum nächsten Termin ist, drücken wir auf's Gaspedal. Nebenher ist vielleicht noch über die Freisprechanlage ein wichtiges Telefonat zu führen und beim Navi darauf zu achten, dass wir die richtige Ausfahrt nicht verpassen. Was aber ist die Folge einer solch rasanten Fahrt? Der Kraftstoffverbrauch steigt. Und wenn wir aus dem Fenster schauen, verschwimmt die Landschaft zu einer einheitlichen grau-braunen Masse. Wir können die Reise nicht genießen und bekommen vielleicht nicht einmal mehr mit, ob die Ampel gerade eben wirklich grün war.
Für unseren Alltag heißt das: Wenn wir ganz schnell ganz viel und zum Teil gleichzeitig erledigen, schaffen wir zwar quantitativ viel, brauchen aber enorm viel Energie und Kraft und verpassen die Hälfte dessen, was um uns herum passiert. Wir haben das Gefühl, als rausche das Leben an uns vorbei und wir hätten nichts damit zu tun. Vielleicht haben Sie das auch schon ähnlich erlebt: da hält man an Silvester das Glas Kindersekt in der Hand und fragt sich, wo man im Sommer eigentlich im Urlaub war.
Und genau das macht den Stress zu einer echten Falle: Je fleißiger wir sind, je mehr wir leisten, damit die Karriere vorangeht und die Kinder gut geraten, umso weniger können wir das, was wir erreichen,

genießen. Der Stress nimmt uns den Wert und die Qualität der Zeit, die wir gerade erleben – das Aufwachsen und die Fortschritte der Kinder, die Anerkennung eines zufriedenen Kunden, den Zauber des lang ersehnten Urlaubs. Und meinten wir, nur mit Familie *und* Beruf glücklich werden zu können, müssen wir uns nun fragen, ob das Vereinbaren von beidem vielleicht gerade der Grund ist, nicht glücklich, entspannt und zufrieden zu sein? Sich zu mühen und zu tun und trotzdem nichts davon zu haben, sind die Kennzeichen der Stressfalle. Die Lösung liegt auf der Hand: zurück zu den Jägern und Sammlern, die Frauen ins Zelt, die Männer auf die Jagd und abends Entspannung am Lagerfeuer!

So ganz müssen wir jedoch nicht zurück in die Steinzeit, um einen entspannten, stressarmen Umgang mit der Zeit zu finden. Gehen wir einfach zurück zu dem Augenblick, an dem wir, um in obigem Bild zu bleiben, unsere Autofahrt beschleunigt haben.

Im vorigen Kapitel haben wir gesehen, dass der Perfektionismusfalle eine ganz positive Kraft zugrundeliegt, die wir leider manchmal übertreiben: unser Anspruch an das Leben. In die Stressfalle sind wir geraten, weil wir es zu gut meinten mit einer anderen starken Kraft: unserer Flexibilität.

DEM LEBEN AUF DEN FERSEN – *Flexibel sein*

Denken Sie einmal an den Augenblick, als Sie erfuhren, dass ein Baby unterwegs ist! Mit einem Mal wird das ganze bisherige Leben durcheinandergewirbelt. Sie mussten sich – vermutlich begleitet von Aufregung, Freude, Unsicherheit – erst darauf einstellen, Mutter oder Vater zu werden. Aber damit war es natürlich nicht getan: Tagtäglich bringt jeder Entwicklungsschub Ihres Kindes neue Herausforderungen. Sie müssen Sicherheiten einbauen, damit das Kind gefahrlos neue Räume erobern kann: WC-Bürsten hochstellen, Treppengitter bauen, Schulweg üben, PC-Kindersicherung aufspielen, über Drogen reden. All das und die Erfordernisse in Ihrem Beruf verlangen, dass Sie sich ständig an sich verändernde Bedingungen anpassen.

Möglich wird Ihnen das durch Ihre Fähigkeit zur Flexibilität. Flexibel (lat. *flectere* = »beugen« oder »biegen«) zu sein bedeutet, sich darauf einzustellen, dass das Leben stete Veränderung ist und die damit verbundenen Herausforderungen anzunehmen. Warum tun wir das? Die Herausforderungen von Familie und Beruf anzunehmen, sich immer wieder neu anpassen zu müssen, macht einerseits ein richtig gute Gefühle von Stärke, Tatkraft und Bestätigung der eigenen Fähigkeiten, andererseits ist da der Wunsch nach Wachstum, nach Weiterentwicklung, nicht festgelegt und festgefahren sein zu wollen nach dem Motto: »Man wächst mit seinen Aufgaben.« Und man erlebt ja auch wirklich viel – heute Konzert in der Schule, morgen Dienstreise, übermorgen Plätzchenbacken und nächste Woche Betriebsfeier.

Flexibilität ist reizvoll, wenn wir es damit nicht übertreiben. Denn wenn uns zu viel abverlangt wird und wir uns selbst zu viel zumuten, geraten wir in Stress. Eine Dienstreise kann eine angenehme Auszeit sein, zehn Nächte im Hotel pro Monat aber werden irgendwann zu einer erheblichen Belastung. Hier ist wirklich Vorsicht geboten: auch flexibler Bambus bricht. Auch gestresste Menschen nehmen irgendwann an Leib und Seele Schaden. Auch Eltern können sich bis zum Burnout erschöpfen.

Flexibilität braucht also eine Gegenkraft, die dafür sorgt, dass wir es nicht übertreiben und in die Stressfalle schlittern. Reflexartig schießt vielen Menschen an dieser Stelle die Lösung in den Kopf: »Ich brauche einfach eine gute Planung und Organisation, also gutes Zeitmanagement, dann entkomme ich dem Stress.« Das ist eine gute Idee – aber nicht, wenn Sie erwerbstätig sind und Kinder haben. Ich sage Ihnen auch, warum.

GUT GEPLANT *ist halb verloren*

Ziele festlegen, Prioritäten bestimmen, den Tag gut planen, To-do-Listen schreiben, Pufferzeiten einplanen, abends Bilanz ziehen. Das sind die Tipps des klassischen Zeitmanagements für gelingende Planung und Organisation eines chaotischen Alltags.

Ich wette, als berufstätige Eltern machen Sie das automatisch – Sie treffen Absprachen, führen Familienkalender, machen Termine für einen Abend zu zweit und das ist gut so. Zeitmanagement-Systeme haben durchaus ihren Wert. Aber Hand aufs Herz: Wie oft schaffen Sie auch tatsächlich, das umzusetzen, was Sie sich ausgedacht haben? Mir ist es nie gelungen und ich hatte schnell das Gefühl, nicht gut genug geplant oder organisiert zu haben. Inzwischen weiß ich: Es lag nicht an mir!

Denn erstens ist Zeit keine »Menge«, die man managen oder wie Geld hin- und herschieben könnte. Ich kann nicht Zeit »sparen« und gezielt für spätere, wichtige Momente einsetzen – ich gewinne nichts, wenn ich effizient durch den Arbeitstag renne, pünktlich Feierabend mache, dann aber völlig ausgelaugt und miesepetrig auf der Spielplatzbank hocke und die Zeit abwarte, bis das Kind fertig ist mit Schaukeln.

Außerdem hat mich immer geärgert: Ich habe den nächsten Tag gut durchgeplant, für Termine Zeitfenster eingeräumt und mir fein säuberlich acht Aufgaben – nach Prioritäten sortiert – vorgenommen und aufgeschrieben. Schließlich habe ich aber nur drei geschafft und war völlig frustriert. Ich war Sklavin meiner Planung, aber nicht Frau über meine Zeit. Woran es lag? Unter anderem daran, dass ich nicht allein meine Zeit für mich verplanen kann. Da sind noch andere Menschen, die zum Teil andere Pläne haben – vor allem Chefs und Kinder.

Und drittens: je besser die Planung, umso geringer die Flexibilität. Jede Unterbrechung, jede Abweichung vom Plan habe ich als Störung, als feindlichen Angriff von außen empfunden, der alles durcheinanderbringt. Das ging so weit, dass ich regelrecht Angst hatte, irgendjemand könnte überraschend mal vorbeikommen wollen, »nur mal reinschauen« auf eine Tasse Kaffee, um mir eine Freude zu machen. Ich hätte mich nicht gefreut. Mein Herz hing an der Umsetzung meiner Planung. Dass diese einfach nicht aufging, machte mir zusätzlich Stress.

Zeitmanagement hilft nicht in Sachen »Vereinbarkeit«. Daran ändert auch der neueste Trend nichts. Dieser besagt, dass wir Stress vor allem erleben, wenn über unsere Zeit fremdbestimmt wird. Wenn wir Dinge tun (müssen), die uns eigentlich sinnlos erscheinen und die wir eigentlich nicht tun wollen. Die Lösung klingt erstmal ganz einfach: die Dinge selbst in die Hand nehmen. Wenn uns die Arbeit stresst, dann ist unser Job wohl nicht der richtige. Selbstbestimmung schafft Zeitsouveränität. Aber ist ein selbstbestimmtes Leben realistisch? Für berufstätige Eltern ist das doch eher ein Wunschtraum. Sie haben es nicht in der Hand, einfach mal eine Nacht durchzuschlafen. Sie können nicht einfach selbstbestimmt zur Arbeit gehen, wenn die Kleine noch kein Zeitgefühl hat und erst ihre Puppe wecken und anziehen muss. Oder wird die alleinerziehende Mutter ihren Job kündigen, nur weil sie unglücklich damit ist? Kündigen, um wieder selbstbestimmt leben zu können? Berufstätige Eltern stecken in einem Dilemma: Sie planen und organisieren ihren Alltag, um den Stress in den Griff zu bekommen. Gleichzeitig bekommen Sie Stress, weil die Planung nicht umsetzbar ist. Und auf selbstbestimmte Zeiten zu hoffen, hilft heute auch nicht. Der Weg, den ich Ihnen nun aus diesem Dilemma zeigen möchte, setzt auf ein gesundes »Sowohl-als-Auch«: sowohl planen als auch flexibel sein, sowohl die Quantität der Zeit im Auge behalten als auch ihre Qualität erhöhen, sowohl die Fremdbestimmung bewusst akzeptieren als auch selbstbestimmte Freiräume entdecken. Das klingt jetzt vielleicht noch abstrakt und rätselhaft, Sie werden aber gleich merken, dass das für den Alltag zwischen Familie und Beruf gut umsetzbar ist.

DIE ZEITQUALITÄT ERHÖHEN – *sich zuwenden*

In Berlin hat ein 25-Stunden-Hotel aufgemacht. Eine super Idee! Jedem ist klar, auch hier in diesem Hotel hat der Tag nur 24 Stunden, aber die Vorstellung finde ich einfach großartig. Der Traum einer 25. Stunde am Tag. Was würden Sie in diesen 60 Minuten machen? Mehr schlafen oder mit einem netten Menschen klönen? Spielen oder spazieren gehen? Mancher möchte vielleicht einfach eine Stunde ganz in Ruhe arbeiten.

Menschen, die sich um viele Dinge kümmern müssen, sodass die Zeit nie reicht, hätten gern jeden Tag eine zusätzliche Stunde – und dabei wissen sie ganz genau, dass sich dadurch das Problem nicht lösen ließe. Mehr verfügbare Zeit würde nichts an ihrer Zeitnot ändern.

Denn ich behaupte: Nicht die Menge der Zeit ist es, die fehlt, sondern die Qualität. Weil der Stress unsere Wahrnehmung und unser Erleben an die Oberfläche treibt, mangelt es uns an Zeit, die wir als wertvoll und intensiv erleben.

Die Lösung, die ich Ihnen anbiete, ist die Zuwendung. Ich meine damit, sich auf das zu konzentrieren, was gerade passiert, was Sie gerade erleben oder tun, auf den Menschen, mit dem Sie gerade sprechen. Wenn es Ihnen beispielsweise gelingt, den liebevoll gedeckten Abendbrottisch wahrzunehmen, sich darüber zu freuen und dafür zu bedanken, bekommt der Augenblick Tiefe und Qualität. Solche Momente holen Sie aus der Stressfalle heraus. Aus dem alltäglichen, hektischen Einheitsbrei schälen sich Konturen und machen uns bewusst, dass wir das, was wir gerade tun und erleben, nur jetzt und hier erleben. Gleich ist es unwiederbringlich vorbei.

Um zu verdeutlichen, was ich meine, schlage ich Ihnen an dieser Stelle ein kleines Experiment vor: Nehmen Sie kurz wahr, was Sie gerade tun – nämlich lesen. Vielleicht liegen Sie im Bett, sitzen bequem auf einem Sofa oder in der S-Bahn. Schauen Sie sich um: Was hilft Ihnen gerade dabei, ungestört, intensiv zu lesen? Was stört Sie dabei? Wie

schaffen Sie es, trotz Lärm oder Ablenkung zu lesen? Hören Sie auf Ihre Gedanken, die Ihnen eben durch den Kopf gehen. Und zum Schluss genießen Sie kurz den Augenblick des Alleinseins mit diesem Buch, der Ihnen jetzt gerade geschenkt ist.
Diese kleine Übung hat vermutlich nur einige Sekunden gedauert. Trotzdem, indem Sie diesen Moment intensiv in sich aufgenommen haben, werden Sie sich auch später noch an ihn erinnern können. Sie werden sich jederzeit wieder ins Gedächtnis rufen können wie es war, als Sie eine Zeit mit sich allein hatten. Davon können Sie zehren, wenn es wieder hektisch wird. Diese Übung können Sie auf alles übertragen, was Sie heute noch tun oder erleben werden. Begrüßen Sie Ihre Kollegin ganz bewusst mit einem freundlichen Lächeln. Spüren Sie die Verspannungen in Ihrer Schulter. Hängen Sie die Autoschlüssel aufmerksam an das Schlüsselbrett (dann brauchen Sie sie nämlich später auch nicht suchen).

EXKURS
Sich Menschen zuwenden – Probleme lösen helfen

Ihre Chefin beklagt sich über die neuen Anweisungen der Geschäftsleitung. Ihr Kind kommt aus der Schule und sagt: »Da gehe ich nie wieder hin!«
Oder Ihr Bruder fragt Sie um Rat und meint: »Ich verstehe die Frauen einfach nicht!«
Manchmal wollen Menschen einfach ihrem Ärger Luft machen, wollen Dampf ablassen. Das ist verständlich, sollte aber keine Dauerlösung sein. Denn Sie haben viel um die Ohren und müssen Ihre Kräfte zusammenhalten. Achten Sie genau darauf, was Ihr Gegenüber will

und lassen Sie sich nicht als Seelenmülleimer missbrauchen. Manchmal braucht es bei Dauer-Jammerlappen eine klare Ansage: »Ich helfe dir gern, Licht ins Dunkel zu bringen, damit du dein Problem gut lösen kannst, aber ich habe nicht die Kraft, den Frust zu ertragen, der eigentlich einem anderen gebührt.«

Suchen aber andere Menschen das Gespräch mit Ihnen, weil sie ein Problem verstehen, durchdenken und eine Lösung finden wollen, spüren Sie das an der Ernsthaftigkeit mit der er oder sie sich an Sie wendet und an seiner oder ihrer Bereitschaft, sich zu öffnen.

Denn auch wenn wir anderen Menschen ihre Probleme nicht abnehmen können, können wir sie dabei unterstützen, sie selbst zu lösen.

Michael Ende erzählt in seinem Roman Momo, dass die Menschen in ihrer Umgebung zu Momo kamen, wenn sie Kummer, Sorgen und Probleme hatten. Sie erzähltem dem Mädchen von ihren Nöten und fühlten sich anschließend erfrischt, zuversichtlich und gestärkt. Was hatte Momo getan? Sie besaß die besondere Gabe des Zuhören-Könnens.

Sich einem Menschen zuzuwenden und ihm zuzuhören heißt:

- ganz wach und aufmerksam zu sein, neugierig und offen. Es gibt in diesem Moment nichts Wichtigeres als das Gespräch. Und falls doch, sollte man einen anderen Zeitpunkt für das Gespräch vereinbaren.
- Verstehen zu wollen, was den anderen bewegt und trotzdem authentisch zu bleiben.
- Die Person des anderen bedingungslos zu akzeptieren, ohne gleichzeitig sein Verhalten und seine Ansichten per se gutheißen zu müssen.
- Nachzufragen bei Unklarheiten, um dem anderen zu helfen, klarer zu sehen.
- Einfühlsam zu sein, ohne selbst in das Problem einzutauchen.
- Schweigen aushalten zu können – oft sucht der andere nach Worten oder braucht Zeit, seine Angst zu überwinden.
- Sich zu erinnern: Kritik und Vorwürfe sind hilflose Versuche, für eigene Bedürfnisse zu sorgen.

• Eigene Erfahrungen, Meinungen und Urteile zurückzuhalten und in diesem Moment die Welt aus den Augen des anderen zu sehen.
• Keine Ratschläge und Lösungen anzubieten, wenn nicht danach gefragt wird.

Beim Zuhören geht es viel weniger um Informationsaustausch, sondern darum, einen Raum zu schaffen, in dem lautes Nachdenken, Zeit für innere Klärung, Kreativität zur Lösungsfindung und das Durchdenken neuer Wege ermöglicht werden. Zuhören ermöglicht Menschen, die in einer Frage oder einem Problem nicht weiterwissen, das Finden einer eigenen Lösung, die tragfähig ist.

Ziel ist, dass Sie sich dem, was Sie tun und erleben, konzentriert zuwenden und Ihren Fokus ganz darauf legen. Zuwendung ist die Gegenkraft zur Flexibilität. Lassen Sie mich das anhand eines uralten Textes erklären.

DAS LEBEN *im Blick*

SICH DEM LEBEN ZUWENDEN

Ich habe eine Lieblingsstelle in der Bibel. Dort heißt es, dass alles seine Stunde habe. Für jedes Geschehen gebe es eine bestimmte Zeit. So etwa eine Zeit zum Weinen, eine zum Lachen, eine für die Klage und eine für den Tanz. Der Prediger, der diese Zeilen verfasst hat, war kein Zeitmanagement-Experte, trotzdem steckt in dem Text Wichtiges, was uns zum Thema Vereinbarkeit helfen kann.

• **Da ist zuerst die ganz schlichte Aussage:** Das Leben hat angenehme und anstrengende Zeiten, selbstbestimmte und fremdbestimmte Zeiten, stressige und entspannte Zeiten – genieße die schönen Zeiten und akzeptiere die weniger schönen. Genieße die kurze Zeitspanne abends mit deinem Kind, sei ganz da, mit aller Aufmerksamkeit und Präsenz. Und wenn du gleichzeitig traurig bist, dass du nicht mehr Zeit für dein Kind hast? Das gehört auch dazu. Nimm es wahr und du wirst wach genug sein, das zu ändern, wenn die Zeit dazu gekommen ist.

• **Die zweite Aussage des Textes:** »Es gibt eine Zeit für die Klage« (und die macht emotionalen Stress). Das ist völlig in Ordnung. Aber bleibe nicht darin stecken. Höre irgendwann auf zu klagen und sieh zu, dass es »Zeit für den Tanz« wird. Soll heißen: Nimm ganz bewusst wahr, was dich frustriert und unglücklich macht, denn das gibt dir die Kraft, nach Lösungen zu suchen. Manche Frauen berichten beispielsweise, dass sie die Familienzeit als schweren Karriereknick erlebt haben und darüber sehr frustriert waren. Aber gerade diese Talsohle war es, die ihnen die Kraft gegeben hat, eine andere Firma zu suchen oder sich sogar selbstständig zu machen, und nun sind sie als Unternehmerinnen sehr zufrieden.

• **Und noch ein dritter Aspekt steckt in dem Bibeltext:** Wenn berufstätige Eltern sich in der Rush-Hour des Lebens befinden und ihnen das enormen Stress bereitet, dann liegt das oft auch daran, dass sie meinen, das Leben vor der Geburt des Kindes weiterführen zu können – nur eben mit Kind. Aber wer gleichzeitig Kinder haben, den Wintergarten bauen, regelmäßig ins Fitnessstudio gehen, Karriere machen, eine erfüllende Partnerschaft haben und tolle Städtereisen machen möchte, wird entweder sehr schnell in Stress geraten oder aber viel Grund zum Klagen haben, weil diese Wünsche unrealistisch und nicht umsetzbar sind. Der Text sagt: »Gib allem in deinem Leben seine Zeit« oder mit anderen Worten: »Denke in Lebensphasen«. Manches muss sicher gleichzeitig gemeistert werden, anderes kann und muss man aber verschieben – auch dafür wird wieder Zeit kommen.

EXKURS
Herausfinden, was jetzt gerade dran ist

Um herauszufinden, was im Moment, in dieser Lebensphase gerade dran ist, machen Sie immer wieder (wenigstens einmal im Jahr) eine Bestandsaufnahme: Wofür ist es in der Familie, im Job, in allen anderen Lebensbereichen gerade an der Zeit, wofür ist im Moment eigentlich nicht die Zeit?

Überlegen Sie einmal, welches Projekt nicht ganz so wichtig ist und sich vielleicht noch zwei Jahre verschieben ließe – das könnte die Umgestaltung des Gartens ebenso sein wie eine Zusatzqualifikation des Partners. Vielleicht gibt es auch etwas, das Sie ganz fallen lassen könnten – überprüfen Sie hier besonders auch Gewohnheiten. Haben Sie als Paar zu Weihnachten zum Beispiel noch selbstverständlich die ganze Verwandtschaft besucht, ist das mit kleinen Kindern vielleicht nur noch Stress. Haben Sie sich als Single noch bereitwillig für Nachtdienste eingetragen, wäre es sicher gut, im Team abzuklären, ob Sie vorübergehend andere Dienste übernehmen könnten.

Sprechen Sie auch mit Ihrem Partner/Ihrer Partnerin darüber, ob die jeweiligen Arbeitszeiten so in Ordnung sind, ob Sie vielleicht noch ein Kind möchten, wer wann noch einmal studieren darf. Suchen Sie das Gespräch mit der Chefin, wenn Sie merken, dass Sie die häufigen Erkrankungen des Kindes nicht mehr innerfamiliär abfangen können. Suchen Sie gemeinsam nach Lösungen für diese Situation. Kinderkrankheiten werden seltener, wenn die Kinder älter werden (vielleicht können Sie Ihre Arbeitszeiten verlagern). Reden Sie mit Freunden, wenn Sie gerade ein Buch schreiben und im nächsten halben Jahr nicht so viel Zeit für sie haben werden. Irgendwann ist die Arbeit fertig und dann können Sie wieder mehr für Ihre Beziehungen tun.

Schauen Sie sich Ihr Leben hier und jetzt an. Damit nehmen Sie Ihre momentane Lebensphase in den Blick und suchen nach Stellschrauben, die Ihnen mehr Zeitqualität und mehr innere Ruhe und Sicherheit geben. Aber natürlich ist es auch wichtig, das große Ganze nicht aus dem Blick zu verlieren – das, was in Ihrem Leben wirklich wichtig ist für Sie.

DEM WICHTIGEN IM LEBEN ZEIT EINRÄUMEN

Unsere Kinder sollten vor einigen Jahren anhand einer Liste ihre Sachen für den Zelturlaub in ihre Trolleys packen und diese anschließend in den Flur stellen. Nachdem die Kinder dann im Bett waren, hat mein Mann das Auto gepackt und ich habe das Haus aufgeräumt. Wie packt ein Familienvater das Auto? Sehr überlegt! Erst all die Trolleys, großen Taschen und Kisten mit Kochgeschirr und was man noch zum Camping braucht, dann folgen Schlafsäcke und Isomatten, die sind leicht dazwischenquetschen lassen. Anschließend Tüten und Beutel mittleren Formats. Und ganz zum Schluss einzelne Schuhe, den Waschbeutel und was sonst noch übrig ist. Manches muss auch daheim bleiben, weil einfach kein Platz bleibt. Am Ende war das Auto bis in den letzten Winkel vollgestopft. Warum ich das erzähle? Weil ich nie vergessen werde, wie zur Abfahrt am nächsten Morgen unser Sohn mit seinem Trolley erschien und meinte, er habe ganz vergessen, ihn rauszustellen.

Was mich dieses Beispiel und die anschließende gemeinsame Umräumaktion lehrte: Es ist wenig sinnvoll, alles das in unser Leben zu packen, was an uns herangetragen wird. Zuerst müssen wir das Große und Wichtige in unsere Lebenszeit packen und nur, wenn dann noch Zeit bleibt, auch die kleineren, nicht ganz so wichtigen Dinge – auch wenn diese manchmal durchaus schön und nützlich sind. Und wenn dann immer noch eine kleine Ecke frei bleibt – keine Angst, es gibt sicher noch Mitbringsel von unterwegs zu verstauen!

Wenn wir diese Reihenfolge nicht beachten, merken wir vielleicht zu spät, dass wir etwas Großes und Wichtiges in unserem Leben vergessen

haben. Da war der Traum, einmal mit dem Partner über die Alpen zu gehen, für den man sich nie Zeit genommen hat und dann ist es plötzlich zu spät. Oder man hätte so gern noch einmal studiert, hat es sich aber nicht zugetraut – stattdessen frisst die eintönige Arbeit nun die berufliche Zufriedenheit auf.
Kurz und gut, es fragt sich nur, wie man herausfinden kann, was die »großen und wichtigen« Dinge im Leben sind. Bei was lohnt es sich wirklich, sich zuzuwenden und was hat unsere besondere Aufmerksamkeit verdient? Wofür soll das große »Ja« im Leben stehen – nicht irgendwann, sondern hier und jetzt? Zeit mit den Kindern? Ein bestimmter Job oder eine bestimmte Aufgabe? Bücher lesen und Sport? Musizieren und Malen? Das ist individuell sehr unterschiedlich.

EXKURS
Jeder bekommt, was ihm wichtig ist – zu seiner Zeit

Der Klassiker: Mama möchte in den Ferien Kultur – dazu gehört Kirchen angucken und Museen besuchen –, Papa möchte zelten und wandern und die Kinder möchten am liebsten in ein All-inclusive-Hotel. Was tun? Damit alle Familienmitglieder zu ihrem Recht kommen, ist es sinnvoll, sich zusammenzusetzen und über die eigenen Wünsche und Bedürfnisse zu sprechen. Es geht ja nicht darum, alles und sofort zu erfüllen. Jeder ist mal dran.
Am Silvestertag machen wir in der Familie gern einen »Wunschpunsch«. Dann machen wir es uns gemütlich – bei Keksen und einem Becher Glühwein oder Kinderpunsch. Zettel und Stifte werden in die Mitte des Tisches gelegt, ein Stapel Papier daneben und jeder darf fünf Wünsche aufschreiben, was er im kommenden Jahr gern mit der

Familie oder auch allein machen möchte. Anschließend wird vorgelesen: »Eine Fahrradtour mit allen« oder »Ein Wochenende allein mit Papa« oder »Ein Besuch im Modelleisenbahn-Museum«. Die Zettel werden auf ein Plakat geklebt und gut sichtbar aufgehängt, damit alle die Wünsche der ganzen Familie im Blick haben. Manches lässt sich sofort konkret planen, anderes wird sich über das Jahr ergeben. Beim nächsten Jahreswechsel ist Zeit zu schauen, was aus den Wünschen geworden ist und neu zu planen. Ein solches Familien-Wunsch-Meeting kann man übrigens auch vor dem Weihnachtsfest oder vor einem freien Wochenende machen (jeder hat einen realisierbaren Wunsch frei – von Essen über Ausflüge bis zu Mithilfe bei einer Arbeit).

Um herauszufinden, was es für Sie ist, schlage ich Ihnen wieder eine kleine Gedankenreise vor: Nehmen wir an, Sie feiern Ihren 75. Geburtstag. Kinder, vielleicht Enkelkinder sind gekommen, viele liebe Menschen, denen Sie im Leben begegnet sind. Jemand macht Ihnen eine besondere Freude und zeigt eine Foto-Show. Darauf sehen Sie die wichtigsten Momente Ihres bisherigen Lebens – Momente, bei deren Anblick Ihnen das Herz aufgeht. Was meinen Sie: Welche Momente werden Sie sehen? Was hat diese Augenblicke kostbar gemacht? Vielleicht ein Partner oder eine Partnerin an Ihrer Seite, Kinder, ein Zuhause, Freunde, Sie selbst – hoffentlich gesund –, eine (wenigstens manchmal) interessante Arbeit, ein Traum, der sich erfüllt hat, eine Situation in der Sie über sich selbst hinausgewachsen sind, eine schwere Lebensphase, die Sie gemeistert haben.
Lassen Sie in Gedanken Ihre Kinder von ihrer Kindheit erzählen und davon, wie sie Sie als Mutter oder Vater erlebt haben. Was würden Sie gerne hören? Fragen Sie sich in Gedanken, was Ihre Kollegen oder Mitarbeiter nach 40 Arbeitsjahren zu Ihnen sagen sollen. Und nach Ihrer Gedankenreise »landen« Sie wieder in der Gegenwart und überlegen: Bin ich auf einem guten Weg, um zu erreichen, was ich mir

gerade als Lebensziel vorgestellt haben? Suchen Sie nach den Stellschrauben, an denen Sie drehen müssen, damit das Wichtige in Ihrem Leben tatsächlich die meiste Aufmerksamkeit erhält. Wofür müssten Sie mehr Energie und Zeit aufbringen? Und was sollten Sie nicht mehr tun, um dem Wichtigen Platz einzuräumen? Als ich diese Übung das letzte Mal für mich gemacht habe, habe ich beruflich plötzlich sehr klar sehen können – und meine damalige Arbeit gekündigt. Mir war klar geworden, dass ich an meinem 75. Geburtstag nicht denken wollen würde: »Warum habe ich damals nicht den Mut gehabt, mich selbstständig zu machen?«

Ich vermute, vieles von dem, was Sie sich vorstellen, ist jetzt bereits da. Richten Sie Ihre ganze Aufmerksamkeit darauf, wenden Sie sich diesen Dingen ganz zu, verstärken Sie sie. Aber Sie können noch viel mehr tun, um die Qualität eines jeden Tages zu erhöhen – trotz Stress und vollem Terminkalender.

365 TAGE *Zuwendung*

WIE BEIM ERSTEN MAL

Haben Sie einmal darüber nachgedacht, weshalb Ihnen die Zeit zwischen zwei Geburtstagen als Kind wie eine Ewigkeit vorkam, während Sie sich heute fragen: »Es kann doch nicht sein, dass schon wieder Weihnachten ist?« Auch die ersten Jahre mit kleinen Kindern empfinden Eltern oft als viel länger als Eltern von jugendlichen Kindern. Möglicherweise erinnern Sie sich an Ihren ersten Arbeitstag vor einigen Jahren ebenfalls wesentlich lebhafter als an den Donnerstag der vorletzten Woche. Warum? Eine Erklärung könnte sein, dass ein Tag in der Kindheit, mit eigenen kleinen Kindern oder auf einer neuen Arbeitsstelle gefüllt ist mit vielen neuen Erfahrungen, die man das erste Mal macht. Alles, was neu ist, erleben wir sehr intensiv, weil wir uns ganz darauf konzentrieren, alle Aspekte zu erfassen. Alle Sinne sind wach und gespannt. Sobald wir aber Routine entwickeln – die Kinder größer werden, wir mit den Abläufen in der Arbeit vertraut sind – registrieren wir nur noch: »Ah ja, kenne ich schon.« Wir erleben ständig Wiedererkennungseffekte, für die es sich nicht lohnt, wach zu sein. Die Aufmerksamkeit bleibt an der Oberfläche. Das ist im Großen und Ganzen auch eine sinnvolle Fähigkeit, weil Routinen auch entlasten. Wir können ja nicht immer beim Geschirrspüler-Ausräumen oder für einfache Büroarbeiten über jeden Handgriff nachdenken. Da sind wir manchmal auch ganz froh, wenn die Zeit schnell vergeht. Aber wenn wir wollen, dass der Tag nicht einheitlich grau an uns vorbeizieht, sondern uns interessante, kostbare Momente beschert, dann machen wir uns doch die obige Theorie zunutze und helfen ein bisschen nach! Dehnen wir die Zeit aus und erhöhen wir die Qualität des Augenblicks, indem wir uns dem Leben zuwenden wie es die Kinder tun: offen für Entdeckungen, neugierig, interessiert und vorurteilsfrei.

Wenn Sie mögen, probieren Sie es aus: Suchen Sie noch heute drei Situationen, in denen Sie entweder etwas Neues entdecken, ausprobieren oder erleben. Ihrer Fantasie sind keine Grenzen gesetzt: Verbringen Sie Ihre Mittagspause an einem Ort, an dem Sie noch nie waren. Seien Sie wach und aufmerksam auf dem Weg zur Arbeit, entdecken Sie Gebäude, Orte oder Pflanzen, die Sie vorher noch nie beachtet haben. Alle finden die Chefin nervtötend? Überraschen Sie sich und die anderen, indem Sie etwas Nettes über sie sagen. Folgen Sie im Spiel den Impulsen Ihres Kindes, ohne etwas vorzugeben – Sie werden merken, Kinder sind Meister darin, Neues auszutesten. Oder probieren Sie mal ein neues Rezept aus, etwas, das Sie sonst nie kochen würden. Stellen Sie Ihren Wecker morgens eine Viertelstunde eher und schauen Sie, was passiert.

Sie merken schon – es geht nicht darum, etwas Zusätzliches in den Tag zu packen. Es geht darum, etwas *anders* zu machen – das setzt nämlich voraus, dass Sie es bewusst tun. Denn nur das, was Sie immer tun, können Sie auch automatisch tun. Konzentriert und bewusst aus kleinen

Routinen auszubrechen ist eine Möglichkeit, wertvolle Momente in den Tag zu integrieren. Kinder sind großartig darin, uns immer wieder dazu einzuladen, die Welt neugierig zu betrachten und zu bestaunen. Sie holen uns dadurch aus dem Stress heraus, der uns gefangen hält wie ein unsichtbares Netz.

EXKURS
Zuwendung in der Partnerschaft

Wenn ein Kind geboren wird, müssen nicht nur Frau und Mann ihre neue Rolle als Mutter und Vater finden, sondern beide gemeinsam auch ihre Rolle als Eltern. Dies ist eine Herausforderung – müssen sie sich doch in Erziehungsfragen einigen, Aufgaben aufteilen und ihre Lebenspläne anpassen. Sie müssen miteinander klären, ob sie ihr Kind im Tragetuch oder im Kinderwagen transportieren wollen, wer nachts aufsteht, wer wann wie viel Elternzeit nimmt und ab wann das Kind zur Tagesmutter kann.

Kein Wunder, dass die Paarbeziehung erst einmal ins Hintertreffen gerät. Statt auf die Idee, die Partnerin mal in den Arm zu nehmen, kommt man glücklicherweise gerade noch dazu, ihr rechtzeitig mitzuteilen, dass es nächsten Mittwoch sehr spät wird.

Was aber tun, um sich als Mann und Frau in diesen Jahren nicht aus dem Blick zu verlieren? Die Liebe verändert sich, sie reift in Augenblicken des Miteinanders genauso wie in bewältigten Konflikten, denen Frieden und Verzeihung folgt. Liebe in der Partnerschaft heißt, den anderen im Blick zu haben, neugierig zu sein auf das, was ihn oder sie bewegt und an seiner oder ihrer Fortentwicklung interessiert zu sein. Liebe braucht Zuwendung. Natürlich ist es wunderbar, wenn Sie dafür gemeinsame Stunden freischaufeln können – einen gemeinsamen Abend in der Woche oder sogar ein ganzes Wochenende im Jahr. Oft aber ist das nicht möglich, die Organisation für ein kinderfreies Wochenende kaum zu stemmen. Daher braucht es alltägliche Zuwendung. Hier ein paar »simple present«-Anregungen:

- Ich schaue einmal am Tag meinen Partner ganz aufmerksam an: Ist sie müde, erschöpft? Worüber freut er sich? Was mag in ihr vorgehen?
- Ich beschenke den anderen mehrmals am Tag bewusst mit einem Lächeln, einer Umarmung, einem netten Wort.
- Ich frage den anderen – möglichst einmal am Tag – nach sich selbst: Wie geht es dir? Wie war dein Tag? Was sind deine nächsten (auch privaten) Vorhaben?
- Wenn der andere etwas erzählt, höre ich aktiv und aufmerksam zu – ohne für Fragen oder Probleme gleich Lösungen anzubieten. Wenn ich dann am nächsten Tag oder später noch einmal nachfrage: »Was ist aus der Sache geworden?«, signalisiere ich, dass ich Anteil nehme an dem, was den anderen beschäftigt.
- Gerade, wenn mir der andere tüchtig auf die Nerven geht, bemühe ich mich, wenigstens eine Sache zu entdecken, die mich heute am anderen gefreut hat – und sage ihm oder ihr das auch.
- Ich erinnere mich, welche kleinen Aufmerksamkeiten ich mir früher ausgedacht habe – vielleicht ein liebes Briefchen in der Hosentasche des anderen, ein Herzchen mit Lippenstift am Spiegel, ein Schokoherz auf dem Kopfkissen oder einfach eine frische Tasse Kaffee auf dem Schreibtisch – eine kleine Geste, die gerade mitten in Stress und Gereiztheit Wunder wirken kann.
- Jeder hat mal einen schlechten Tag – das akzeptiere ich bei mir selbst, aber auch beim anderen. Sollte ich mich aber verletzt fühlen, dann sage ich das auch – hilfreich sind hier die vier Schritte der einfühlsamen Kommunikation (S. 86–87).
- Oft sind es die Kleinigkeiten, die den anderen oder auch mich selbst zur Weißglut bringen – die nicht aufgeräumte Schere, die Zahnpastaspritzer am Spiegel. Wenn der andere sich öfter darüber beklagt,

dann lohnt der Versuch, sich in diesen Punkten anzupassen – auch wenn man selbst die Aufregung nicht nachvollziehen kann. Wenn der andere das Bemühen nicht merkt, ist es gar nicht schlimm, Gutes geht nie verloren.

- Wenn es Zeiten gibt, in denen es mir schwerfällt, den anderen zu ertragen wie er ist: das ist nur eine Seite des anderen. Dann lohnt es sich, auf Spurensuche zu gehen nach der Seite, in die ich mich einst verliebt habe: auf Fotos, in Erinnerungen, in alten Briefen. Wenn der andere Stress hat, fährt er oder sie genauso die Stacheln aus wie ich selbst. Das ist menschlich.
- Auch wenn der andere mal wieder etwas »nicht richtig« gemacht hat – manchmal ist es einfach an der Zeit, die Nörgelei und Kritik herunterzuschlucken. Schließlich sind richtig und falsch meine eigenen Maßstäbe.
- Und sehr wichtig: Wenn der andere auf seine Weise entspannt, gönne ich ihr oder ihm das – auch wenn ich die Art nicht nachvollziehen kann. Das kann Surfen im Internet, Zappen beim Fernsehen, das Einschlafen beim Kinder-ins-Bett-Bringen oder stundenlanges Telefonieren mit der Freundin sein.

«

Eine Zeitlang wurde berufstätigen Eltern empfohlen, die Zeit am Abend mit den Kinder zur »quality time« zu machen – die Zeit intensiv zu nutzen. Wenn Sie sich den Kindern, Ihren Tätigkeiten, aber durchaus auch sich selbst zuwenden, erleben Sie den ganzen Tag »quality time«. Anfangs empfinden Sie es vielleicht als anstrengend, sich dauernd selbst daran zu erinnern, wach und aufmerksam zu sein. Das ist völlig in Ordnung. Dann nutzen Sie die Zeit vor dem Einschlafen, sich dem Tag noch einmal zuzuwenden.

DER TAG IM GLÜCKSBLICK

Wenn Sie Ihre Kinder religiös erziehen, sprechen Sie mit ihnen vielleicht ein Abendgebet, bei dem Sie gemeinsam auf den Tag zurückblicken – auf das, was schön war und wofür es sich zu danken lohnt. Aber auch auf alles, was vielleicht nicht so gut war.

Uns Erwachsenen gehen leider vor dem Schlafen viel zu oft die nicht so tollen Ereignisse des Tages nach oder wir haben das Gefühl, der Tag sei viel zu schnell vergangen. Machen auch Sie für sich einen täglichen Tagesrückblick. Er hilft Ihnen, sich dem, was gewesen ist, zuzuwenden und den Erlebnissen noch einmal intensiv »nachzuspüren«. Falls Sie immer sofort einschlafen, machen Sie den Tagesrückblick rückwärts, das hilft, noch einen Augenblick wach zu bleiben.

Überlegen Sie, was Stunde für Stunde an diesem Tag passiert ist. Schauen Sie besonders auf die Menschen, die Ihnen heute begegnet sind – auf jeden einzeln. Fragen Sie sich, wem Sie heute eine Freude gemacht haben und womit. Denken Sie nach, in welchen Momenten Sie heute gut zu sich selbst waren, was Sie heute geleistet haben und worauf Sie stolz sind. Vor allem überlegen Sie, wofür Sie dankbar sind.

Wenn Sie mögen, dann schreiben Sie Ihre Gedanken auf. Kaufen Sie sich ein schönes Heft und geben Sie ihm einen Titel wie »Glücksmomente« oder Originelleres. Notieren Sie abends Ihre Gedanken.

Das bringt Sie zur Ruhe, stärkt die Lebensfreude, schafft enorme Zufriedenheit und wenn Sie irgendwann mal schlecht drauf sind, können Sie Ihre trübe Wahrnehmung der Welt gleich etwas korrigieren, indem Sie in dem Heft lesen. Und in wenigen Jahren halten Sie einen reichen Fundus gut gelebter Zeit in den Händen! Den tragen Sie natürlich auch im Herzen, aber zu lesen, welche großen und kleinen Dinge uns Tag für Tag glücklich gemacht haben, tut manchmal sehr gut!

Sich im stillen Kämmerlein dem Wichtigen und den Glücksmomenten im Leben zuzuwenden ist eine gute Möglichkeit, dem Leben mehr Tiefe und der Zeit mehr Qualität zu geben.

Aber ich ahne, Ihnen fallen jetzt vermutlich tausend Beispiele ein, wo Sie mir die »Zuwendung« am liebsten um die Ohren hauen würden. Denn was nützen die »Glücksmomente« im Tagebuch, wenn der Chef Druck macht, dass ein Projekt fertig werden muss, die Partnerin möchte, dass man endlich pünktlich das Büro verlässt und sich die Tochter gerade das Bein gebrochen hat und im Krankenhaus liegt? Die Nagelprobe, ob das mit der Zuwendung klappt, zeigt sich erst mitten im Stress, inmitten ständiger Störungen, Unterbrechungen und wenn unsere Pläne durchkreuzt werden.

SCHOCKSTARRE UND ZUWENDUNG

Es ist erst wenige Wochen her, dass ich nach Berlin zu einem Seminar fuhr. Ich hatte neue Flipchart-Bögen gemalt und in meinem Trolley bereits am Vorabend alle Seminar-Materialien verstaut. Wissend, dass ich auf keinen Fall verschlafen durfte, träumte ich in der Nacht verrückte Sachen und wachte recht gerädert auf – neben mir mein Sohn, der abends mit Ohrenschmerzen zu uns ins Bett gekrabbelt war. Da er nicht fieberte und auch sonst einigermaßen gesund wirkte, schickten wir ihn zur Schule mit der Versicherung, Papa würde ihn abholen, wenn es ihm schlechter ginge. Als ich schließlich mit Sack und Pack in dem völlig überfüllten Regionalzug nach Berlin saß, ging ich noch einmal das Seminar durch, stieg in Gedanken versunken in die S-Bahn um – und stellte plötzlich fest, dass etwas fehlte. Die Tasche mit den Flipchart-Bögen! Die Erkenntnis, dass sie noch im Gepäcknetz des Zuges lagen, rauschte mir wie ein Fahrstuhl vom Kopf in die Beine, die plötzlich ganz weich wurden. Die Gedanken wirbelten nur so durch meinen Kopf. Zurückfahren? Dann käme ich zu spät zum Seminar. Meinen Mann bitten, die Charts hinterherzubringen? Der musste selbst arbeiten und bereit sein, falls die Schule anrief. Oje, wie mochte es unserem Sohn jetzt gehen? Könnte ich ohne Präsentationsblätter arbeiten? Auf keinen Fall! Sollte ich die Eisenbahngesellschaft anrufen? Aber die würden auch nichts tun können. Ich atmete tief durch und beschloss, aus der S-Bahn auszusteigen. Dann suchte

ich mir ein ruhiges Plätzchen, um mich zu sortieren. Zuerst wandte ich mich mir selbst zu – tief durchatmen! Dann die Beruhigung: Die Welt dreht sich auch ohne Flipchart-Bögen weiter und das Gelingen des Seminars hängt keinesfalls nur von ihnen ab. Dann arbeitete ich Frage für Frage ab. Die Tasche mit den Bögen wiederbekommen – ich rief meinen Mann an und bat ihn, zum Zug zu fahren, der jetzt wieder bei uns daheim im Bahnhof sein müsste. Die ersten drei Bögen für den Seminarbeginn – die schaffte ich noch zu zeichnen. Die anderen – bei einigen ginge »Aktionsmalerei«, den Rest könnte ich in der Pause zeichnen.
Sich in sehr stressigen Situationen zuzuwenden heißt, zunächst die eigenen Gedanken zu beruhigen, das Adrenalin abzubauen und sich realistisch zu vergegenwärtigen, wie schlimm die Situation tatsächlich ist. Anschließend lässt sich das Problem in einzelne Fragen »zerlegen«, die sich nacheinander gut abarbeiten lassen – eine nach der anderen. Im Rückblick, wenn wir die Situation gemeistert haben, erscheint uns das meist alles gar nicht mehr so dramatisch. Vergessene Präsentationsposter oder wichtige Unterlagen, ein heruntergefallener Pudding, ein verpasster Zug oder vergessene Eheringe sind selten wirklich der Weltuntergang – meist ist es der Stress, der uns zunächst jeden klaren Gedanken raubt und vorgaukelt: »Aus der Sache kommst du nicht mehr lebend raus!« Mit solchen »Stressspitzen« können wir durch Zuwendung gut und gelassen umgehen. Der Alltag besteht aber nicht nur aus solchen Extremsituationen, oft ist es ja eher der latente Dauerstress, der uns fertig macht. Aber auch hier nutzt die Haltung der Zuwendung.

SPONTANEITÄT WILL WOHLÜBERLEGT SEIN

Auch dem Dauerstress begegnen Sie mit Präsenz, indem Sie sich ganz bewusst *einer* Tätigkeit, *einer* Aufgabe, *einem* Termin, *einem* Menschen zuwenden – und zwar nacheinander und ungestört.

Wenn es hart auf hart *kommt*

»Was kann ich tun, wenn der andere meine Zuwendung mit unangemessenem Verhalten einfordert?«

Unsere Mitmenschen fordern Zuwendung manchmal auf sehr unangemessene Weise ein – ein Kind möchte ausdrücken: »Ich will mitbestimmen«, und wälzt sich dabei tobend im Sand, ein Kollege brüllt los und meint eigentlich: »Ich bin überfordert«, und hinter dem ewigen Jammern der Nachbarin verbirgt sich ein: »Ich mache so viel und keiner sieht es!«

Diese Menschen können in diesem Moment nicht sagen, was sie eigentlich brauchen. Sie äußern Vorwürfe und Kritik am Gegenüber, meinen aber eigentlich ihre eigenen unerfüllten Bedürfnisse. Meist fällt es uns nicht leicht, dann ruhig zu bleiben – gerade, wenn wir selbst gereizt und genervt sind. Fühlen wir uns dagegen selbst innerlich entspannt, bringt uns dieses Verhalten viel weniger aus der Ruhe. Wichtig ist, dem anderen drei Dinge zu signalisieren:

1. Du bist mir wichtig und ich schätze dich. Aber dein momentanes Verhalten ist indiskutabel, damit landest du bei mir nicht. Gegen solche Attacken bin ich immun.
2. Ich sehe, dass du etwas brauchst und ich sehe, dass es dir nicht gut geht, weil du es nicht bekommst.
3. Ich bin bereit, mit dir zu überlegen, wie du bekommen kannst, was du brauchst.

Dies bedeutet nicht, dass ich verpflichtet bin, das Bedürfnis des anderen zu erfüllen. Es bedeutet, dass ich ihn wahrnehme, respektiere und ernst nehme – nicht aber sein unangemessenes Toben, Brüllen oder Jammern.

Hilfreich ist an dieser Stelle meist, dem anderen zu spiegeln, was man wahrnimmt: »Sie sind aber ganz schön wütend!« >

Wenn es hart auf hart kommt

»Du möchtest so gern den Lolli haben und bist sauer, dass du ihn nicht kriegst.« Meist genügt solch eine empathische Feststellung, dass der andere sich beginnt zu beruhigen und man gemeinsam überlegen kann, welche Wege eher zum Ziel führen. In unangemessenem Verhalten einen Hilferuf zu vernehmen braucht manchmal detektivisches Gespür und eine gute Portion Gelassenheit. Eher möchte man zurückbrüllen. Das darf man auch, allerdings hilft das selten.

Damit Sie Präsenz und Zuwendung entwickeln können, müssen Sie zuvor die räumlichen und zeitlichen Rahmenbedingungen schaffen. Um vertieft arbeiten zu können, müssen Sie die Zeit dazu haben und einen ruhigen Ort suchen. Wenn Sie mit Ihrem Partner ein wichtiges Gespräch führen möchten, müssen Sie sich verabreden und das Handy ausschalten.

Der Rahmen schafft die Entlastung, die Sie brauchen, um auch einmal stressige Zeiten wegstecken zu können. An dieser Stelle kommt die Planung ins Spiel. Zu guter Planung gehören drei Dinge: eine passende Terminplanung, verlässliche Absprachen und das Entwickeln von Wenn-dann-Szenarien.

Terminplanung

Die kommenden Nachtdienste, Oma Friedas Geburtstag, das nächste Team-Meeting oder der Arbeitseinsatz in der Kita sind vermutlich die Termine, die sich wie selbstverständlich in Ihrem Kalender breitmachen und Ihre Zeit erobern. Wenn Sie dann in Ihren Kalender schauen, kann schnell das Gefühl aufkommen, nur noch auf fremdbestimmte Vorgaben reagieren zu müssen. Nehmen Sie deshalb Ihre Zeitplanung aktiv »in die Hand«, indem Sie verschiedenen Verabredungen, Tätigkeiten und

Menschen Zeitfenster – und damit Ihre Zeit und Aufmerksamkeit – zur Verfügung stellen. Neben den oben genannten gehören nämlich durchaus auch Termine wie »Joggen gehen«, »Fachzeitschrift lesen«, »Fenster putzen« in den Kalender. Dieses Vorgehen bewirkt zweierlei: Sie verlieren nicht mehr die für Sie wirklich wichtigen Dinge aus dem Blick. Außerdem schaffen Sie die Voraussetzung für verlässliche Absprachen, die zweite Säule gelingender Zeitplanung.

EXKURS
So erhält Ihre Terminplanung mehr Flexibilität

Die Terminplanung funktioniert bei den meisten Menschen gut – in der Theorie. Oft scheitert sie an der Umsetzung, weil sie zu starr und zu wenig flexibel für Abweichungen ist. Schauen Sie einmal in Ihren Businessplaner und in Ihre Kalender-App und teilen Sie Ihre Termine, vielleicht farblich markiert, drei Kategorien zu: bei mir heißen sie »feste Termine«, »Rutsch-Termine« und »Kann-Termine«. Feste Termine sind Arzttermine, Meetings, Kosmetik usw. Diese haben einen festen Beginn, den ich mir aber möglichst schon zehn Minuten eher eintrage, weil ich nun mal nicht der pünktlichste Mensch bin. Was aber ebenso wichtig ist: das Ende dort definieren, wo es geht – für das Telefonat eine halbe Stunde einplanen, für die Dienstbesprechung zwei Stunden. Ein offenes Ende verplempert oft die Zeit und macht die Arbeit ineffektiv und ineffizient. Ein guter Trick: wenn Sie das Ende nicht selbst im Griff haben, machen Sie Termine kurz vor der Mittagspause oder kurz vor Feierabend. Ein hungriger Magen oder das pünktliche Arbeitsende haben schon manche Besprechung beschleunigt. Rutsch-Termine sind Verabredungen mit der Freundin oder der Lunch mit dem Kollegen. Dort muss man nicht auf die Minute pünktlich sein, vereinbaren Sie lieber: »Ich hole dich zwischen zwölf und Viertel nach zwölf zum Essen ab.« Das gibt Ihnen etwas Spielraum. Ein Kann-Termin ist ein Fenster für eine Arbeit, die vorgesehen ist, aber nicht zwangsläufig so sein muss. Tragen Sie sich den Einkaufsbummel, das Schreiben eines Artikels, das Adventsbasteln mit dem Kind als Termin ein. Sonst kommen Sie vielleicht nie dazu. Aber Sie wissen: dieser Termin ist nicht starr. Finden Sie Ihr eigenes Maß an Festigkeit und Flexibilität bei der Terminplanung. Zu viele feste Termine setzen Sie unter Druck und machen Stress, wenn es zu unerwarteten Verschiebungen kommt. «

Verlässliche Absprachen

Wenn man im Urlaub sicher sein kann, dass die Übergabe mit der Kollegin für den ersten Arbeitstag fest eingeplant ist, kann man sich beruhigt entspannen. Und wenn innerhalb der Familie abgesprochen ist, dass der Partner sofort nach Arbeitsende den Kleiderschrank aufbauen will, kann man ihm dafür den Rücken freihalten.

Gute Absprachen erleichtern die Organisation des Alltags. Sie betreffen einerseits kontinuierliche Regelungen. Zum Beispiel holt der Papa immer montags und donnerstags die Kinder aus der Kita ab, Mama kann dann länger arbeiten und anschließend gleich noch zum Sport. Oder der Vater macht morgens die Kinder fertig und bringt sie zur Schule, die Mutter kann frühmorgens zeitig los zum Dienst und ist nachmittags eher daheim. Zeiten der Kinderbetreuung können sich Eltern gut aufteilen. Kinder verstehen sehr gut, dass mal Mama, mal Papa »Dienst« hat.

Darüber hinaus braucht es auch verlässliche Absprachen mit Partner oder Partnerin, in der Dienstbesprechung oder im Familien-Team-Meeting, um die aktuell anstehenden Termine und Aufgaben für die nächste Zeit zu planen. Sinnvoll ist es, einen festen Besprechungstermin zu haben. In der Firma ist dieser meist vorgegeben, in der Familie eignet sich zum Beispiel der Sonntagabend. Sprechen Sie dann nicht nur vorgegebene Termine ab, sondern auch, wer wann was unternehmen möchte. Nehmen Sie den Wunsch, die Balkonkästen zu bepflanzen oder das Fotoalbum der Kinder zu gestalten genauso ernst wie den, einen Kegelabend mit Kollegen zu verbringen oder eine Geschäftsreise zur Fachmesse zu unternehmen.

EXKURS
Familienplaner

Man sitzt in einer Besprechung und macht gerade einen Folgetermin aus, alle anderen Beteiligten können aber nur am nächsten Montag um 17:30 Uhr? Da zermartert man sich den Kopf – könnte das mit dem Familienkalender kollidieren? Ein regelmäßiger Termin ist da nicht, aber hatte der Partner etwas vor? Der Familienplaner hängt daheim in der Küche ... Damit dienstliche Termine private Vorhaben nicht immer wieder über den Haufen werfen und dadurch Konflikte verursachen, sind Kalender-Apps für Smartphone oder Tablet eine großartige Erfindung. Dort können Sie und alle Familienmitglieder ihre eigenen privaten und dienstlichen Kalender führen, die zur Anzeige für die anderen freigegeben werden. Tragen Sie dort nicht nur Termine, sondern auch Vorhaben ein. Dadurch können Sie ganz entspannt die Montagsbesprechung eintragen oder auf einen Blick sehen, dass Ihr Mann sich bereits zum Squash verabredet hat und Sie einen Babysitter brauchen werden oder mit Ihrem Partner reden sollten, ob er die Verabredung zum Squash verschieben kann.

Zu verlässlichen Absprachen gehört aber noch mehr: Wenn Sie Ihre Zeit planen, mit anderen abstimmen und dies auch kommunizieren, machen Sie sich selbst und anderen klar, wem oder was wann Ihre Aufmerksamkeit und Zuwendung gilt. Das schafft Klarheit und Handlungsspielraum für alle Beteiligten. Beides brauchen berufstätige Eltern dringend. Und es reduziert Stress.

Wenn es hart auf hart *kommt*

»Im Homeoffice finde ich keine Ruhe.«

Als ideale Lösung für gelingende Vereinbarkeit von Familie und Beruf wird immer noch das Arbeiten im häuslichen Büro propagiert. Wer dies aber tatsächlich praktiziert, erkennt neben einigen Vorteilen auch schnell: Die Grenzverwischung von Büro und Zuhause hat ihre Tücken. Die Arbeit ist auch am Feierabend präsent und sich zu konzentrieren, während die Kinder nebenan lautstark streiten, hat wenig mit erfreulicher Familiennähe zu tun. Die Abgrenzung – sonst durch die räumliche Entfernung von Arbeitsstätte und Wohnung vorgegeben – muss beim Homeoffice selbst gefunden und durchgehalten werden. Wer sich ungestört seiner Arbeit zuwenden will, muss sich von Haushaltsaufgaben und Familie in dieser Zeit abwenden und natürlich umgekehrt. Je bewusster die Abgrenzung ist, umso hilfreicher ist sie auch. So schaffen Sie räumliche und zeitliche Abgrenzung:

- Klare Arbeitszeiten: Feste Arbeitszeiten und Pausen geben dem Tag Rhythmus und Struktur und steigern die Effizienz.
- Einen Arbeitsort festlegen: Es ist gut, den Schreibtisch in einem eigenen Arbeitszimmer oder in einer separaten Nische aufzustellen. Alle Arbeit bleibt dort – am besten hinter einer verschlossenen Tür. Wenn das nicht möglich ist: machen Sie >

Wenn es **hart auf hart** *kommt*

den Papierkram mobil, indem Sie ihn in einem Rollcontainer verstauen; statt einem Standcomputer eignet sich ein Notebook – beides können Sie »verschwinden« lassen, wenn die Arbeit beendet ist. Das ist auch für die Familie hilfreich – sie weiß gleich, ob Sie noch arbeiten oder schon »privat« sind.

- Den Übergang gestalten: sich einen Tee zu kochen oder ein kurzer Spaziergang um den Block helfen, mit Körper und Gedanken im Arbeitsmodus anzukommen.

Von Marcel Reich-Ranicki wird berichtet, er habe sich immer korrekt gekleidet, wenn er zur Arbeit an seinen Schreibtisch gegangen ist – Lesen im Morgenmantel war für ihn undenkbar. Es sind diese kleinen Rituale, die vielen Menschen den Übergang erleichtern.

- Arbeiten, während die Kinder im Haus sind: Damit Sie sich ganz auf Ihre Arbeit konzentrieren können, ist es wichtig, dass die Kinder einen anderen Ansprechpartner (Partner/Partnerin, Tagesmutter, große Geschwister) haben.
- Hängen Sie ein Schild an die Tür, damit die Kinder wissen: Hier geht es jetzt nicht hinein.
- Verschiedene Telefonnummern: Trennen Sie berufliche Kontakte und private Anrufe – legen Sie sich unterschiedliche Nummern und verschiedene Telefone oder Klingeltöne zu. Auch für den Anrufer ist es angenehm zu wissen, dass Sie in Arbeitsdingen nicht ansprechbar sind, wenn Sie »frei« haben und er oder sie auf den Anrufbeantworter sprechen kann.
- Wenn Sie Kinder- und Familienzeit haben: Genießen Sie das Abschalten von der Arbeit. Machen Sie den Kindern deutlich: Jetzt sind Sie präsent und ansprechbar.

Signalisieren Sie also Ihrem Partner, Ihren Kollegen und Kindern, wann sie Ihre ungeteilte Aufmerksamkeit haben. Schaffen Sie Tatsachen! Schließen Sie die Bürotür und das E-Mail-Programm, wenn Sie sich konzentriert einer wichtigen Arbeit zuwenden. Gehen Sie nicht ans Telefon, wenn Sie mit der Familie Abendbrot essen. Bitten Sie auch den Chef kurz zu warten, während Sie im Gespräch mit einem Kollegen sind. Sagen Sie Ihrem Kind genau, wann Sie mit einer Tätigkeit fertig sind, um mit ihm zu spielen – und halten Sie sich auch daran. Mit einem »gleich« kann ein Kind wenig anfangen.

Wenn es hart auf hart *kommt*

»Privat klappt es ganz gut, aber beruflich bestimmen andere, wo ich wie lange zu sein habe.«

Wenn Sie zum Beispiel wissen, dass Sie um 16:30 Uhr die Besprechung verlassen müssen, um pünktlich am Hort zu sein, dann sagen Sie auch klar und deutlich: »Ich stehe bis 16:30 Uhr zur Verfügung, danach muss ich los.« Dann ist für alle klar: Wenn die Gruppe auf Ihre Kompetenz angewiesen ist, wird sie sich sputen. Wenn nicht, dann nützt es auch nichts, wenn Sie um 16:45 Uhr wie auf Kohlen sitzen. Sie geben dem Team Handlungsspielraum und Sicherheit und können entspannt um 16:30 Uhr gehen. Das verlangt eine Menge Mut. Wenn Sie meinen, das lässt sich in Ihrem Team nicht umsetzen, sollten Sie vielleicht dafür sorgen, dass jemand anderes pünktlich am Hort ist. Wenn Sie sich einer Sache zuwenden, müssen Sie sich von allen anderen mit aller Deutlichkeit abwenden. Übrigens – meine Erfahrung und erste Erhebungen in familienfreundlichen Unternehmen zeigen: Von klaren Begrenzungen für Besprechungen profitieren alle, sie steigern Effizienz und Zufriedenheit bei allen Beteiligten.

Um nicht in Stress zu geraten, brauchen wir Raum und Zeit, um uns Tätigkeiten und Menschen widmen und zuwenden zu können. Wenn wir uns aber auf unsere Terminplanung und Absprachen verlassen, haben wir die Rechnung ohne den Wirt gemacht: ohne all die Ereignisse, die uns überraschen.

Wenn-dann-Szenarien entwickeln

Unvorhergesehene Ereignisse sind die Nagelprobe für die Vereinbarkeit von Familie und Beruf. Plötzliche Erkrankungen der Kinder, eine Krisensitzung im Unternehmen, ein langer Stau oder die Diagnose einer Entwicklungsauffälligkeit sind Ereignisse, die man nicht einplanen kann. Trotzdem müssen sie nicht zum Stressfaktor werden, wenn man gut vorbereitet ist. Dies gelingt einerseits, indem man *akzeptiert*, dass der Alltag immer wieder von Unwägbarkeiten begleitet wird. Es hilft nichts, sich zu ärgern, wenn das Kind krank ist – das gehört einfach dazu. Zweitens helfen eine wohldurchdachte Rahmenplanung und ein gutes Netzwerk hilfsbereiter Menschen. Wenn sich Ereignisse ankündigen, die die Planung durcheinanderbringen, überlegen Sie, wie Sie reagieren können, wenn sie tatsächlich eintreten. Allein das Wissen um mögliche Lösungen entspannt die Situation erheblich. Wenn das Kind morgens kränkelt, ist es schon jetzt sinnvoll, einen Notfall-Plan in der Hinterhand zu haben, auf den man zurückgreifen kann, wenn das Kind später abgeholt werden muss. Eine gute Idee ist zum Beispiel ein »Nottelefon«, dessen Nummer in Schule und Kita bekannt ist. Abwechselnd nimmt derjenige das Handy mit zur Arbeit, der im Notfall eine Störung »vertragen« kann. Der andere kann sich konzentriert seiner Arbeit widmen.

Wenn sich ein Stau auf der Fahrt zwischen Arbeit und Kita abzeichnet, rufen Sie in der Kita an oder bitten Sie telefonisch eine andere Mutter, Ihr Kind mitzunehmen. Sie können das Ende eines Meeting noch nicht abschätzen? Sprechen Sie sich mit der Nachbarin ab, ob Sie im Notfall die Kinder nach der Schule daheim erwarten und ein Auge auf sie haben kann. Und legen Sie gleich eine Uhrzeit fest, bis wann Sie sich verbindlich bei ihr melden werden. All das funktioniert in der Regel gut, wenn auch Sie selbst signalisieren: »Wenn bei euch mal Not am Mann ist, meldet euch!« Und vergessen Sie bei allen Szenarien nicht sich selbst! Ein Notfall ist ebenfalls, wenn Sie nach einem anstrengenden Tag völlig erschöpft sind. Es ist völlig legitim, die Tagesmutter auch einmal zu fragen, ob das Kind etwas länger bleiben kann, damit Sie sich eine Stunde hinlegen können. Niemand hat etwas davon, wenn Sie sich stets allen anderen, nie aber sich selbst zuwenden.

Wenn es hart auf hart kommt

»Ich wünsche mir auch Zeit für mich ganz allein.«
Mein Mann und ich haben es immer wieder eingerichtet, dass einer von uns – neben dem »großen Urlaub« mit der ganzen Familie – allein mit den Kindern einige Tage weggefahren ist. Mein Mann war dabei zuständig für Paddeln oder Skifahren und ich eher für stundenlanges Buddeln am Strand. Der Vorteil: Der Urlauber konnte sich mal so richtig Zeit nur für die Kinder nehmen. Meist verliefen die Tage sehr ruhig und entspannt, weil das Wort des Vaters oder der Mutter Gesetz war – ein anderer Erwachsener war ja nicht da. Und natürlich gab es jede Menge Ausnahmen vom Alltag – da konnte ein Elternteil mal so richtig in die Verwöhnbox greifen. Der andere daheim konnte ebenfalls das tun, was er sich wünschte – ungestört arbeiten, ein Kinderzimmer streichen, in die Sauna gehen… Gut getan hat es immer allen. Man muss nicht immer zusammen sein, damit Familie Spaß macht.

Um Zeit für alles Wichtige im Alltag zu finden, braucht es also ein gutes Verhältnis von Planung und Flexibilität. Verlässliche Absprachen geben Sicherheit und helfen, Stressspitzen besser zu meistern. Flexibilität schafft Lebendigkeit und macht das Leben spannend. So weit so gut. Was aber, wenn einfach alles zu viel ist?

Wenn es hart auf hart *kommt*

»Termine bestimmen mein Leben.«

Sie hatten in den letzten Wochen unendlich viel um die Ohren und sind müde und erschöpft? Aber ein Blick in den Terminkalender zeigt: Es wird nicht besser – alles verplant. Selbst die angenehmen Termine werden zur Qual. Schauen Sie genau hin. Vielleicht können Sie ausnahmsweise einmal rigoros einige Termine absagen? Verschafft Ihnen diese Vorstellung ein Gefühl der Erleichterung? Überlegen Sie für jeden Termin, wie groß der Schaden wäre, wenn Sie absagen würden. Nicht so schlimm? Dann sagen Sie tapfer ab. Aber passen Sie auf, dass es nicht immer die angenehmen Dinge sind – Sport oder der lang geplante Abend mit dem besten Freund sollten vielleicht nicht die erste Wahl sein. Manchmal aber fehlen einfach Kraft oder Mut, selbst zum Telefon zu greifen. Oder Sie trauen sich nicht, weil Sie verlässlich sein möchten. Dann schicken Sie eine SMS, in der Sie versprechen, sich zu melden, wenn Sie wieder Luft zum Atmen haben. Wenn alle Stricke reißen, dann spannen Sie Ihren Partner ein. Ihm fällt es oftmals leichter, Sie zu entschuldigen. Die meisten Menschen können mit einer ehrlichen Entschuldigung gut umgehen. Nutzen Sie auch Karenztage, wenn Sie welche haben – mal einen Tag wegen Erschöpfung eine Auszeit zu nehmen, kann wochenlange Krankheit verhindern. Wir haben übrigens auch unseren jugendlichen Kindern Karenztage eingeräumt – drei Tage im Halbjahr (sie gelten allerdings nicht für Tage, >

Wenn es **hart auf hart** *kommt*

an denen Klassenarbeiten oder Tests geschrieben werden und natürlich zählen dazu keine Tage, an denen sie krank sind). Auch Kinder sind manchmal so erschöpft, dass ein Tag Auszeit Wunder wirkt. Unsere Kinder haben diese Tage nie ausgeschöpft. Aber allein das Wissen um die Freiheit, im Schulalltag mal eine flexible Pause machen zu können, sorgte wieder für Kraft.

Und nun geht es ans Eingemachte! Denn egal, ob geplant oder flexibel – wenn wir Zeit finden wollen, uns dem im Leben zuzuwenden, was uns sehr wichtig ist, dann müssen wir uns von allen anderen Möglichkeiten im selben Augenblick abwenden. Sich abwenden kann aber heißen, »Nein« sagen zu müssen. Ich höre förmlich das Aufstöhnen mancher Leser und Leserinnen. Sie wissen, dass es sein muss und fürchten trotzdem das »Nein«-Sagen wie den Gang zum Zahnarzt. Aber: Man kann tatsächlich dafür sorgen, dass »Nein«-Sagen nicht wehtut – sprechen Sie ein klares und deutliches, aber trotzdem positives »Nein«. Sie werden sehen, das geht tatsächlich!

DAS »JA« SCHÜTZEN – *»Nein sagen«*

HARMONIE AUF EIGENE KOSTEN

Ständig sind wir gezwungen, »Nein« zu sagen – zum Kind, das am Frühstückstisch bettelt, heute das Training mal ausfallen zu lassen. Oder zu der Kollegin, die bittet, für sie eine Bestellung zu übernehmen, »weil Sie das doch schon ein paar Mal gemacht haben!«.

Es gibt tagtäglich gute Gründe, »Nein« zu sagen – zu den Bitten oder Forderungen anderer Menschen, zu Unterbrechungen jeglicher Art, zu hundert anderen Optionen, zu dem unangemessenen Verhalten eines

anderen Menschen. Und manchmal muss man sich auch selbst gegenüber deutlich »Nein« sagen. Gehen Sie nur einmal Ihren heutigen Tag in Gedanken durch und überlegen Sie, wie oft und wem gegenüber Sie »Nein« gesagt haben, gern »Nein« gesagt hätten oder aber ein »Nein« sagen mussten, obwohl Sie viel lieber »Ja« gesagt hätten. Vermutlich ist Ihnen das eine »Nein« leicht über die Lippen gekommen, an dem anderen hätten Sie sich fast verschluckt. Ich kenne »Neins« von mir, die ziemlich ärgerlich klingen, andere sind so zaghaft, dass sie von meinem aufgeregten Herzklopfen übertönt werden. Manchmal stehe ich selbstsicher da – die Hände in die Hüften gestemmt, manchmal würde ich mich am liebsten in ein Mauseloch verkriechen.
Warum ist ein Nein manchmal nur so schwierig auszusprechen, warum löst ein eigenes, aber auch das Nein anderer Menschen manchmal so heftige Gefühle aus? Nein ist ein sehr machtvolles Wort. Spricht man es aus, schafft man Tatsachen. Man bezieht einen Standpunkt, der dem anderen möglicherweise nicht in den Kram passt. Das Nein zu einem Kind, das ein bestimmtes Spielzeug will, kann einen Wutanfall provozieren. Das Nein gegenüber einer unsinnigen Dienstanweisung kann erhebliche berufliche Nachteile mit sich bringen. Uns ist aber naturgemäß an guten und harmonischen Beziehungen gelegen, die wir nicht gefährden wollen – deshalb sagen wir manchmal lieber »Ja«, als einen Konflikt zu provozieren. Auf unsere eigenen Kosten. Oder wir sagen lieber gar nichts und hoffen, die Dinge erledigen sich von selbst. Aber das ist nur sehr selten der Fall.
Wenn wir aber mit dem wirklich Wichtigen in unserem Leben unsere Zeit intensiv und aufmerksam verbringen wollen, wenn wir dazu ein bewusstes und nachhaltiges »Ja« sagen wollen, müssen wir auch »Nein« sagen können – zu allem, was dieses Ja gefährdet. Wenn wir gesund bleiben und deshalb den Stress reduzieren möchten, müssen wir »Nein« zu einem Abgabetermin für eine Arbeit sagen, der unrealistisch ist. Wenn wir mehr Zeit mit unseren Kindern verbringen möchten, müssen wir vorübergehend vielleicht »Nein« zum nächsten Karriereschritt

sagen. Wenn wir gerade einen neuen Aufgabenbereich übernommen haben, in den wir uns gut einarbeiten möchten, müssen wir ein Ehrenamt im Moment ablehnen.
Wie aber ist es möglich, ein machtvolles »Nein« auszusprechen, ohne die Beziehung zu anderen in Mitleidenschaft zu ziehen? Wie können wir für das einstehen, was uns wichtig ist, ohne den anderen das Gefühl zu geben, sie abzulehnen? Der Schlüssel sei Respekt – sich selbst und den anderen gegenüber, sagt William Ury, Autor des Buches »Nein sagen und trotzdem erfolgreich verhandeln«. Er schlägt ein »positives Nein« vor. Dabei gehe es darum, auf eigenen Beinen zu stehen, ohne dem anderen auf die Füße zu treten. Er nennt drei Schritte, um das »positive Nein« auszusprechen.

JA! NEIN. JA?

Mias Freundin ist gleichzeitig ihre Kollegin, ihre vierjährigen Söhne gehen gemeinsam in die Kita. Schon lange hat sie Mia von einer zweiwöchigen Weiterbildung erzählt, die ihre beruflichen Chancen verbessern würde. Heute steht sie strahlend vor Mia und hält die schriftliche Genehmigung in Händen: »Ich freue mich so sehr, vielleicht kann ich dann nächstes Jahr die Teamleitung übernehmen! Ich wollte dich noch was fragen. Die Fortbildung geht jeden Abend bis sechs Uhr, aber die Kita macht doch schon um vier Uhr zu. Könntest du in diesen zwei Wochen meinen Sohn nicht mit zu dir nach Hause nehmen, wenn du Elias abholst? Ich hole ihn dann gleich nach der Fortbildung ab.« Mia liegt bereits auf der Zunge: »Klar, kein Problem!«, schließlich ist es ihre Freundin, die sie um Hilfe bittet. Gleichzeitig spürt sie großes Unbehagen, sich für zwei Wochen derart festzulegen. Sie ist allein mit ihrem Sohn, hat nachmittags oft Termine und möchte, dass er abends pünktlich im Bett ist, um noch die Hausarbeit zu schaffen. Jeden Tag zwei Kinder bis nach dem Abendessen betreuen? Zögernd antwortet sie: »Du, da muss ich erstmal in den Kalender schauen, was da anliegt. Ich sage dir morgen Bescheid.« Später am Abend denkt sie über die

Bitte der Freundin nach, ärgert sich ein bisschen, weshalb diese nicht zuallererst ihren Mann einspannt oder die ältere Nachbarin, die öfter das Kind betreut. Sie überlegt, wie sie zu der Bitte der Freundin – zumindest teilweise – »Nein« sagen kann, ohne die Freundschaft zu belasten.

Ja!

Einem Nein liegt immer ein Ja zugrunde – ein Bedürfnis, ein Wert, für den wir uns einsetzen. Dieses Ja ist die unterirdische Quelle, die das Nein speist, ihm Kraft gibt. Sie zu entdecken schenkt Gelassenheit – wir setzen unsere Kraft für etwas (Gutes) ein und nicht gegen etwas. Das macht die Kraft sehr stark. In Mias Fall ist es das Ja zu gemeinsamer Zeit mit ihrem Sohn und zu ihren eigenen Kraftreserven.

Nein.

Ein Nein braucht Macht. Diese nährt sich einerseits aus der positiven Quelle des Ja, andererseits aus innerer Unabhängigkeit von der Reaktion des anderen. Wir überlegen vorher: Was werde ich tun, wenn der andere mein Nein nicht akzeptiert? Wenn ich an dieser Stelle merke, dass ich damit nicht leben kann, dann sollte ich das Nein vielleicht gleich runterschlucken. Dann ist es nicht machtvoll genug und klingt leicht nach Betteln um Verständnis. Ich brauche also eine Handlungsalternative – diese schenkt mir innere Freiheit von der Zustimmung des anderen. Mia kennt ihre Freundin und weiß, dass diese manchmal recht patzig reagieren kann, wenn sie ihren Willen nicht bekommt. Als »Plan B« überlegt sich Mia, dass sie ihrer Freundin notfalls Zeit geben wird, sich zu beruhigen, indem sie das weitere Gespräch vertagt.

Ja?

Ein Nein, das ohne den dritten Schritt ausgesprochen wird, wirkt schnell herzlos und aggressiv. Das »Ja?« im dritten Schritt ist die ausgestreckte Hand zum anderen. Es drückt dem anderen gegenüber Anerkennung und die Wertschätzung für die Beziehung aus. Es geht darum, die Bedürfnisse und den Standpunkt des anderen zu respektieren, ohne sie teilen zu müssen. Das Ja? kann ein praktischer Lösungsvorschlag sein, wie das Problem, die Aufgabe noch gelöst werden könnte.

Wenn es hart auf hart *kommt*

»Mir fehlt einfach der Mut, ›Nein‹ zu sagen.«

Sie möchten einen Termin absagen, eine Arbeit ablehnen oder eine Beziehung beenden, finden aber einfach nicht den Mut, das »Nein« auszusprechen? Holen Sie sich dafür Stärkung:

- Indem Sie das Gespräch mit jemandem vorbereiten und sich zum Beispiel aufschreiben, was Sie sagen wollen.
- Nehmen Sie eine Vertrauensperson mit in das Gespräch, aber kündigen Sie das vorher an, damit auch der andere entsprechende Möglichkeiten wahrnehmen kann.
- Stellen Sie die Macht des »Nein« auf ein breites Fundament: »Ich habe das in der Familie besprochen …« oder »So etwas mache ich grundsätzlich nicht …« oder »Ich habe leider andere Verpflichtungen.«
- Durchdenken Sie das Worst-Case-Szenario: Was kann im schlimmsten Fall passieren, wenn Sie jetzt »Nein« sagen? Malen Sie sich das aus und überlegen Sie entsprechende Bewältigungsstrategien.
- Manchmal wissen wir einfach nicht, *wie* wir Nein sagen sollen, und stellen in Frage, *ob* wir Nein sagen sollen. Trennen Sie beides und holen Sie sich bei der Frage nach dem Wie Unterstützung und Beratung.

EXKURS
Auch ein deutliches Nein ist Zuwendung

Kinder brauchen Zuwendung, um sich gesund entwickeln zu können. Zuwendung heißt, ihnen liebevolle Aufmerksamkeit zu schenken, sich für sie, ihre Bedürfnisse und Meinungen, Wünsche und Kümmernisse zu interessieren. Das zeigen Eltern, wenn sie ihre Kinder aufmerksam beobachten, ihnen konzentriert zuhören, durch einen aufmunternden oder anerkennenden Blick, eine zärtliche Geste. Die Art, wie sich Eltern ihren Kindern zuwenden, ist immer vom Alter des Kindes und der Situation abhängig. Aber all das zeigt: »Du bist mir wichtig. Ich möchte, dass es dir gut geht. Auch wenn du einen Fehler gemacht hast, bist du mein Kind, das ich liebe.« Kinder brauchen die Sicherheit, dass die Zuwendung der Eltern nicht von ihrem Verhalten abhängig ist, sondern dass sie verlässlich ihrer Person als solches gilt.
Zuwendung heißt aber auch, das Kind in dem ernstzunehmen, was es tut – und auch Nein zu sagen, wenn es etwas tut, das sich, anderen oder der Gemeinschaft schadet. Das »positive Nein« versteht jedes Kind in jedem Alter. Es kommt dabei nicht darauf an, lange Vorträge zu halten. »Nein« ist ein ganzer Satz. Ein Nein kann genügen, wenn es aus der richtigen Haltung heraus klar und deutlich ausgesprochen wird. Ältere Kinder brauchen dazu eine Erklärung. Dies sollte aber kein Problem sein, wenn Sie folgende drei Schritte vorher überlegen: Ja! Wofür setzen Sie sich mit Ihrem »Nein« ein? Wenn Sie Ihrem Kind das Radfahren ohne Helm verbieten, dann, weil Ihnen die Gesundheit des Kindes wichtig ist. Wenn Sie »Nein« zum sechsten Feuerwehr-Auto sagen, dann, weil Ihnen Genügsamkeit wichtig ist. Wenn Sie »Nein« sagen, weil Ihr Kind Sie anbrüllt, dann, weil Ihnen ein wertschätzender Umgang wichtig ist. Überlegen Sie genau, ob das Ja! stark genug ist – ein einfach daher gesagtes »Nein« fällt Eltern

schnell auf die Füße, schließlich müssen Sie ein »Nein« auch konsequent verfolgen.

Nein. Sagen Sie klar und deutlich »Nein«. Nutzen Sie dabei Ihre Körpersprache: Gehen Sie auf Augenhöhe mit dem Kind. Schauen Sie es klar, aber nicht drohend an. Sie können es auch berühren, um deutlich zu machen: »Das, was ich jetzt sage, ist wichtig.« Bleiben Sie bei einem »Nein«. Das Kind will sich darauf verlassen können, dass Sie zu Ihrem Wort stehen. Auch wenn Ihr Kind tobt und schreit – geben Sie ihm Stabilität und Sicherheit. Notfalls stellen Sie sich selbst als Fels in der Brandung vor. Wenn Sie im Moment die Kraft nicht haben, die Frustration Ihres Kindes auszuhalten, sagen Sie lieber gleich »Ja«. Das ist besser, als später umzukippen. Ältere Kinder fangen gern an zu diskutieren. Lassen Sie sich nur darauf ein, wenn ein wirklich gutes Argument kommt, das Sie noch nicht bedacht haben.

Ja? Machen Sie deutlich: »Ich sage ›Nein‹ zu deinem Verhalten oder einem Vorhaben. Ich sage ›Ja‹ zu dir.« Vielleicht kann Ihr Kind das im Moment nicht fassen, weil es einfach zu wütend ist. Wenn es sich beruhigt hat, zeigen Sie deutlich, dass Ihnen die Beziehung wichtig ist. Bei einem Wutanfall kleiner Kinder, der häufig aus einem »Nein« der Eltern resultiert, verausgaben sich manche Kinder so sehr, dass sie anschließend viel Trost und Kuscheln brauchen. Das rüttelt jedoch nicht am klaren »Nein«.

Manche Eltern haben nur sehr wenig Zeit für ihre Kinder. Diese kostbaren Augenblicke wollen Sie dann in Harmonie verbringen. Kinder brauchen Eltern aber auch, um sich an ihnen reiben zu können. Sie brauchen Erwachsene, die Konflikten nicht aus dem Weg gehen, sondern vorleben, wie man sie konstruktiv lösen kann – auch wenn Eltern das manchmal zusätzlich Stress bereitet.

Wie versprochen spricht Mia ihre Freundin am nächsten Tag an: »Ich freue mich, dass es mit deiner Fortbildung klappt! Ich habe in den Kalender geschaut: jeweils Dienstag und Donnerstag und in der zweiten Woche Freitag könnte ich deinen Sohn nachmittags gern mit zu mir nehmen. An den anderen Tagen passt es nicht. Wäre dir das eine Hilfe? Ansonsten weiß ich, dass unsere frühere Tagesmutter Kinder auch mal stundenweise betreut. Die könnte ich fragen, wenn du magst.« Ihre Freundin überlegt kurz und meint dann: »Prima, das ist nett von dir. Ich habe nicht wirklich nachgedacht, als ich dich um alle zwei Wochen bat. Ich kümmere mich darum.« Mia ist erleichtert.

Wenn es hart auf hart *kommt*

»Der andere akzeptiert mein Nein nicht.«

Ihr Gegenüber tobt, brüllt, bettelt oder will Ihre Zustimmung erpressen? Wenn Sie angesichts der aufgefahrenen Geschütze einzuknicken drohen: Bitten Sie um eine kurze Bedenkzeit. Gehen Sie zur Toilette oder trinken Sie einen Schluck Wasser. Versuchen Sie, sich zu beruhigen. Machen Sie zehn bewusste Atemzüge. Vergegenwärtigen Sie sich noch einmal das »Ja« – das Bedürfnis, dessen Erfüllung Ihnen so wichtig ist, dass Sie »Nein« zu etwas anderem sagen müssen. Bekräftigen Sie anschließend dem anderen gegenüber Ihr »Nein«. Wenn alles nichts nützt, legen Sie dem anderen Ihren »Plan B« offen. Nicht als Drohung, sondern als Information, welche Konsequenzen Sie ergreifen werden, wenn der andere bei seiner Weigerung, Ihr Nein zu akzeptieren, bleiben will. Stehen Sie dabei ruhig, reden Sie langsam und klar. Wenn dem anderen Ihre Ernsthaftigkeit langsam dämmert: Signalisieren Sie, dass Ihnen an guter Zusammenarbeit gelegen ist und gehen Sie einen Schritt auf den anderen zu, um gegebenenfalls eine dritte Lösung zu überlegen – ohne auch nur im Geringsten von Ihrem Nein abzuweichen.

Ein Nein an der richtigen Stelle ermöglicht, sich dem zuzuwenden, was wirklich wichtig ist. Ein »positives Nein« ist also keine Ablehnung, sondern eigentlich die Zuwendung zu einem tieferliegenden Bedürfnis. Dies auszusprechen kann ein echtes Geschenk für den anderen sein – denn diese Aussage schafft klare Verhältnisse, der andere weiß, woran er ist, ohne sich brüskiert zu fühlen. Mein Vorbild im Nein-Sagen ist Mahatma Gandhi, dem das Wohl aller Menschen sehr am Herzen lag. Und genau deshalb sagte er »Nein« zu allem, was Menschen unterdrückte in seiner Überzeugung: »Ein Nein aus tiefstem Herzen ist besser und größer als ein Ja, mit dem man gefallen oder – noch schlimmer – Ärger vermeiden will.« Eltern haben tagtäglich ein sehr gutes Übungsfeld, das Nein-Sagen zu lernen – natürlich nicht ständig, sondern sehr wohl überlegt und -dosiert. Aber es gibt noch viel mehr Kompetenzen, die berufstätige Eltern erwerben können, wenn sie ihren ganz eigenen Weg aus der Stressfalle finden.

10 »simple present«-Ideen für ein Nein

- Zum klingelnden Telefon oder dem Handysignalton beim Abendbrot.
- Zum E-Mail-Postfach im Urlaub.
- Zum Impuls, um 23:00 Uhr noch die Lieblingsjeans des Sohnes zu waschen.
- Zur immer offenen Bürotür.
- Zu 22 Newslettern.
- Zum Anspruch, den Kindern möglichst viel zu bieten.
- Zum Dauer-Jammern anderer Menschen.
- Zur Versuchung, die Nacht zum Tag zu machen.
- Zu Arbeit, für die man nicht zuständig ist.
- Zu Diensten, die Kinder allein bewerkstelligen können.

BEWUSST *leben*

Menschen, die den Alltag heil durch die Rush-Hour des Lebens gesteuert haben, haben in der Regel sehr viel gelernt. Niemand kann zum Beispiel ein Auto so gut packen wie ein Familienvater. Er weiß, wie man ein Bobby-Car auf dem Dach festschnallt, dass die Pausenbrote direkt auf der Handbremse liegen sollten und die Brechtüten so, dass man sie auch bei 130 km/h gefahrlos nach hinten reichen kann. All das sind kleine Schritte, die ein Vater tut, um eine stressige Autofahrt mit kleinen Kindern möglichst gelassen zu überstehen. Er plant die Reise bis ins Detail – wohl wissend, dass es letztendlich doch anders kommen wird.

Eltern haben »flexible Planung« in der Praxis gelernt. Sie wissen, dass Planungen nur gedankliche Provisorien sind, die manchmal Realität werden und oft nicht. Das macht sie über die Jahre irgendwann richtig stressresistent. Wenn Sie mir das an dieser Stelle noch nicht glauben können, dann fragen Sie Eltern mit großen Kindern. Meine Freundin beruhigte mich früher: »Es wird immer besser!« Und sie behielt recht. Neben einer beneidenswerten Resistenz gegen die Stressfalle lernen berufstätige Eltern Effizienz und Effektivität im Umgang mit ihrer Zeit. Wenn sie arbeiten, wissen sie, dass sie gerade nicht bei ihrem Kind sein können. Deshalb vermeiden sie unnötige Flurgespräche und Trödeleien. Wenn sie daheim sind, wissen sie, dass die Zeit kostbar ist und nutzen sie mit ihren Kindern. Und Sport zu machen oder mit einer Freundin im Café zu sitzen, ist ein echtes Geschenk.

Und noch etwas verspreche ich Ihnen: Wenn Sie sich Ihrem Leben mit allen Erfahrungen, Begegnungen, Eindrücken aufmerksam zuwenden, werden Sie ein ganz bewusstes Leben führen – voller Intensität, voller Genuss, voller Tiefe. Und das trotz allem Stress und aller Hektik, die Sie sicher auch immer mal wieder heimsuchen werden. Und wenn Ihnen vielleicht manchmal eher zum Heulen als zum Lachen zumute ist – auch das gehört dazu. Alles darf seine Zeit haben.

Aber natürlich darf ein Durchhänger nicht zum Dauergefühl werden. Eine dritte Ressource neben Kompetenz und Zeit ist für das Gelingen von Vereinbarkeit nämlich noch notwendig: Ihre Energie. Der wenden wir uns jetzt zu – damit Sie auch morgen noch kraftvoll durchstarten können.

ZUSAMMENFASSUNG

» *Zeitmanagement in 3 Schritten*

1. Erkennen, was mir im Leben, aber auch an jedem einzelnen Tag wichtig ist.
2. Mich den Menschen, Tätigkeiten, und mir selbst bewusst und aufmerksam zuwenden – und alle anderen Optionen im selben Moment ausblenden.
3. Das Ja im Leben – das, was mir wirklich wichtig ist, mit einem Nein schützen.

DIE ERSCHÖPFUNGS-FALLE

Wie Sie mitten im Tun auftanken

Sie sitzt in ihrem Auto und schluchzt. Ein Weinkrampf schüttelt sie und sie kann sich nicht beruhigen. Lea kann nicht glauben, dass sie das eben wirklich getan hat. Noch nie zuvor hat sie eine Patientin angeschrien. Sie schämt sich so sehr. Der ganze Tag war schiefgelaufen. Am Morgen hatte sie verschlafen und ihren Sohn völlig überhastet zur Schule gefahren. Auf der Fahrt zur Sozialstation hatte sie im Stau gestanden. Den Dienst hatte sie mit einer Viertelstunde Verspätung begonnen. Alles war in Verzug geraten – schnell den Verband bei dem netten Herrn in der Schillingstraße wechseln, rasch das Frühstück bei dem Ehepaar zubereiten, für das sie sich sonst immer gern einen Augenblick mehr Zeit nimmt, der alten Dame die Kompressionsstrümpfe anziehen, die alle nur »Berta« nennen, obwohl sie eigentlich Maria heißt – dazwischen nach jedem Stopp im Smartphone den Einsatz als beendet eintragen, ins Auto steigen und ab zum nächsten Patienten. Der Zeitdruck machte Lea zu schaffen. Dann zur »Teilwaschung« zu Frau von Meier. Dafür hatte sie laut Plan 15 Minuten Zeit, aber sie war im Verzug und Lea ahnte schon, dass es Ärger geben würde. Frau von Meier reagierte auf Stress gereizt und aggressiv. Lea rannte fast die Treppenstufen hoch, versuchte noch freundlich zu grüßen, aber die alte Dame antwortete nicht. Als Lea ihr das Nachthemd über den Kopf zog, brüllte die Patientin und schlug Leas Hand zur Seite. Diese knallte schmerzhaft gegen den Stuhl. Das war zuviel. »Machen Sie Ihren Mist doch allein!«, brüllte sie Frau von Meier an, ließ die halbnackte Dame sitzen und verließ mit lautem Türenschlagen die Wohnung. Nun saß sie im Auto und konnte sich nicht mehr von der Stelle rühren. Sie konnte nicht mehr. Sie war so müde. Obwohl sie doch erst vor Kurzem mit ihrem Sohn ein paar Tage an der Ostsee gewesen war. Was war nur los mit ihr? Früher war sie mit Leib und Seele Krankenschwester gewesen, die Patienten hatten sie gemocht. Inzwischen hatte sie diese Arbeit, die sie immer mehr hasste, innerlich schon längst gekündigt. Sie fand aber einfach nicht die Kraft, sich ernsthaft nach einem neuen Job umzusehen. Und außerdem: Wer würde schon eine alleinerziehende Mutter einstellen?

Lea hat alle ihre Reserven erschöpft. Sie ist ausgelaugt und ohne Freude. Das kennt wohl jeder von uns: Man fühlt sich schwach und abgeschlagen, wenn man längere Zeit zu spät ins Bett gegangen ist (man wollte doch nur die Zeit ausnutzen, wenn dann endlich »Ruhe im Haus« eingekehrt war). Oder nach einem stressigen Arbeitstag oder wenn die Kinder seit Wochen kränkeln. Solange dies nur Phasen sind, die auf eine Belastungssituation folgen und nach denen wir uns ausreichend erholen können, brauchen wir uns keine Sorgen zu machen. Mit einem Entspannungsbad und einem Wochenende mit viel Schlaf ist das doch zu richten. Hoffentlich.

DAS DRECKSPATZ-BAD *ist auch kein Trost*

Wissen Sie, was frischgebackenen Müttern zu Geburtstag und anderen Anlässen besonders häufig geschenkt wird? Entspannungsprodukte! Badekugeln, die durch erfrischende Pampelmuse-Extrakte andalusische Urlaubsgefühle hervorzaubern sollen. Oder ein harmonisierendes Bad, das die gestresste Seele in das Meer der blauvioletten Lavendel-Felder Südfrankreichs eintauchen lässt.
Nach einem Tag, an dem man sich ausgepowert hat und die Müdigkeit in die Glieder kriecht, ist es sicher ein Geschenk, wenn man Körper und Seele etwas Gutes tun kann. Aber echte Erschöpfung, wie sie

Krankenschwester Lea und viele berufstätige Eltern erleben, hat wenig zu tun mit der Müdigkeit, die mit dem richtigen Duft schnell verfliegt. Wirkliche Erschöpfung ist längerfristig und tief. Sie ist das Ergebnis eines Alltags, der über Monate und Jahre mehr Kraftreserven verbraucht als vorhanden sind.

Von Erschöpfung ist der ganze Mensch betroffen: die Kraftreserven lassen nach, die Leistungsfähigkeit sinkt, innerlich gerät man aus dem Lot und man verliert die Lust auf das Zusammensein mit anderen Menschen. Die Symptome der Erschöpfung sind dabei sehr individuell. In meinen Coachings höre ich immer wieder von Vergesslichkeit (»Das ist mir noch nie passiert, dass ich so einen wichtigen Termin vergessen habe!«), Wortfindungsstörungen, von schwindender Motivation (»Ich muss mich regelrecht zwingen, zur Arbeit zu gehen«), von Selbstzweifeln (»Ich glaube, ich habe mich völlig übernommen«), von Kraftlosigkeit und häufigen Infekten (»Irgendwie komme ich seit Wochen nicht auf die Beine«), von Schlafmangel (»Ich stehe schon gerädert auf«) und Gereiztheit (»Mich darf keiner schief angucken, dann gehe ich gleich in die Luft«). Vielleicht kommt Ihnen manches davon bekannt vor.

Der innere Akku ist leer. Die kleinste Anstrengung wird zu viel, jede Bitte oder Anregung wird als bedrohlich empfunden, die Emotionen entgleiten uns und wir verlieren die Kontrolle über unsere Reaktionen. Es ist einfach nicht mehr genug Kraft da, sich so zu verhalten, wie man eigentlich möchte. Erst kürzlich erzählte mir ein Vater von einem Elternabend in der Kita, bei dem die Erzieherin völlig ausgeflippt war, als einige Eltern den Vorschlag machten, mit den Vorschulkindern doch eine Abschlussfahrt zu unternehmen: »Was denken Sie eigentlich, was wir noch alles machen sollen?«, brüllte sie den überraschten Eltern entgegen.

Auch ich erinnere mich gut an Situationen, in denen ich das Gefühl hatte, alles bricht über meinem Kopf zusammen. Ich wäre dann am liebsten weggelaufen – von all den Aufgaben und Verpflichtungen, von den Menschen, die alle etwas von mir wollten, von mir selbst, die ich völlig unausstehlich geworden war. Aber selbst zum Weglaufen fehlte mir die Energie. Mir wurde damals klar: neben Perfektionismus und Stress ist die Erschöpfung vielleicht die böseste Falle, in die ich als berufstätige Mutter geraten bin. Denn diese Falle kann auch langfristig Schaden anrichten. Bei mir heißt er »Tinnitus«. So weit hätte es aber gar nicht kommen müssen – wäre ich besser gewappnet gewesen.

SCHLEICHENDES *Gift*

Gern würde ich an dieser Stelle schon zu den Lösungen kommen, die ich selbst erst mühsam finden musste. Aber ich möchte Sie zuvor noch mit der Beschaffenheit der dritten Falle vertraut machen. Denn nur, wenn Sie die Erschöpfungsfalle erkennen, können Sie sie auch umgehen.

Was die Erschöpfung zur Falle macht, sind zwei Dinge: Erstens verhalten wir uns völlig widersinnig und kontraproduktiv in Bezug auf das, was uns eigentlich guttun würde. Ein ungeduldiger Kunde ist mir auf der Arbeit fast durchs Telefon gesprungen, der Drucker hat die Kopiervorlage gefressen und auf der Heimfahrt bin ich geblitzt worden – eigentlich wünsche ich mir nichts sehnlicher, als zu Hause in den Arm genommen und aus tiefster Seele bemitleidet zu werden. Und was tue ich? Schreie los, weil eines der Kinder – natürlich nur um mich zu ärgern – seine Schulmappe mitten in meiner heimischen Einflugschneise platziert hat. In den Arm nimmt mich für das Geschrei keiner. Dünnhäutig und gereizt, überlastet und müde können wir oft nicht mehr artikulieren, was wir jetzt wirklich bräuchten, unsere Bedürfnisse kommen zu kurz.

Die zweite Tücke: Gefangen in der Erschöpfungsfalle haben Menschen keine Energie mehr, für die Erfüllung ihrer Bedürfnisse zu sorgen und sich zu erholen. Das mag paradox klingen, aber um auftanken und Kraft schöpfen zu können, braucht es noch ein Mindestmaß an Kraftreserve. Es ist mit uns Menschen ein bisschen wie mit Akkus. Deren Energielevel darf auch nicht unter ein gewisses Mindestmaß absinken. Werden sie tiefentladen, nehmen sie Schaden und können möglicherweise nicht mehr wieder aufgeladen werden. Für uns Menschen heißt das: Zu wissen, dass es gut täte, pünktlich ins Bett zu kommen und für ausreichend Schlaf zu sorgen, genügt nicht, es braucht auch die Kraft zu klären, wer die Wäsche aufhängt und die Schulbrote für den nächsten Tag schmiert, während man selig der Erholung entgegenschläft. Wer sich nicht ein Mindestmaß an Energie und Kraft bewahrt, erschöpft sich körperlich, mental und emotional so sehr, dass er sich vielleicht kurzfristig gar nicht mehr erholen kann. Ein betroffener Mensch kann dann tagelang im Bett liegen, ohne irgendeine Form von Stärkung zu spüren – ein ernstzunehmendes Symptom für ein sich möglicherweise anbahnendes Burn-out.

Je kaputter und ausgelaugter man ist, umso schwerer wird es, aus eigener Kraft aus der Erschöpfungsfalle herauszukriechen. Bleiben Sie in der Falle drin, kann der Zustand chronisch werden – ohne Hilfe von außen ist dann kaum noch etwas zu machen. Sorgen Sie deshalb rechtzeitig dafür, dass Sie sich nicht völlig verausgaben. Damit dies nicht passiert, müssen Sie allerdings erst einmal wissen, wie die Erschöpfung entsteht.

LEIDENSCHAFTLICH LEBEN – *sich engagieren*

Erinnern Sie sich an die Zeit, bevor Sie eine Familie gründeten? Was haben Sie damals alles gemacht? Vielleicht haben Sie studiert, eine Ausbildung oder auch schon erste berufliche Schritte gemacht. Sicher hatten Sie Interessen, denen Sie gern nachgegangen sind. Möglicherweise haben Sie sich ehrenamtlich engagiert. Sie führten ein relativ selbstbestimmtes Leben. Als das erste Kind kam, war es vermutlich schnell anders. Es genügte nun nicht mehr, frühmorgens frisch gebügelt aus

dem Haus zu gehen – nun musste das Kostüm noch auf Spuckflecken überprüft werden. Ein »Klar kann ich noch ein Stündchen dranhängen und das Protokoll schreiben« ging Ihnen von nun an nicht mehr so leicht über die Lippen.
Und trotzdem: Sie haben sich weiterhin engagiert – obwohl Sie plötzlich eine Menge mehr zu tun hatten. Warum haben Sie das getan? Ich kann an dieser Stelle für mich sprechen: Engagement ist neben Anspruch und Flexibilität die dritte Bewegungskraft, die mich inmitten der Herausforderungen des Alltags in Schwung bringt. »Engagement« ist persönlicher Einsatz, leidenschaftliches Eintreten für etwas, das mir sehr wichtig ist: Kinder haben, in einer Partnerschaft leben, beruflich aktiv und erfolgreich sein – und durch ein Ehrenamt die Welt ein bisschen besser machen.
Sich zu engagieren lässt uns Menschen spüren: »Wenn ich all das hinkriege, fühle ich, wie das Leben pulsiert!« Engagement ist gut. Es zeigt uns, was wir leisten können, es bringt uns an Grenzen und lässt uns erfahren, dass wir sie überwinden und an ihnen erstarken können. Wenn – ja, wenn wir es dabei belassen könnten.

Vielleicht ist es die Sehnsucht nach der Fülle des Lebens, vielleicht der Wunsch, dass sich auch mit Kindern möglichst wenig ändern soll, oder auch einfach der Erwartungsdruck von innen und außen: Irgendwann ist das Maß an Engagement, das uns Kraft gibt, überschritten. Plötzlich ist Omas 60. Geburtstag nur noch eine zusätzliche Belastung und die endlich bewilligte Weiterbildung eine Zumutung. Ohne dass der genaue Zeitpunkt zu benennen wäre, ist ein Maß an Engagement erreicht, das plötzlich Kräfte verschleißt und an die Substanz geht. Wir überschreiten den Punkt, an dem gerade noch die positive Kraft des Engagements zu spüren war – plötzlich taucht der Gedanke »Das ist mir alles zu viel« auf. Aus der richtigen Dosis Engagement, die uns Lebenskraft schenkt, wird eine Überdosis. Leider erkennen wir den Punkt, an dem alles kippt, meist erst im Nachhinein – wenn wir bereits kurzatmig durch den Alltag japsen. Und oft genug haben wir es noch nicht einmal in der Hand, an diesem Punkt abzubremsen. Denn das Leben mit seiner eigenen Dynamik – der Alltag mit Kindern, die Gesetzmäßigkeiten des Arbeitsmarktes, die schwere Erkrankung eines Verwandten und vieles mehr – lässt uns nicht immer die freie Entscheidung, wie viel wir uns aufhalsen wollen.

Nun könnten Sie vielleicht meinen, das ganze Engagement einfach ad acta und sich selbst innerlich in den Liegestuhl zu legen und die anderen machen zu lassen. Aber ehrlich: Wollen Sie das? Ein drohendes Burn-out gegen ein Bore-out eintauschen? Erwiesenermaßen ist das nicht angenehmer – Unterforderung und zu wenig Anerkennung erschöpfen Menschen genauso wie Überforderung und zu hohes Engagement.

Entscheidend ist vielmehr, dass Sie für sich selbst den goldenen Mittelweg, die für Sie richtige Form und ein gesundes Maß an Engagement, finden. Das gelingt Ihnen durch die Gegenkraft, die Sie raus aus der Erschöpfungsfalle immer wieder auf Kurs bringt: das Innehalten. Während es beim Zuwenden um das »Außen« – um die Zuwendung zu Aufgaben oder Menschen – ging, geht es beim Innehalten um das »Innen«, um die Zuwendung zu sich selbst. Sie meinen, Sie können nicht ständig Ihre Arbeit unterbrechen, um sich um Ihr Innenleben zu kümmern? Das brauchen Sie auch gar nicht.

STOPP MAL! – *Innehalten*

Um zu verstehen, weshalb das Innehalten für unseren Geist, unsere Seele und unseren Körper wichtig ist, schlage ich Ihnen eine kurze Übung vor, die Sie bestens mit Ihrem Kind gemeinsam machen können. Drehen Sie sich etwa fünfmal um die eigene Achse. Das muss gar nicht schnell sein. Anschließend bleiben Sie stehen, schließen die Augen und nehmen wahr, wie Sie sich fühlen. Die meisten Menschen berichten, dass sich in ihrem Kopf alles weiterdreht. Halten Sie die Augen

weiter geschlossen und warten Sie, bis alles in Ihnen ruhig geworden ist. Dann drehen Sie sich wieder fünfmal um die eigene Achse – diesmal jedoch mit geschlossenen Augen. Bleiben Sie stehen und spüren Sie wieder nach. Gibt es einen Unterschied zum ersten Drehen? Ich weiß nicht, ob es bei Ihnen auch so ist – meist ist der Schwindel im Kopf nun wesentlich schwächer als beim Drehen mit offenen Augen. Ich mache diese Übung sehr gern – sowohl mit Erwachsenen als auch mit Kindern, um zu verdeutlichen, wie wichtig das Innehalten mitten im Alltag ist. Wenn wir im übertragenen Sinn durch den Alltag »kreiseln«, haben wir irgendwann das Gefühl, uns »schwirrt der Kopf«. Ganz besonders spüren wir das, wenn wir schlafen gehen. Die Gedanken drehen sich wie ein Karussell weiter. Machen wir aber mitten im turbulenten Alltag hin und wieder die Augen zu, wenden uns nach innen und kommen einen kurzen Moment zur Ruhe, dann wird uns nicht so schnell schwindelig. Lao-Tse brachte dies auf den Punkt mit den Worten: »Wer innehält, erhält innen Halt.«
Manchmal machen wir das sogar ganz automatisch: Irgendetwas oder irgendjemand nervt uns furchtbar und wir bemühen uns, ruhig zu bleiben. Kurz schließen wir die Augen und atmen tief durch. Innehalten ist genau das: immer wieder Mini-Pausen machen, um überhaupt zu bemerken, dass uns schwindelig wird, sich innerlich zu sortieren, ein ruhiges Gleichgewicht zu finden und dem Körper das zu geben, was er braucht – kurze Momente des Kraftschöpfens. Wenn Sie das bewusst in Ihren Alltag einbauen, bleiben Sie bei sich, bleiben Sie in Ihrer inneren Präsenz – und schützen sich vor Erschöpfung.

So weit, so gut. Bis hierhin klingt das schlüssig, theoretisch zumindest. Aber nach innen horchen? Das, was ich da höre, ist erst mal gar nicht angenehm. Dem muss ich mich als Erstes zuwenden, wenn ich Platz für Energie schaffen will.

FREUNDLICHE BEGLEITUNG *gesucht*

NERVENSÄGE IM KOPF

»Schau dich mal um, wie es in deiner Wohnung aussieht. Schaffst es nicht mal aufzuräumen, musst dich aber unbedingt auf eine Vollzeitstelle bewerben!«
»Wenn du dich ständig von deiner Kollegin ablenken lässt, bist du selbst schuld daran, dass du deine Arbeit nicht schaffst.«
»Schau dir nur die Waage an! Wenn du nicht endlich mal wieder zum Sport gehst, gerätst du aus allen Fugen!«
Das bekomme ich zu hören, wenn ich tatsächlich einmal »nach innen horche«. Nicht nett, oder? Wenn diese Worte tatsächlich von einer realen Person kämen, würden Sie mir vermutlich raten, sie in die Wüste zu schicken. Aber diese »Person« ist eine innere Stimme, die sich meldet, wenn ich irgendetwas nicht so mache, wie ich meine, es machen zu sollen. Sie ist wahlweise Kritikerin, Antreiberin oder Richterin. Nicht, dass ich mich nicht wehren würde: »Ich bemühe mich doch! Was soll ich denn noch alles machen? Lass mich doch endlich mal in Frieden!«, halte ich ihr entgegen.
Sollten Sie eine ähnliche Stimme in Ihrem Kopf haben, dann unternehmen Sie etwas! Diese ewigen Auseinandersetzungen erschöpfen und verhindern, dass Sie sich wertschätzend sich selbst zuwenden können. Fairerweise muss ich erwähnen, dass die Stimme durchaus Gutes im Sinn hat: Sie sorgt dafür, dass Sie in die Gänge kommen und eine Menge leisten können. Sie spornt Sie an, über sich selbst hinauszuwachsen und Dinge zu machen, die Sie sich eigentlich nicht zugetraut hätten. Sie ist der Motor Ihres Engagements. Aber: Sie übertreibt es einfach. Egal, was wir tun, es reicht ihr sowieso nie – auch, wenn wir nonstop in Aktion sind, es ist nie genug. Es gibt immer etwas, das man noch besser oder mehr machen kann. Es ist notwendig, diese ewig nörgelnde Stimme in die Schranken zu weisen. Dafür habe ich einen Notfallplan entwickelt, den auch Sie anwenden können, wenn die

innere Stimme versucht, Sie in Auseinandersetzungen zu verwickeln. Er besteht aus drei kleinen Schritten:

1. Zuhören: Halten Sie einen Moment inne und wenden Sie sich der kritischen Stimme zu. Wenn sie meckert: »Du kommst abends immer zu spät nach Hause und hast einfach zu wenig Zeit für die Kinder!«, dann hören Sie sich das wie einen gut gemeinten Hinweis an.

2. Bedanken: Bedanken Sie sich bei dieser engagierten Kritikerin dafür, dass sie sich Gedanken um Sie macht. »Danke für den Hinweis, dass ich auf das richtige Verhältnis von Arbeitszeit und Familienzeit achten soll.«

3. Fortschicken: Manchmal muss man die Stimme freundlich, aber bestimmt in den Urlaub schicken. Sie wissen nicht, wo Ihnen der Kopf steht und finden einfach nicht die Zeit, den Kindern etwas zu kochen? Eine Fertigpizza darf Sie auch einmal entlasten und die Herzen der Kinder erfreuen.

Wenn Sie so für inneren Frieden gesorgt haben, können Sie schon einmal erleichtert aufatmen. Denn nun sind Sie hoffentlich frei von Selbstvorwürfen und Selbstzweifeln. Zeit, sich Ihnen selbst und dem, was Sie brauchen, zuzuwenden. Damit sind Sie auch schon mittendrin im ersten Schritt des Innehaltens: sich selbst und den eigenen Bedürfnissen Raum geben. Ich gebe Ihnen eine Anleitung zum Selbstcoaching.

SICH SELBST RAUM GEBEN

Als Elena zu unserem dritten Termin erscheint, sehe ich sofort, dass in ihr ein Kampf tobt. Die Erzieherin und Mutter zweier Söhne war ursprünglich zum Coaching gekommen, weil sie sich erschöpft fühlte und öfter gereizt reagierte. Sie kommt sofort zur Sache: »Ich habe mich endlich aufgerafft, zur Ärztin zu gehen wegen einer Mutter-

Kind-Kur. Sie unterstützt das voll und ganz, rät mir aber allen Ernstes, nur mit meinem Großen zu fahren.« Der Sechsjährige ist ein eher ruhiges Kind, das unter Schuppenflechte leidet – und wohl öfter auch unter dem dreijährigen Bruder, einem lebhaften und kerngesunden Wonneproppen, der die Familie gut zu beschäftigen weiß. »Ich kann doch den Kleinen nicht zu Hause lassen, mein Mann muss sich ganz allein kümmern – und ich lass' es mir gut gehen!« Elena berichtet, dass sowohl die Kolleginnen als auch ihr Mann ihr gut zureden würden. Er könne die drei Wochen gut tagsüber verkürzt arbeiten und würde den Schreibkram abends machen. Trotzdem kann sie sich nicht für die Kur mit nur einem Kind entscheiden, hat das Gefühl, eine Rabenmutter zu sein und ihrem Mann das nicht zumuten zu dürfen.

Immer wieder erlebe ich berufstätige Eltern wie Elena, die schon länger spüren, dass es ihnen nicht gut geht, dass ihnen etwas fehlt. Aber sie nehmen sich nicht die Zeit innezuhalten, um ihrem Gefühl nachzugehen und zu schauen, welches Bedürfnis in den Anforderungen des Alltags gerade zu kurz kommt. Und selbst, wenn es ihnen gelingt, das herauszufinden, erlauben sie sich nicht, dieses Bedürfnis zu erfüllen.

Bei Elena greife ich schließlich zu einer Coaching-Intervention, deren Wirkung mich immer wieder verblüfft: Ich ziehe einen leeren Stuhl heran und bitte Elena, mir zu sagen, was für sie eine echt gute Freundin ausmacht. Zunächst ist sie etwas verwirrt über diesen Themenwechsel, aber dann fallen ihr eine Menge Eigenschaften einer guten Freundin ein: Sie hört zu, macht Mut und hat Verständnis. Sie nimmt Fehler nicht lange krumm, ist ehrlich und aufrichtig. Nun kommt Elena richtig in Fahrt: »Eine gute Freundin ist da, wenn ich sie brauche. Da kann ich auch mitten in der Nacht klingeln, wenn ich Kummer habe, oder mit ihr verrückte Dinge tun.« Schließlich bitte ich sie, sich vorzustellen, dass genau eine solche Freundin auf dem leeren Stuhl sitzt. Ihre Augen fangen allein bei der Vorstellung an zu leuchten. »Sie dürfen sich jetzt selbst auf den leeren Stuhl setzen und sich in die Rolle Ihrer guten Freundin begeben.« Elena folgt etwas unsicher, nimmt aber schließlich auf dem anderen Stuhl Platz. Ich bitte sie, zunächst zu beschreiben, wie sie Elena in diesem Augenblick erlebt und was sie vermutet, was Elena braucht. Zum Schluss darf sie ihr noch einen Rat mit auf den Weg geben. Als gute Freundin sagt Elena zu sich selbst: »Ich finde, du solltest das Geschenk annehmen, das dir angeboten wird. Nutze die Zeit mit deinem Großen, bevor er in die Schule kommt. Und lass deinen Mann mal Rund-um-die-Uhr-Papa sein. Er freut sich doch drauf. Und mal ehrlich: Du bist eine tolle Mutter, auch wenn du mal eine Weile auf Reisen bist.« Wenige Wochen später fährt Elena mit ihrem großen Sohn guten Gewissens zur Mutter-Kind-Kur.

Diese Übung können Sie auch für sich selbst machen. Räumen Sie einer freundlichen Begleiterin in Ihrem Leben einen zentralen Platz ein. Hören Sie auf die wohlwollende und lebensbejahende Stimme in sich. Diese Stimme meint es sehr gut mit Ihnen. Sie ermöglicht genau das, was die innere Antreiberin und Kritikerin mit ihren Argumenten verhindert: sich selbst freundlich-zugewandt zu beobachten und besser zu verstehen, Bedürfnisse wahrzunehmen und ernstzunehmen und sich selbst Raum zu geben. Ich finde, das klingt sehr verlockend.

Nutzen Sie für solch ein Zwiegespräch mit sich selbst die vier Schritte (Situation – Gefühle – Bedürfnisse – Bitte) der »Giraffensprache«, die Sie aus dem Kapitel »Die Perfektionismusfalle« kennen. Die »Giraffenstimme« ist Ihre freundliche Begleiterin, die sich Ihnen diesmal empathisch selbst zuwendet.

1. Schritt: Beobachter ins Krisengebiet entsenden

Wir alle kennen solche Momente: Jemand behandelt uns abwertend oder ungerecht, unser Aufgabenberg droht uns zu überwältigen, wir sind müde und erschöpft. Es geht uns gar nicht gut. Schnell verlieren wir den klaren Blick auf das, was gerade passiert, das Steuer ist uns aus der Hand gerissen worden. Wir sind ohne eine Idee, wie wir jetzt gelassen und souverän reagieren könnten. Wie hilfreich wäre es, wenn uns jetzt jemand nüchtern die Situation durchschaubar machen würde!

Genau das ist die erste, wichtige Aufgabe der inneren freundlichen Begleiterin: uns in solchen Augenblicken durch ihre Beobachtungsgabe zu helfen, die *Situation* zu sortieren und objektiv zu beurteilen: »Was geschieht hier gerade?« Sie kommentiert: »Was deine Kollegin da eben von sich gibt, geht dir ganz schön an die Nieren!«

Kurz innezuhalten und die innere Beobachterin zu Wort kommen zu lassen bedeutet, für einen Moment neben uns zu treten und uns von außen anzuschauen, was gerade passiert. Als würden wir uns einem lieben Freund, einer guten Freundin zuwenden und sie fragen, was er oder sie davon hält. Wir lösen uns aus der Verklammerung mit unseren Gefühlen, gewinnen wieder innere Sicherheit und schaffen dadurch die Voraussetzung, nicht mechanisch zu reagieren, sondern überlegt und selbstbestimmt zu handeln. Die innere Beobachterin hilft uns, das Steuer wieder in die Hand zu nehmen. Dabei geht es nicht darum, sich alles schönzureden. Eine gute Freundin kann auch sehr direkt und ehrlich sein: »In deinem Ärger bist du gerade ziemlich ungerecht!«

2. Schritt: Wege durchs Dickicht der Gefühle bahnen

Die innere Beobachterin hat Ihnen geholfen, die Situation nüchtern zu betrachten, um einen gesunden Abstand zu finden. Teil zwei der Mission: Finden Sie mit ihrer Hilfe nun heraus, welches Gefühl Sie gerade umtreibt. Warum ist das notwendig?

Gefühle sind die Indikatoren dafür, ob Ihre wesentlichen Bedürfnisse erfüllt sind oder nicht. Fühlen Sie sich zufrieden, ausgeglichen und energiegeladen (positive Gefühle), dann merken Sie: Ich habe für den Moment alles, was ich brauche. Fühlen Sie sich dagegen erschöpft und gereizt (negative Gefühle), dann fehlt es Ihnen an irgendetwas.

Nur, wenn Sie Ihre Bedürfnisse erkennen, können Sie sie auch erfüllen. Die Gefühle weisen Ihnen den Weg zu den Bedürfnissen: »Da ist eine Menge Ungeduld in dir. Du möchtest aber eigentlich ruhig und entspannt mit deinem Kind umgehen. Was bräuchtest du jetzt, damit du mit ihm geduldiger sein kannst?«

Wenn Sie genauer hinschauen, merken Sie, dass ein Gefühl selten allumfassend von Ihnen Besitz ergriffen hat. Meist drängelt es sich nur vor andere, ebenso wichtige Gefühle. Statt »Ich fürchte mich …«, können Sie dann denken: »Ich habe Angst davor, dass ich den Wiedereinstieg in den Beruf nicht schaffe. Aber da sind auch Aufregung, Neugier und ein bisschen Mut.«

Wenn Sie bei Kräften bleiben wollen, genügt es nicht, mit detektivischem Gespür anhand der Gefühle die eigenen Bedürfnisse zu entlarven – es ist auch notwendig, diese ernst zu nehmen. Sie sind der Schlüssel zu Ausgeglichenheit und Zufriedenheit.

3. Schritt: Bedürfnisse ernst nehmen

Wenn Sie jetzt meinen, dass man nicht jedem unguten Gefühl und jeder Laune nachgehen muss oder wenn Sie denken, dass sich Väter und Mütter für ihre Kinder zusammenreißen sollten, dann finden Sie sich in bester Gesellschaft mit vielen berufstätigen Eltern.
Aber es geht hier nicht um Appetit auf Vanilleeis.
Es geht um das, was Sie fundamental zu einem zufriedenen Leben brauchen. Wenn Sie in der Erschöpfungsfalle sitzen, haben Sie den Schlüssel in der Hand, um sich selbst daraus zu befreien: Achten Sie auf Ihre notwendigen Bedürfnisse und Sie werden im besten Sinne Ihre »Not wenden«. Halten Sie nur in diesem Augenblick einmal kurz inne und fragen Sie sich, wie es Ihnen momentan geht. Sind Sie rundherum zufrieden? Dann nehmen Sie die Freude wahr und stecken Sie sie in Ihren inneren Vorrat an Lebensfreude! Sind Sie eher müde und erschöpft, dann fehlt Ihnen vielleicht Schlaf oder Zeit für sich allein. Fühlen Sie sich gereizt und genervt, brauchen Sie vielleicht einfach einmal Ruhe, Ordnung, Struktur oder Verlässlichkeit. Sind Sie frustriert, fehlen möglicherweise Anerkennung und Wertschätzung oder Gemeinschaft. Hinter ein und demselben Gefühl können sich die unterschiedlichsten Bedürfnisse verbergen. Lassen Sie nicht locker, bis Sie herausgefunden

haben, was genau das hinter negativen Gefühlen liegende Bedürfnis ist. Hier und Jetzt müssen Sie es noch nicht erfüllen. Nehmen Sie es zunächst nur wahr. Sich darum zu kümmern, ist der Anfang.
Die ersten drei Schritte – die Selbstbeobachtung, die Wahrnehmung der Gefühle und das Ernstnehmen der Bedürfnisse – fallen vielen Menschen noch relativ leicht, spielen sie sich doch im Innern ab. Sollten Sie aber zu jenen gehören, die immer wieder in die Erschöpfungsfalle geraten, müssen Sie sich nun im vierten Schritt eventuell fragen: »Ich erkenne meine Bedürfnisse glasklar, aber warum erfülle ich sie mir nicht?« – Dabei ist es eine ganz einfache, grundlegende Erkenntnis, die Ihnen Zugang zur Antwort verschafft.

4. Schritt: Gegenwind abstellen

»Ich habe es satt, seit Jahren die Reste von den Kindern zu essen, im Auto hinten sitzen zu müssen, nicht ungestört arbeiten zu können, das Chilli con Carne ohne Chilli zu essen und im Sommer ständig in irgendeinem Sandkasten herumzuhocken.« Wer jahrelang immer nur den Notwendigkeiten eines Lebens mit Kindern und Beruf folgt und eigene Wünsche und Bedürfnisse ignoriert, ist irgendwann frustriert. Auch wenn er oder sie es nicht in Worte fasst: Frust lässt sich nicht verheimlichen. Es it daher wichtig, sich nicht nur um die Bedürfnisse der anderen zu kümmern, sondern die eigenen Bedürfnisse genauso wichtig zu nehmen.
Ich weiß, das ist wirklich nicht leicht. Die Bedürfnisse der Kollegen und Mitarbeiterinnen, der Kinder, der Großeltern, der Vereinsmitglieder oder der Nachbarn ernst zu nehmen, ist uns von klein auf in unserer sozialen Erziehung beigebracht worden. Das ist auch völlig in Ordnung. Aber es muss in Balance gebracht werden mit dem, was wir selbst brauchen, um fröhliche und zufriedene Zeitgenossen zu sein. Das christliche Gebot der Nächstenliebe bringt es auf den Punkt: »Liebe deinen Nächsten wie dich selbst.« Es nimmt eben nicht nur den anderen in den Blick.

Wenn *es* hart auf hart *kommt*

»Ich habe gerade ein ganz anderes Bedürfnis als die Menschen um mich herum.«

Prüfen Sie immer wieder, ob das »Wir« in Familie und Beruf und das »Ich« in Balance sind. Und wenn Sie das Glück einer Partnerschaft genießen, dann vergessen Sie auch das »Du« nicht. Wenn es einen Konflikt gibt, stehen in der Regel zwei Bedürfnisse einander gegenüber: Frau und Kinder wünschen sich mehr Zeit für Gemeinschaft mit Ihnen, Ihnen selbst ist im Moment aber Verlässlichkeit gegenüber einem Kunden sehr wichtig, deshalb machen Sie Überstunden.

1. Sprechen Sie das Dilemma an. Wertschätzen Sie das Bedürfnis von Frau und Kindern und erklären Sie, was Ihnen im Moment wichtig ist.
2. Achten Sie, sobald das Projekt abgeschlossen ist, darauf, dass die Familie wieder zum Zuge kommt. Dann trifft auch das nächste Vorhaben mit Überstunden auf mehr Verständnis.

Um es auch Ihnen an dieser Stelle noch einmal ganz deutlich zu sagen (manchmal ist es notwendig, dass andere uns das sagen): Sie tun Ihrer Mitwelt nichts Gutes, wenn Sie sich im Dienste der Menschheit aufreiben und am Ende zusammenbrechen. Die Menschen um Sie herum brauchen Sie gesund, mit viel Energie und Lebensfreude. Jemand zu lieben heißt, ihm dabei zu helfen, dass er bekommt, was er wirklich braucht. Das gilt auch für Sie selbst! Geben Sie der Erfüllung Ihrer Bedürfnisse Raum. Und wenn Sie Angst haben, dass Ihre innere Richterin Sie als egoistisch geißelt, dann richten Sie ihr aus, dass Sie für sich sorgen, um anderen einen Gefallen zu tun.

Sie haben sich nun Klarheit verschafft, was Sie brauchen. Nun finden Sie heraus, wie Sie es bekommen können, und setzen Sie diese Ideen dann aktiv um. Wenn Ihnen das anfangs schwerfällt, probieren Sie eines der folgenden Werkzeuge aus. Gleich das erste Werkzeug können Sie täglich in die Hand nehmen – es ist ein absoluter Allrounder.

RÄUME FÜR BEDÜRFNISSE ÖFFNEN: DER WERKZEUGKOFFER

Kraftverstärker: Achten Sie auf das, was Ihnen guttut, und verstärken Sie es. Sind andere Menschen der Auslöser, sagen Sie es Ihnen: »Danke, dass Sie heute auf ein pünktliches Ende der Besprechung geachtet haben.« Oder: »Klasse, dass du den Impftermin gemacht hast! So kann ich das endlich von meiner To-do-Liste streichen.« Oder Sie haben sich selbst etwas Gutes getan. Vielleicht haben Sie es geschafft, sich über ein Kompliment ehrlich zu freuen? Dann achten Sie zukünftig auf Komplimente, die Ihnen gemacht werden. Oder es tut Ihnen gut, endlich mal wieder auf dem Sofa zu liegen und zu lesen? Nehmen Sie sich vor, täglich eine halbe Stunde eher ins Bett zu gehen und zu lesen. Es geht nicht darum, Ihnen zu empfehlen, *ständig* um sich zu kreisen und sich Gutes zu tun. Das würden Sie gar nicht schaffen. Es geht um kleine Zeichen der Aufmerksamkeit, die Sie sich selbst widmen – hier und da. Manchmal aber brauchen Sie ein Tool, mit dem Ihnen ein Licht aufgeht.

Stirnlampe: Sie merken, dass Ihnen ein Ziel, die Erfüllung eines bestimmten Bedürfnisses zwar klar und deutlich vor Augen steht, Sie aber einfach keine Idee haben, welchen Weg Sie dorthin wählen sollen? Sie möchten vielleicht mehr beruflichen Freiraum und Flexibilität bezüglich Ihrer Arbeitszeit, wissen aber nicht, wie Sie es anstellen sollen? Wenn Sie sich bereits das Gehirn zermartert haben, dann hören Sie auf damit. Mehr desselben hilft dann nicht. Ändern Sie die Strategie. Ich nutze dann den – wie ich es nenne – »Buggy-Effekt«. Man will einen Buggy kaufen und sieht plötzlich die ganze Stadt voller Buggys. Laufen Sie mit der Frage herum: «Wie gewinne ich mehr beruflichen Freiraum?« Und plötzlich hören Sie überall nur noch von Menschen, lesen Buchtitel und Newsletter, in denen es um Lösungen für mehr Flexibilität bei der Arbeit geht. Aber Vorsicht: Diese Variante taugt nicht für schnelle Lösungen. Der Vorteil: Sich langsam entwickelnde Lösungen sind meist sehr ausgewogen – von Kopf, Herz und Bauch gemeinsam für gut befunden. Schön, wenn Sie eine Lösung gefunden haben – was aber tun, wenn Sie plötzlich zwei Lösungen zur Auswahl haben?

Libellenwaage: Sie haben zwei Handlungsalternativen gefunden, die Ihnen beide zusagen. Sie fragen sich, ob Sie Ihr Kind erst zur empfohlenen Tagesmutter oder gleich in die tolle Kita bringen sollen, in der sie einen Platz ergattert haben? Sie haben Pro- und Kontra-Listen geschrieben und kommen einfach nicht weiter. Diese inneren Gedankenschleifen sind anstrengend und energieraubend. Wenn sich mit dem Kopf keine Prioritäten für Bedürfnisse finden lassen, dann lassen Sie auch hier den Bauch sprechen. Setzen Sie sich ruhig hin und spüren Sie in beide Varianten nacheinander hinein. Wie wäre es, das Kind bei der Tagesmutter abzugeben? Wie wäre es, den Kita-Vertrag zu unterschreiben? Sie werden spüren, mit welcher Variante Sie sich besser fühlen. Wenn Sie sich nicht ruhig hinsetzen möchten, dann helfen auch Putzen, Aufräumen oder Unkrautjäten beim inneren Sortieren.

EXKURS
Wenn kein Werkzeug passt – andere fragen?

Vielleicht kennen Sie das: Manchmal ist man so festgefahren, dass man sich nicht entscheiden kann. Man fragt Partner oder Freundin, was man tun soll. Kaum haben die sich Gedanken gemacht und ihre Empfehlung kundgetan, weiß man genau, was man will – und oft ist es genau das Gegenteil. Dann gibt es Zoff: »Warum fragst du mich überhaupt, wenn du es dann sowieso anders machst?« Dieses Vorgehen hat aber durchaus Sinn: Solange wir in einem Hin und Her von Argumenten gefangen sind, denen gleichbedeutende Bedürfnisse zugrunde liegen, starren wir wie das Kaninchen auf die Schlange und können uns keinen Millimeter rühren. Indem der andere sagt: »Bring dein Kind zur Tagesmutter«, wird man mit dieser Lösung konfrontiert und weiß mit einem Mal, ob sie sich richtig oder falsch anfühlt. Damit es keinen Frust beim anderen gibt, kündigen Sie das besser direkt an: »Ich weiß einfach nicht, was ich machen soll. Was würdest du mir empfehlen – so ganz ohne Garantie, dass ich es auch mache?«

Ganz oft sind es aber gar nicht die großen Entscheidungen, die uns Kraft rauben, sondern die kleinen Bequemlichkeiten. Dafür brauchen Sie ein anderes Werkzeug.

Laserpointer: Eigentlich wäre es Sache des Praktikanten, die Bestellungen in die Regale zu sortieren? Sie machen es schnell selbst, damit die Kartons aus dem Weg kommen. Sie haben Ihre Tochter und deren Freundinnen schon mehrfach hintereinander vom Handball abgeholt und fahren auch diesmal wieder, weil die anderen Eltern immer arbeiten müssen. Ihr Bedürfnis nach Ruhe oder Harmonie ist in solchen Momenten möglicherweise so groß, dass Sie keine Lust auf Diskussionen haben. Das ist verständlich. Aber achten Sie darauf: solche »Kleinigkeiten«, die man »eben mal schnell mit erledigt«, summieren sich. Hier lassen Sie unnützerweise Energie, die Sie in die Erledigung der Dinge stecken sollten, die Sie sich eigentlich vorgenommen haben. Machen Sie ein Experiment: Achten Sie eine Woche lang auf solches Durchmogeln – wo Sie Dinge »mal eben« tun, »schnell mal« eine Zusage machen, weil Sie keine Lust haben zu überlegen, ob nicht andere es sich auf Ihre Kosten bequem machen. Sie müssen nichts ändern – schauen Sie nur einfach mal genau hin und überlegen

Sie, ob Sie damit glücklich sind. Wenn nun gar keins der genannten Werkzeuge hilft, bleibt Ihnen immer noch das universal einsetzbare Notfall-Tool.

Erste-Hilfe-Schrei: Wenn die Gefühle mit Ihnen durchgehen, weil ein grundlegendes Bedürfnis nicht erfüllt ist und Sie sich hilflos fühlen, weil sich keiner um Ihr Bedürfnis schert, dann ist Ihnen vielleicht nach Brüllen. Verständlich. Das dürfen Sie auch. Aber versuchen Sie einmal Folgendes: Brüllen Sie nicht Ihre Mitarbeiter, Ihre Partnerin, Ihre Kinder, das Lenkrad oder die leere Zimmerdecke an. Nehmen Sie sich Raum, füllen Sie ihn mit Ihrem Brüllen und schreien Sie Ihr Bedürfnis heraus: »Zum Kuckuck nochmal, ich brauche Ordnung!« oder »Ich brauche Ruhe! Ich will einfach mal ungestört arbeiten, damit ich endlich fertig werde!«
Was den Unterschied macht? Sie erinnern sich an die Wolfssprache: Wenn der Wolf andere angreift, neigen diese zu Gegenangriff oder Flucht, selten aber werden sie dem Wolf frohen Herzens geben, was er braucht. Wenn es Ihnen gelingt, bei sich und Ihrem Bedürfnis zu bleiben – gern auch lautstark – greifen Sie die anderen nicht an. Diese haben vielmehr die Möglichkeit, freiwillig zu reagieren. Ich gebe zu, das ist eine ungewöhnliche Form, innezuhalten und für die eigenen Bedürfnisse zu sorgen. Aber sie ist sehr wirksam.

Alle Schritte, die ich Ihnen bisher ans Herz gelegt habe dienen dazu, der Erschöpfungsfalle zu entgehen – indem Sie innehalten, sich kurz auf sich besinnen und sich um Ihre Bedürfnisse kümmern. Sie können aber noch viel mehr für Ihr Gleichgewicht, für Ihre Präsenz und Gelassenheit tun. Damit kommen wir vielleicht zum eigentlichen Kern gelingender Vereinbarkeit: dem Ort, an dem all Ihre Kräfte, Ihre Zufriedenheit und Ihr Glück zu Hause sind.

MITTEN *in der Mitte*

IM AUGE DES HURRIKAN

Berufstätige Mütter und Väter wirken sehr oft gehetzt. Sie wirbeln durch den Tag: früh schnell die Kinder wecken, rasch frühstücken, Kinder zur Kita bringen oder in die Schule schicken, im Galopp zur Arbeit, möglichst viel schaffen, pünktlich gehen und so weiter und so fort. Die Bewegungskräfte treiben sie »nach außen«. Dieser Zustand ähnelt der Bewegung und Geschwindigkeit an der Peripherie eines Hurrikans. So getrieben zu sein, ist anstrengend, denn das hohe Tempo verlangt eine Menge Energie und Konzentration.

In den letzten Kapiteln haben Sie viel darüber gelesen, wie Sie das Tempo »da draußen« drosseln können. Sie können andere an Aufgaben beteiligen, sich bewusst der Situation zuwenden und damit die Zeitqualität erhöhen oder Sie können Ihr Bedürfnis nach Ruhe ernstnehmen und Phasen der Erholung einplanen. Manchmal aber fühlen Sie sich möglicherweise einfach nur getrieben und gehetzt und mögen gar nichts mehr »tun« müssen. Sie wünschen sich einfach einen Rückzugsort, an dem Sie Kraft tanken können.

Diesen Ort gibt es. Sogar bei einem Hurrikan: Mögen die Luftmassen auch am Rand eine extrem hohe Geschwindigkeit haben – im Auge des Hurrikans, in seinem Zentrum, herrscht fast Windstille. Für einige Augenblicke findet der Pilot, der durch das Auge fliegt, hier Sicherheit und Ruhe.

Auf Ihren Alltag übertragen bedeutet das: Wenn Sie in Ihrer inneren Mitte, in Ihrem Zentrum fest verankert sind, werden Sie Sicherheit, Ruhe, Ausgeglichenheit und inneren Frieden mitten im Alltagstrubel finden. Sicher sind das nur kurze Pausen und kaum ein Dauerzustand. Aber in diesen Momenten schöpfen Sie Kraft, die Sie für Ihr Tun brauchen. Und in Krisenzeiten wissen Sie, wohin Sie sich zurückziehen können, um wieder ins Lot zu kommen. Was diese innere Mitte ist? Sie ist der Ort, wo Geist und Seele mit dem Körper eins sind, wo

Bewegungskräfte und Ruhekräfte miteinander im Gleichgewicht sind. Wenn wir uns um diese Mitte zentrieren, müssen wir der Welt draußen mit ihrem Stress und ihrer Hektik gar nicht entfliehen, um zur Ruhe zu finden. Ganz im Gegenteil, wenn wir in unserer inneren Mitte sind, dann fühlen wir uns eins mit uns und der Welt – dann können wir mitten im Trubel ganz entspannt sein. Wie Sie diese innere Mitte finden? Ich stelle Ihnen eine Technik mit 2500-jähriger Erfolgsgarantie vor, die Sie immer wieder in Ihre innere Mitte bringt.

VOM HIMALAYA HERABSTEIGEN

Sie müssen nicht Ihrem bisherigen Leben Ade sagen und sich auf den Weg in ein einsames buddhistisches Kloster machen, um das zu praktizieren, was Mönche schon seit Langem als hilfreichen Weg zu innerem Frieden und Erkenntnis empfunden haben – Achtsamkeit. Denn alles, was genial ist, ist meist auch sehr einfach und auf jede Situation anwendbar. So funktioniert Achtsamkeit nicht nur im Gebirgskloster, sondern ebenso am Herd, an der Supermarktkasse und im Wartezimmer der Kinderärztin. Achtsam sein heißt: Geist, Seele und Körper zusammenbringen im Hier und Jetzt.
Dem, was in uns und um uns herum geschieht, Aufmerksamkeit schenken – ohne zu werten oder zu urteilen.

Das ist eigentlich schon alles. Einfach, aber nicht unbedingt leicht. Nun könnte ich aus verschiedenen Studien zitieren, die die Wirksamkeit von Achtsamkeit für den Alltag gestresster Menschen belegen. Das Problem daran: Sie werden nur erleben, ob und was Achtsamkeitsübungen Ihnen bringen, wenn Sie es selbst ausprobieren. Es gibt unzählige Übungen. Ich habe solche herausgesucht und zum Teil weiterentwickelt, die für Ihren anstrengenden Alltag tauglich sind – Sie brauchen dafür weder ein Meditationskissen noch viel Zeit. Abgesehen vom Body-Scan lassen sich alle Übungen mitten in Ihrem Tun anwenden – im Lehrerzimmer genauso wie beim Warten im Stau.

Ich habe sie aufgelistet nach ihrer Wirkung und darauf geachtet, dass sowohl für körperorientierte als auch verstandesorientierte Menschen etwas dabei ist. Suchen Sie sich heraus, was Ihnen zusagt und probieren Sie es aus.

Achtsamkeit macht wach und bewusst: So halten Sie alle Sinne beisammen

Sind Sie schon einmal umgekehrt, um zu schauen, ob Sie daheim wirklich den Herd oder die Waschmaschine ausgeschaltet haben? Das passiert wohl jedem einmal: Wir tun etwas, dabei ist unser Kopf ganz woanders. Kinder wecken, Brote schmieren, zur Arbeit fahren, den langatmigen Ausführungen des Chefs zuhören usw. All das erleben wir immer wieder und schenken ihm deshalb kaum noch Aufmerksamkeit. Wir werden unbewusst und verpassen dadurch leider einen Großteil dessen, was sich gerade um uns herum abspielt.
Wenn Sie jedoch mit wacher Aufmerksamkeit in Ihren Körper gehen, dann sind Sie automatisch im Jetzt und Hier. Denn Ihr Körper ist immer in der Gegenwart. Die meisten Übungen, die ich Ihnen vorschlage, haben deshalb mit der bewussten Wahrnehmung Ihres Körpers zu tun. Öffnen Sie Ihre Sinne, kommen Sie mit Ihren Gedanken, Ihren Gefühlen in Ihrem Körper an, dann verpassen Sie auch nichts um sich herum.

ZUM AUSPROBIEREN
Die Sinn-Flut

Machen Sie alles, was Sie in den nächsten fünf Minuten tun, ganz bewusst, so, als würden Sie es zum ersten Mal tun. Öffnen Sie dabei Ihre Sinne und achten Sie auf alle Wahrnehmungen! Vielleicht steht

etwas zu Trinken neben Ihnen – egal ob Tee, Saft, Wein oder Kaffee – riechen Sie daran, bevor Sie ganz bewusst einen Schluck nehmen. Lassen Sie den Geschmack noch etwas auf der Zunge verweilen. Oder vielleicht müssen Sie gleich Ihr Baby wickeln? Dann machen Sie jede Bewegung ganz bewusst, nehmen Sie Ihr Kind und alle Berührungen aufmerksam wahr.
Diese Übung können Sie auch prima mit Ihrem größeren Kind machen – schließen Sie gemeinsam die Augen und hören Sie auf die Sie umgebenden Geräusche – den Lärm der Straße, leise Musik, das Murmeln ferner Stimmen ... Ihr Kind darf das Ende der Übung bestimmen und anschließend erzählen Sie sich gegenseitig, was Sie gehört haben.
Wenn Sie jetzt keinen Nerv für diese Übung haben, dann nutzen Sie einfach später am Tag Tätigkeiten, die Sie sowieso tun. Bestens geeignet ist zum Beispiel die nächste Dusche – spüren Sie das Wasser, riechen Sie den Schaum auf Ihrer Haut, achten Sie auf die Temperatur und machen Sie die Körperpflege zu einem Mini-Wellness-Genuss.

Diese Übung macht Sie wach und bewusst. Aber möglicherweise waren Sie jetzt lange wach und konzentriert und Ihre Sinne und Ihr Kopf brauchen eher eine Verschnaufpause?

Achtsamkeit schont die Energiereserven: So schaffen Sie frischen Wind im Kopf

Durch Achtsamkeitsübungen treten Grübeleien über Vergangenes und Sorgen um die Zukunft in den Hintergrund. Wenn Sie sich nur auf das konzentrieren müssen, was gerade dran ist, schonen Sie Ihre geistigen und mentalen Kräfte. Und wenn es Ihnen gelingt, einmal gar nichts zu denken, findet der Geist einen kurzen Moment der Ruhe.

ZUM AUSPROBIEREN
Der Gedanken-Stopp

Wenn es Ihnen angenehm und möglich ist, schließen Sie für einen Moment die Augen. Versuchen Sie, einige Sekunden an nichts zu denken. Das fällt uns in der Regel schwer, weil unser Geist gewohnt ist, ständig aktiv zu sein. Wenn Ihre Gedanken abschweifen, ist das nicht schlimm. Aber folgen Sie ihnen nicht, sondern kommen Sie einfach wieder zurück ins Hier und Jetzt.

Machen Sie die Übung so lange, wie es Ihnen angenehm ist. Gönnen Sie Ihren Gedanken auf diese Weise spätestens immer dann eine Ruhepause, wenn Ihnen »der Kopf schwirrt«, wenn Sie Kopf-müde sind. Das können Millisekunden während eines Gesprächs sein, dreißig Sekunden beim Händewaschen, drei Minuten beim Zähneputzen oder ein paar wenige Augenblicke, während Sie vom Schreibtisch aufblicken. Lassen Sie alles, was zu viel ist, raus aus dem Kopf und frische Luft hinein!

Das war eher eine Übung für Kopfarbeiter oder Menschen, die viel grübeln. Die nächste Übung ist der Allrounder für alle Stress-Situationen:

Achtsamkeit entlastet und stärkt: So atmen Sie Ballast aus und Kraft ein

Wenn Sie sich in einer unangenehmen Situation befinden und sehr angespannt sind, weil Sie zum Beispiel im Stau stehen, ein schwieriges Gespräch vor sich haben oder Lampenfieber Sie plagt, dann kann Achtsamkeit enorme Entlastung schaffen.

ZUM AUSPROBIEREN
Die Atempause

Wenn es Ihnen angenehm und möglich ist, dann schließen Sie für einige Sekunden die Augen. Reiben Sie die Handflächen aneinander, um die Hände aufzuwärmen, und legen Sie anschließend die Hände flach auf den Unterbauch, etwas unter dem Bauchnabel. Atmen Sie durch die Nase ein und durch den halb geschlossenen Mund aus. Achten Sie darauf, wie sich Ihre Bauchdecke hebt und senkt. Stellen Sie sich vor, wie sich die frische Luft mit ihrem belebenden Sauerstoff in Ihrem ganzen Körper ausbreitet. Wenn Sie mögen, dann können Sie sich sagen: »Ich atme Geduld, Zuversicht, Frische, Frieden (welches Bedürfnis auch immer Sie in diesem Moment haben) ein.« Anschließend achten Sie darauf, wie die ausströmende Luft aus Ihrem Körper entweicht. Dazu können Sie sich sagen: »Ich atme alle Belastung und Müdigkeit, alle Aufregung und alle Enttäuschung aus.« Achten Sie zum Schluss noch einmal auf Ihren Atem – oft ist er ruhiger und gleichmäßiger geworden. Diese Übung können Sie in einer anstrengenden Versammlung ebenso anwenden wie auf der Bank am Spielplatz. Und Sie können die Atempause mit Ihren älteren Kindern üben, wenn diese vor wichtigen Prüfungen stehen.

ALS VARIANTE: DIE ENTSPANNUNGSATMUNG

Wenn Sie abends nicht einschlafen können, weil sich in Ihrem Kopf noch das Gedankenkarussell dreht, dann können Sie diese Übung ebenfalls nutzen, sagen sich aber bei jedem Ausatmen: »Ich werde müde.« Oder: »Meine Glieder werden schwer.« Die Konzentration auf den Atem sammelt die Gedanken, die vertiefte Ausatmung entspannt die Muskulatur.

Wenn Sie Geschmack an den Übungen gefunden haben und grundsätzlich etwas mehr tun möchten, um im Alltag präsenter, wacher, aufmerksamer zu sein, dann können Sie eine kleine Intensiv-Trainingsphase einlegen, für die Sie etwas mehr Zeit brauchen.

Achtsamkeit stärkt den Geist: So zähmen Sie Ihre Gedanken

Viele Kinder lieben im Zoo die Affen und können stundenlang zuschauen, wenn die kleinen Kerle von Baum zu Baum springen, an den Gittern auf und nieder hüpfen und Grimassen schneiden. Die quirligen Tiere finden alles spannend, jeder Reiz führt zu einer Reaktion. Kein Wunder, dass im Buddhismus unsere unsteten Gedanken als »Affengeist« bezeichnet werden. Sie turnen herum in Vergangenheit und Zukunft, zwischen Tätigkeiten, Menschen und allen Arten von Reizen. Achtsamkeit hilft, den Affengeist zu zähmen und die Gedanken einzuladen, sich zu sammeln. Eine sehr effektive Übung dafür ist der Body-Scan. Er hat seinen Ursprung in der indischen Vipassana-Meditation, wurde im Westen aber vor allem populär durch Jon Kabat-Zinn, einen amerikanischen Achtsamkeits-Experten. Indem Sie Ihre Aufmerksamkeit durch gedankliches Abtasten (Scannen) auf das Spüren und Empfinden Ihres Körpers lenken, lernen Sie, vorbeiziehende Gedanken und (unangenehme) Gefühle anzunehmen und zu akzeptieren, ohne sich von Ihnen beherrschen und ablenken zu lassen.

ZUM AUSPROBIEREN
Der Body-Scan

Legen Sie sich am besten bequem auf den Rücken und schließen Sie die Augen. Beobachten Sie zunächst Ihren Atem, spüren Sie, wie sich die Bauchdecke hebt und senkt. Nehmen Sie den Körper als Ganzes wahr. Dann lenken Sie Ihre Aufmerksamkeit in die Zehen des linken Fußes: Versuchen Sie, die Zehen »von innen« zu spüren. Vielleicht ist Ihnen die Vorstellung hilfreich, den Atem in den Fuß zu lenken: Er strömt durch Nase, Lungen, Bauchraum, durch das linke Bein bis in die Zehen und zurück. Wandern Sie anschließend mit Ihrer Aufmerksamkeit zu den Fußsohlen, zu Ferse und Knöchel und das linke Bein hinauf. Atmen Sie in die jeweiligen Glieder Ihres Körpers hinein und wieder heraus. Nehmen Sie die Empfindungen wahr, lassen Sie sie aber auch wieder los, ohne sie zu bewerten oder etwas tun zu müssen. Gehen Sie nun mit Ihren Gedanken zu den Zehen des rechten Fußes und scannen Sie auf diese Weise aufwärts das rechte Bein, den Rumpf, die Finger der linken Hand, den linken Handballen, Arm und die Schulter zur rechten Hand. Streben Sie wieder aufwärts zu Hals und Kopf bis zum Scheitel. Lassen Sie sich Zeit. Sobald die Gedanken abschweifen und herumspringen wollen, lenken Sie Ihre Aufmerksamkeit zurück zum Atem und mit diesem zum jeweiligen Körperteil. Wenn es Ihnen hilfreich ist, dann nutzen Sie eine der kostenlosen, gesprochenen Übungsanleitungen mit oder ohne Musik, die Sie im Internet finden. Dazu könnten Sie auch Ihren Partner und sogar die Kinder einladen – von Konzentration und Entspannung profitiert schließlich die ganze Familie.

«

Wenn Ihnen der Body-Scan zu lange dauert und Sie ungeduldig werden, dann akzeptieren Sie das und zwingen Sie sich zu nichts. Dann ist es vielleicht einfach nicht der richtige Zeitpunkt oder Sie brauchen etwas anderes.

Die Gedanken können Sie trotzdem zähmen. Sobald Sie merken, dass diese herumturnen zwischen: »Meine Güte, hatte die Chefin wieder eine schlechte Laune heute! – Wieso kann meine Mutter nicht auch mal von sich aus anbieten, die Kinder zu nehmen? – Die E-Mails, die dieser Kunde verschickt, sind einfach unerträglich!« –, dann halten Sie kurz inne. Beobachten Sie, was sich in Ihrem Kopf abspielt. Schauen Sie, ob Sie sich mit einem Gedanken näher beschäftigen möchten, ansonsten verabschieden Sie Ihre Gedanken freundlich, aber bestimmt. Wenn Ihnen die bisherigen Übungen zu esoterisch oder zu unverbindlich für den Alltag vorkommen, dann habe ich noch einige ganz praktische Anregungen für Sie mit Sofortwirkung.

Achtsamkeit entspannt – sofort! So nehmen Sie Dampf raus

Früher, als unsere Kinder klein waren, bin ich immer gerannt. Eine Gedankenschleife in meinem Kopf sagte: »Ich muss mich beeilen.« So beeilte ich mich. Mein Körper signalisierte darauf hin: »Ich renne, also muss ich wohl Stress haben!« Er sendete an meinen Kopf das Signal: «Hier ist irgendwo Stress! Also, beeile dich!« So beeilte ich mich – auch, wenn ich gar keinen Zeitdruck hatte. Aus Gewohnheit. Schneller war ich dadurch nicht. Aber ich hatte Stress.
Körper und Geist unterscheiden nicht zwischen Vorstellung und Realität. Bereits eine Vorstellung (»Oh Gott, ich schaffe es nicht, bis die Kita zumacht!«) versetzt die Stresshormone in Alarmbereitschaft, obwohl noch gar nichts passiert ist. Allein das Hetzen signalisiert Stress – auch ganz ohne Grund.
Irgendwann habe ich einfach aufgehört zu rennen. Wenn ich wirklich mal schnell sein will, schalte ich innerlich auf »Joggen« um. Und siehe da – ich bin gar nicht langsamer, habe aber viel weniger Stress. Da wurde mir klar: »Entschleunige dein Tun, und dein Geist wird sich entspannen. Beruhige deine Gedanken, und dein Körper wird es dir danken.« Dazu gebe ich Ihnen gern einige Anregungen weiter, die ich als besonders hilfreich empfinde.

ZUM AUSPROBIEREN
Das Tun entschleunigen

Achten Sie am Tag immer mal wieder auf Ihren Gang und versuchen Sie, einen entspannten Lauf-Modus zu finden. Auch das Kind an Ihrer Hand wird es Ihnen danken. Übertragen Sie das auch auf jede andere Tätigkeit, die Sie hastig ausführen. Sie werden merken: Indem Sie alles einen Tick entspannter und konzentrierter tun, erhält ihr Geist das Signal: »Alles ist in Ordnung, du brauchst dich nicht aufzuregen!« Und Sie schaffen genauso viel.

MUSKELN ENTSPANNEN: Anspannungen wirken sich körperlich aus. Lassen Sie bewusst los: Lenken Sie Ihre Gedanken in die Schulter, die Sie unbewusst hochziehen, in die Hände oder zum Gesicht. Spüren Sie die Anspannung. Wenn Ihnen das anfangs schwerfällt, können Sie die Anspannung auch zunächst verstärken, um sie zu spüren. Ziehen Sie dazu die Schultern hoch, zerknautschen Sie Ihr Gesicht oder ballen Sie die Hände zu Fäusten. Dann lassen Sie mit dem Ausatmen ganz bewusst los. Stellen Sie sich vor, dass die Muskeln ganz schwer werden. Und genießen Sie die Entspannung. Indem Sie Ihre Muskeln bewusst entspannen, lösen sich auch innere gedankliche Verspannungen.

EXTRA-TIPP: Entspannen Sie immer wieder bewusst die Kiefer-Muskulatur, indem Sie den Unterkiefer leicht öffnen. Da wir allen Grund haben, »die Zähne zusammenzubeißen«, verkrampft irgendwann die Kaumuskulatur – eine häufige Ursache von Nacken- und Kopfschmerzen.

LÄCHELN TO GO: Dies ist meine absolute Lieblingsübung! Lachen stärkt das Immunsystem. Leider tun wir das aber viel zu selten, wenn wir erschöpft und unzufrieden sind. Wenn Sie es schaffen, ein Lächeln auf Ihr Gesicht zu zaubern, entspannen sich innerhalb weniger Sekunden die Muskeln, die Atmung verlangsamt sich und der Körper erhält das Signal: »Die Lachmuskeln bewegen sich – Glückshormone volle Kraft voraus!«
Machen Sie sich das zunutze: Lächeln Sie Ihrem Kind, Ihrem Chef, sich selbst im Schaufenster zu, auch wenn Ihnen gerade gar nicht nach Lächeln zumute ist. Nach einer Weile werden Sie spüren, wie tatsächlich Freude in Ihnen aufsteigt und das Lächeln ganz »freiwillig« auf Ihrem Gesicht bleibt. Und die Mitmenschen werden es Ihnen danken. Wenn Sie das als unehrlich empfinden, dann nutzen Sie die folgende Übung.

DAS INNERE LÄCHELN: Schließen Sie für einige Momente die Augen. Lassen Sie in Ihrem Inneren ein Lächeln entstehen – getragen von Gelassenheit und Heiterkeit. Dieses Lächeln ist Ihnen selbst gewidmet – es ist voller freundlicher Zuwendung und Respekt sich selbst gegenüber. Lassen Sie es in Ihrem Körper etwas verweilen und sich ausbreiten. Wenn Sie sich für diese Übung etwas Zeit nehmen können, werden Sie tiefe körperliche und geistige Entspannung und Zufriedenheit finden. Aber auch als Mini-Pause mitten im Trubel wirkt diese Übung Wunder.

«

Diese Übungen sind für den ganz normalen Wahnsinn des Alltags gedacht. Wenn Sie aber vor einer wichtigen Entscheidung stehen oder jemandem gegenüber ein »Nein« durchsetzen müssen, dann brauchen Sie eine Spezialausrüstung.

Achtsamkeit bringt Klarheit, Sicherheit und Festigkeit: So kann (fast) nichts Sie umhauen

Ihre Gedanken kreisen ständig um die Situation, die vor Ihnen liegt, vielleicht fühlen Sie sich unsicher oder aufgeregt. Dann machen Sie die Übung »Stehen wie ein Baum«. Egal, was Sie anschließend tun, Ihre Handlungen werden überlegt und ausgewogen sein – denn sie kommen nicht nur aus dem Verstand, sondern aus der Einheit von Körper, Geist und Seele.

ZUM AUSPROBIEREN

Stehen wie ein Baum

Stellen Sie sich aufrecht hin – die Füße hüftbreit voneinander entfernt und parallel zueinander. Schließen Sie (wenn es die Umstände erlauben) die Augen. Verteilen Sie Ihr Körpergewicht gleichmäßig auf die Füße, die Knie sind etwas gebeugt. Alle Gelenke sind locker. Entspannen Sie das Becken, indem Sie sich vorstellen, wie auf Wolken zu sitzen. Richten Sie Ihre Wirbelsäule auf, der untere Rücken sollte möglichst gerade sein. Lassen Sie die Schultern sinken, die Arme hängen locker an den Seiten herab. Die Achseln sind leicht geöffnet. Die Ellenbogen sind nach außen gerichtet, die Hände locker. Stellen Sie sich vor, ein goldener Faden zieht Sie am Scheitelpunkt Ihres Kopfes Richtung Himmel – diese Vorstellung zieht das Kinn leicht nach hinten, dadurch werden die Halswirbel aufgerichtet. Entspannen Sie die gesamte Gesichtsmuskulatur. Wandern Sie dafür in Gedanken die einzelnen Partien ab und entspannen Sie diese bewusst. Lächeln Sie sich innerlich wohlwollend zu. Finden Sie zu einer tiefen und ruhigen Atmung in den Bauch hinein. Lassen Sie das Einatmen geschehen und entspannen Sie sich beim Ausatmen. Das Stehen schenkt Ihnen einen ruhigen Geist und innere Stabilität. Sie können diese Übung fest in Ihren Tagesrhythmus integrieren und immer machen, wenn Sie aufgeregt oder gestresst sind oder vor schweren Entscheidungen stehen. Sie können üben, wenn Sie in einer Warteschlange an der Kasse stehen, Lampenfieber Sie aufs WC treibt oder Sie eine Kaffeepause machen.

All dies waren Übungen, die von außen nach innen, vom Körper zum Geist wirken. Nehmen wir jetzt die Gegenspur und lassen den Geist auf den Körper wirken.

Achtsamkeit stärkt die Gelassenheit: So denken Sie sich zufrieden

Auch wenn wir uns danach sehnen – das Leben ist selten ein Wunschkonzert. Das Kind bekommt einen Wutanfall, die Kollegin bringt die Zuarbeit nicht rechtzeitig fertig, der Partner kommt ohne Ankündigung verspätet nach Hause. Wenn die Dinge nicht so sind, wie wir sie uns wünschen, möchten wir sie gern ändern. Und leiden darunter, wenn es nicht klappt.

Mit ein bisschen Übung können wir aber die Fähigkeit erlangen, auch dann glücklich zu sein, wenn die Umstände nicht die besten Voraussetzungen dafür bieten. Wir können unser Glück unabhängig von der Ordnung in der Wohnung, dem perfekten Arbeitsplatz oder einem Partner machen, der bis ins Detail unseren Wunschvorstellungen entspricht – wenn es uns gelingt, eine gesunde Nüchternheit zu entwickeln.

ZUM AUSPROBIEREN

Bewertungen loslassen

Wenn Sie das nächste Mal merken, dass etwas unangenehm für Sie ist – das Essen in der Kantine, die fehlende Umsicht des Babysitters oder die mangelnde Empathie der Schwiegermutter –, dann halten Sie kurz inne. Statt sofort etwas zu denken, zu urteilen, zu reagieren, laden Sie Ihre freundliche Beobachterin zur Stellungnahme ein. Stellen Sie sich kurz neben sich und beobachten Sie sich selbst. Achten Sie ganz nüchtern auf Ihre Gedanken und Gefühle, auf Verspannungen, die körperlich spürbar sind. Üben Sie sich darin, die Situation nicht zu bewerten, sondern innerlich zu spüren: »Diese Situation ist nicht gut oder schlecht – sie ist, wie sie ist. Nun kann ich schauen, was ich daraus mache.«

Durch Achtsamkeitsübungen entstehen immer wieder Mini-Pausen im Alltag, die dafür sorgen, dass Sie in Ihrer inneren Mitte, in Ihrer inneren Ruhezone und somit bei Kräften bleiben. Denn der Umgang mit den eigenen Energiereserven ist der Dreh- und Angelpunkt, um einen Weg aus der Erschöpfungsfalle zu finden.

Sie haben aber noch eine weitere Möglichkeit, Ihre Kräfte in der anstrengenden Lebensphase, in der Sie sich momentan befinden, zu schonen: indem Sie das eigene Handeln so gestalten, dass Sie nicht mehr Energie einsetzen als Sie auftanken können, sondern vielleicht sogar noch Energie dazugewinnen. Kaum vorstellbar? Ich zeige Ihnen einige Beispiele.

EINMAL AUFTANKEN, *bitte!*

DAS RICHTIGE MASS AN ENERGIE

Erinnern Sie sich noch an Ihr erstes Date? Wenn Sie sich die Stunden vor der Verabredung in Erinnerung rufen, dann werden Ihnen vermutlich die Aufregung und Nervosität einfallen, die sich beim einen in Bauchkribbeln, beim andern in unruhigem Hin- und Herwandern und zehnmal Umziehen äußern. Obwohl noch überhaupt nichts passiert war, waren Sie völlig aus dem Häuschen – die Hormone flitzten durch den Körper: Wir müssen alle Energien mobilisieren! Hey, Muskeln, macht euch bereit für Angriff oder Flucht! Allein die lebhafte Vorstellung vom bevorstehenden Treffen hat Ihren Körper in Aufruhr versetzt. Ähnliches erleben Sie vermutlich tagtäglich und oft nicht so positiv wie beim ersten Date: Allein die Gedanken an den vollen Terminkalender, den Kindergeburtstag und die Prüfung, die abwertende Art der Chefin und den Wiedereinstieg in den Beruf lassen die Hormone durch unseren Körper jagen und Stressreaktionen hervorrufen. Oft haben wir aber gar nicht die Möglichkeit, die Energie, die bereitgestellt wird, in guter Weise abzubauen. Sie staut sich im Körper, führt zu mentaler Anspannung und körperlichen Verspannungen.

Dieses Auf und Ab der inneren Alarmbereitschaft mit seinen heftigen Ausschlägen nach oben und unten tut uns nicht gut. Es ist anstrengend. Wenn Sie durch Achtsamkeitsübungen der Erschöpfung entgegenwirken, gleichen Sie die Energietäler aus. Kappen Sie nun auch noch die Energiespitzen, die durch Stressgedanken ausgelöst werden, dann werden Sie sich mitten im größten Trubel ausgeglichen und innerlich ruhig fühlen können.

Notfall-Spruch

Seit Tagen überschlagen Sie sich, um eine Arbeit termingerecht fertigzustellen. Sie haben zu wenig geschlafen. Heute steht eine für Sie sehr wichtige Besprechung an. Als Sie Ihr Kind wecken, klagt es über Kopf-

schmerzen. Sie legen Ihre Hand auf seine Stirn und spüren die Hitze. Eine Situation, wie sie wohl die meisten berufstätigen Eltern kennen. Sie bräuchten jetzt dringend innere Ruhe und einen klaren Kopf, stattdessen schlagen die Gedanken Purzelbäume. Machen Sie Ihrem Körper klar: »Alles in Ordnung, du kannst dich wieder entspannen, die Gedanken machen mal wieder etwas Stress, aber das kriegen wir schon hin!«
Überlegen Sie sich einen Beruhigungssatz, den Sie in solchen Notfällen wie ein Mantra wiederholen. Solche Sätze können sein: »Ganz ruhig!« oder »Bäume werden immer wieder grün« oder »Wenn ich mich jetzt ärgere, nützt das auch nichts«. Meine Beruhigungsformel lautet: »Besenstrich für Besenstrich«. Oder – wie meine kluge Schwiegermutter zu sagen pflegte: »Es gibt immer etwas, das den Himmel hält.« Eine Freundin nannte mir letztens ihren Notfallsatz: »Schlimmer geht immer!«
Am besten wäre es, wenn Sie einen solchen Satz mit Ihrem Partner oder auch mit Ihren Kindern vereinbaren könnten. Wenn Ihnen die Situation über den Kopf wächst, könnten sie Ihnen diesen Satz sagen.
Verstärken können Sie die Wirkung eines Notfallsatzes durch eine Geste. Sie können zum Beispiel die Hand auf den Unterbauch (unterhalb des Nabels) legen und sich beim Einatmen sagen: »Ganz ruhig!«, und beim Ausatmen sagen Sie sich: »Kein Stress!« So sammeln Sie sich in Ihrer inneren Mitte und geben gleichzeitig dem Kopf Sauerstoff für klares Denken.
Meine Geste stammt aus dem QiGong. Ich hebe beim Einatmen die Hände mit den Handflächen nach unten vor dem Körper, etwa auf Brusthöhe und lege sie »auf (unsichtbaren) Wolken« ab. Anschließend senke ich sie nach unten, als würde ich einen Ball unter Wasser drücken. Dazu atme ich aus. Diese Geste ist für mich so beruhigend geworden, dass ich sie nicht einmal mehr tatsächlich ausführen muss. Allein die Vorstellung daran beruhigt Kopf und Körper. In stressigen Situationen können Sie mit solch einer Geste die Energiespitzen abmildern.
Manchmal haben wir jedoch zu viel Power, weil es uns zu gut geht und wir übermütig werden.

Kräfte schonen

Wenn wir ausreichend geschlafen, etwas Schönes erlebt oder ein verlockendes Ziel vor Augen haben, gelangen wir manchmal in eine euphorische Stimmung. Das ist angenehm, letztlich aber auch eine Energiespitze, die mit Vorsicht zu genießen ist. Denn sie verleitet uns oft, Termine zu vereinbaren, Aufgaben zu übernehmen, Zusagen zu machen, die wir später bitter bereuen, wenn unsere Euphorie verflogen ist. Wenn Sie merken, dass Sie von einer solchen inneren Aufregung oder übermütigen Stimmung erfasst werden, genießen Sie dieses Gefühl der Schaffensfreude in vollen Zügen und erledigen Sie Dinge auf Ihrer To-do-Liste, zu denen Ihnen sonst die Lust fehlt. Verfallen Sie dabei jedoch nicht in Aktionismus! Bevor Sie tatsächlich Verabredungen treffen, bauen Sie Sicherheiten ein wie: »Das muss ich mit meiner Partnerin abstimmen, ich weiß nicht, ob sie da Termine hat.« Oder: »Ich rufe Sie in einer Woche an und bestätige den Termin.« Ziel ist, sich die Sache noch einmal nüchtern durch den Kopf gehen zu lassen, wenn das Adrenalin im Blut wieder abgebaut ist.

Entscheidend ist aber nicht nur, wie viel Energie wir investieren, sondern auch, wie wir unsere Energie einsetzen.

So viel wie notwendig, so wenig wie möglich

Kürzlich las ich eine Seminarausschreibung für den Garten- und Landschaftsbau: »Dynamisch Klettern in der Baumkrone«. Dort wurde beschrieben, dass viele Baumkletterer mit größerem Kraftaufwand als nötig arbeiteten. Folglich würde der Aufstieg auf die Bäume im Laufe des Tages immer anstrengender, Lust und Konzentration würden schwinden, der Körper schmerzen. In dem beworbenen Kurs sollte die richtige Bewegung für effizienteres Klettern erlernt werden. Wenn das kein Wunschtraum für berufstätige Eltern ist! Auch wir haben tagtäglich mehrere »Aufstiege« zu leisten – um Postberge, Wäscheberge, Einkaufsberge, Mail-Berge, Sand(kasten)berge zu erklimmen. Auch wir wünschen uns maximale Erfolge bei minimalem

Aufwand! Ich empfehle Ihnen deshalb, vor jeder Aufgabe, die Sie in Angriff nehmen, den Effizienz-Check zu machen. Stellen sie sich dazu folgende Fragen:

• **Wie geht das möglichst einfach?** Minimieren Sie den Einsatz und Aufwand an Ressourcen wie Energie und Zeit.

• **Wie geht das möglichst schnell?** Nehmen Sie den kürzesten Weg zum Ziel, ohne zu hetzen.

• **Wie geht das möglichst stressfrei?** Suchen Sie den richtigen Zeitpunkt und Ort, um die Aufgabe möglichst entspannt zu erledigen.

• **Wie geht das möglichst preiswert?** Nutzen Sie Ihre Kreativität für ungewöhnliche Lösungen.

Stellen Sie sich diese Fragen in Bezug auf das Wäschewaschen und die Büroorganisation, auf die Essenzubereitung und die Hobbies der Kinder, den Arbeitsweg und die Ordnung im Haus. Beteiligen Sie ruhig auch Ihre Kollegen, Ihre Chefin, Ihre Kinder und Ihren Partner an diesen Fragen.
Ich verspreche Ihnen, Sie werden süchtig nach einfallsreichen Lösungen! So hat meine Freundin herausgefunden, dass man kaum noch bügeln muss, wenn man die Wäsche nur ein paar Minuten in den Trockner legt und anschließend dampfend auf den Wäscheständer hängt. Oder ich selbst habe auf diese Weise irgendwann den Ausweg aus dem Handtuch- und Sockenchaos in einem Sechs-Personen-Haushalt gefunden: Jeder hat seine eigene Handtuch- und Sockenclip-Farbe! Neben ungewöhnlichen Lösungen schonen Sie Ihre Kräfte zusätzlich, wenn Sie auch Ihrem Alltag Farbe geben – und dabei auf einen gesunden Rhythmus achten.

IM TAKT BLEIBEN

Herzschlag und Atem, Beruf und Familie, Frühling und Herbst, Geburtstag und Nikolaus – unser soziales, kulturelles und biologisches Leben ist rhythmisch geprägt, von Ereignissen, die sich wiederholen. Friedrich Schiller soll gesagt haben: »Auch für Freude gibt es einen Rhythmus.« Zu wissen, dass dieses Jahr Weihnachten auf den 25. Dezember fallen wird, beruhigt uns. Mit einem Blick in den Kalender festzustellen, welche Kunden heute einen Termin bei uns haben, gibt dem Tag Struktur. Rhythmen sind dabei nie starr – einen Geburtstag kann man auch einmal nachfeiern und den Sonntag auf den Montag legen. Rhythmen tun uns gut. Sie schaffen Ordnung und Verlässlichkeit in unserem Leben, sie ermöglichen einen gesunden Wechsel von Aktivität und Ruhe, von Konzentration und Zerstreuung. Wenn man die Rhythmen allerdings zu lange außer Kraft setzt, wenn die äußeren Abläufe ständig gegen den inneren Rhythmus arbeiten, stresst das den Körper, er erschöpft sich. Bestätigen kann das sicher jeder, der schon einmal Jetlag hatte oder seinen Beruf im Drei-Schicht-System ausübt. Wenn Sie der Erschöpfungsfalle entgehen wollen, müssen Sie darauf achten, dass Ihr Alltag und Ihre innere Uhr im Takt sind. Abweichungen sind möglich, solange sie nicht chronisch werden.
Die erste große Herausforderung für frischgebackene Eltern: Der Biorhythmus des Kindes – die Mahlzeiten ebenso wie der Schlafrhythmus – weicht erheblich vom eigenen Rhythmus ab.

Für die Basics sorgen

Sind Sie ausgeschlafen? Haben Sie heute schon gesund und regelmäßig gegessen? Eltern kleiner Kinder beantworten diese Frage leider häufig mit »Nein«. Aber auch später kommt es noch vor, dass Kinder nachts »wandern«, die Eltern wecken und hochwertiges Essen das Erste ist, worauf man meint verzichten zu können.
Ausreichend Schlaf und regelmäßiges, gesundes Essen aber sind Voraussetzungen für körperliche und mentale Leistungsfähigkeit. Setzen Sie

also Schlaf und Essen auf Ihrer Prioritätenliste ganz nach oben. Ich weiß, das ist leicht gesagt, wenn die eigenen Kinder schon bis in den Vormittag hinein schlafen. Aber so war es bei uns nicht immer und ich weiß: um zu Schlaf zu kommen, braucht es kreative Lösungen.

Wenn es hart auf hart *kommt*

»Ich bin viel zu müde, um zu überlegen, wie ich zu Schlaf komme!«

Hier einige erprobte Anregungen von Eltern für Eltern:

- Jede zweite Nacht darf ein Elternteil im Gästezimmer schlafen oder auch mal im Notfall zu Freunden oder Großeltern ausweichen.
- Das Kind darf, wenn es Sie nicht stört, zwischen Ihnen oder auf einer Matratze vor Ihrem Bett schlafen.
- Wenn das Kind mittags schläft, lassen Sie alles stehen und liegen und nutzen Sie die ruhigen Minuten für ein »Powernapping« – ein kurzes, aber erholsames Nickerchen zwischendurch. Vier bis zwölf Minuten genügen schon. Das können Sie nicht? Es gibt keinen besseren Zeitpunkt als jetzt, es zu lernen: Sie sind todmüde und haben wenig Zeit, also beste Voraussetzungen!
- So ungewöhnlich es klingt: Gehen Sie mal um 21:00 Uhr ins Bett. Erlauben Sie sich das, auch wenn Sie sich in dem Moment vielleicht ungeheuer langweilig finden. Seien Sie an dieser Stelle undogmatisch – Partys feiern können Sie wieder, wenn die Kinder größer sind.

Ich weiß, dass es ungeheuer stressig ist, wenn das Kind nicht durchschläft. Aber das kommt – und in der Regel von ganz allein! Sie müssen in dieser Zeit weder etwas beweisen noch das Kind erziehen. Oberste

Priorität hat Ihr eigener Schlaf-Wach-Rhythmus. Und vergessen Sie auch nicht, dass Sie ausreichend und gesund essen müssen.

Wenn es hart auf hart kommt

»Für regelmäßiges Essen fehlt mir völlig die Zeit!«
Wer Stress hat, spart häufig an der Zeit für ein entspanntes, gesundes Essen.

- Teilzeitkräfte verzichten oft auf die Mittagspause, um früher heimgehen zu können. Allerdings fehlt dadurch nicht nur die Erholungspause, sondern auch der Kontakt zu den Kollegen. Finden Sie einen Kompromiss, indem Sie wenigstens zweimal in der Woche mit in die Kantine gehen und genießen, dass für Sie gekocht wird.
- Überlegen Sie, ob es in der Nähe einen Lieferanten für gesundes Essen gibt. Schauen Sie auch im Internet: Mittlerweile finden Sie dort verschiedene Anbieter, die Ihnen Pakete mit Rezepten und passenden Zutaten zuschicken. In besonders anstrengenden Zeiten kann das eine große Erleichterung sein.
- Gerade, wenn das Kind noch klein ist und Freunde oder Großeltern fragen, ob sie irgendwie helfen können: Wünschen Sie sich doch einfach einen Topf Suppe oder eine große Schüssel leckeren Salat.

Aber es sind natürlich nicht nur die grundlegenden Bedürfnisse, deren Erfüllung einen Rhythmus brauchen. Auch Aktivität und Ruhe müssen in einen gesunden Wechsel gebracht werden.

BUNT IST KEINE FARBE

Als die Mutter ihren Sohn aus der Kita abholt, hält er ihr freudig ein Tuschebild hin. Darauf ist ein großer Klecks schmutzigen Graus erkennbar. Sie ist etwas irritiert: Muss sie sich jetzt Sorgen machen? »Oh«, sagt sie, »was hast du denn da gemalt?« Er strahlt: »Na, alle Farben spielen zusammen!« Kinder experimentieren gern mit Farben und machen dabei eine wichtige Erfahrung: Egal, wie strahlend die Farben ursprünglich waren, vermischt ergeben sie ein recht langweiliges dunkles Grau. Wollen sie ein buntes Bild malen, müssen sie die Farben einzeln zur Geltung kommen lassen.

Viele berufstätige Eltern machen genau diese Erfahrung: Sie erleben einen »grauen Alltag«. Werktage und Sonntage, Aktivität und Ruhe vermischen sich. Da werden auf der Spielplatzbank im Sonnenschein Kundengespräche geführt, da wird am Computer im Büro noch mal eben auf den Schul-Vertretungsplan der Kinder geschaut oder es wird abends im Bett ein Fachbuch gelesen. Der gute alte Rhythmus – sechs Tage arbeiten und einen Tag ruhen – entspricht nicht ihrer Lebenswirklichkeit. Denn sie sind sieben Tage die Woche aktiv – und ergattern sich ein Ruhepäuschen, wo es halt noch hineinpasst. Was aber tun, damit ein »bunter Alltag« entsteht, der sowohl Phasen der Entspannung als auch der Anspannung, der sowohl verplante als auch unverplante Zeit enthält?

Den eigenen Rhythmus finden

Ich schlage Ihnen einen Rhythmus vor, nach dem ich selbst schon lange und gut lebe. Er orientiert sich an der Präsenz, die eine Tätigkeit von Ihnen verlangt. Als ich über den Freiburger Münstermarkt schlenderte und die Händler und Handwerker dort sah, fand ich einen passenden Vergleich, der das illustrieren soll.

- »WERKSTATT-TAGE«: Wenn der Handwerker konzentriert arbeiten will, geht er in seine Werkstatt und sollte möglichst nicht gestört werden. An Werkstatt-Tagen ziehe ich mich zurück, um konzentriert an einer Sache zu arbeiten. Dann signalisiere ich: »Bitte nicht stören!« Werkstatt-Zeiten beziehen sich aber nicht nur auf berufliche

Arbeiten, das kann auch ein Hobby sein, für das ich Ruhe brauche, oder ein Telefonat, für das ich mich zurückziehe.

• »MARKTTAGE«: Früher gingen Handwerker noch auf den Markt, heute fahren sie zur Messe. Sie haben zwar ein Ziel (Kontakte knüpfen, sich informieren, Verträge abschließen), sind aber offen dafür, angesprochen zu werden. Für mich sind das Stunden, in denen ich zwar etwas vorhabe – Rechnungen sortieren, Wäsche aufhängen, E-Mails beantworten –, aber gleichzeitig offen bin für Impulse von außen. Die empfinde ich dann nicht als Störung. Das kann ein Kollege mit einem Anliegen sein, ein Telefonanruf oder ein Kind, das mich etwas fragt.

• »RUHETAGE«: Bei unserem Bäcker im Dorf hing montags ein Schild: »Heute Ruhetag.« Ich fragte mich als Kind immer, ob der Bäcker wohl den ganzen Tag schlief. Ruhetage sind für mich Stunden, in denen ich völlig frei bin. Das ist unverplante Zeit, in der ich walken gehe, das Büro aufräume, ohne Zeitdruck an meiner Website arbeite oder mit meinem Sohn spiele. Manchmal nehme ich mir meine To-do-Liste vor und erledige eine Aufgabe, zu der ich gerade Lust habe.

Wichtig ist nicht, für bestimmte Tage festzulegen, wann ich welchen »Tag« habe. Es geht eher darum, für mich selbst einen gesunden Rhythmus zu finden und diesen klar nach außen zu kommunizieren: »Ich bin jetzt mal noch zwei Stunden in der Werkstatt, solange ist Ruhe angesagt. Danach habe ich Zeit für dich!« Wenn ich auf dem Spielplatz sitze, lese ich ein Buch und am Samstag mähe ich Rasen und am Dienstagvormittag ist Zeit, um den Artikel zu schreiben.

Fülle und Fasten

Jemand erzählte mir kürzlich von einem Freund, der regelmäßig schwimmen gehe, um sich zu entspannen. Jede zehnte Bahn aber nutze er als Korrektur-Bahn. Dann achte er ganz bewusst auf seine Bewegungen und seinen Schwimmstil und korrigiere ihn gegebenenfalls. Im Alltag ergibt es keinen Sinn, sein Leben ständig zu überdenken. Das ist nicht nötig. Hin und wieder ist es aber gut, bewusst innezuhalten und sich sachlich zu fragen: »Wie geht es mir eigentlich? Sind Familie und Beruf in einem guten Gleichgewicht? Ist Korrektur notwendig?« Immer mehr Menschen nutzen die Fasten- oder auch Adventszeit, legen sogenannte Oasentage oder Besinnungszeiten als »Korrekturbahn« ein. Sie merken, wie gut es tut, der Fülle, in der sie leben (Essen, Medien, Termine, Aufgaben, Gewohnheiten) hin und wieder Zeiten der Ruhe und Abstinenz, aber auch des Einübens neuer, guter Gewohnheiten entgegenzusetzen.

EXKURS
»simple present«-Ideen für »Korrekturbahnen«

- Immer nur eines gleichzeitig tun
- Sich nicht hetzen lassen, im eigenen Tempo laufen
- Nach Feierabend ganz bewusst das Smartphone ausschalten
- Eine Not-to-do-Liste schreiben (auf etwas verzichten, das im Moment nicht dran bzw. unbedingt notwendig ist)
- Nur zwei Mal täglich E-Mails abrufen
- Jeden Tag ein Fach oder eine Schublade aufräumen, sich innerlich sortieren
- Täglich einen anderen Menschen und zusätzlich sich selbst für irgendetwas ganz bewusst loben
- Täglich eine Achtsamkeitsübung machen
- Täglich einen kurzen Tagesrückblick halten und mindestens drei Dinge aufschreiben, die mir heute Freude gemacht haben

- Ein Vorhaben, das ich schon ewig vor mir herschiebe, planen und umsetzen
- Mich mit einem Menschen treffen, der mir wichtig ist
- Einen Abend in der Woche auf alle Medien verzichten und schauen, was passiert.

«

Ein guter Rhythmus bewahrt Sie vor der Erschöpfungsfalle. Er gibt dem Raum, was Ihnen Kraft gibt und Ihre Energiereserven füllt. Davon gibt es sicher eine Menge in Ihrem Alltag. Wenn Sie darauf achten, werden Sie es entdecken.

BENEFIT *statt Defizit*

Früher hasste ich das Warten. Es erschien mir wie verlorene Zeit. Ein Stau, das Sitzen auf der Bank am Spielplatz, die Schlange vor der Kasse waren für mich Prüfungen in einer Tugend, die ich mir nicht leisten konnte: Geduld. Ich hatte einfach keine Zeit dafür. Später lernte ich, dass es nicht das Zuviel an Aufgaben und Terminen und das ewige Hoffen auf »freie« Minuten zum Auftanken war, das mich – neben dem Alltag mit kleinen Kindern – erschöpfte. Nein, es war meine Blindheit, die Augenblicke wahrzunehmen, in denen ich hätte auftanken können, die Momente, in denen ich mich hätte freuen können und stattdessen nur auf das schielte, was ich gerade nicht schaffte.
Heute sind meine Kinder größer und die Aufgaben nicht weniger geworden. Aber wenn ich irgendwo warten muss, dann nehme ich das als Aufforderung, innezuhalten und vielleicht sogar eine kleine Achtsamkeitsübung zu machen: Augen schließen, Sonne spüren, Gedanken vorbeiziehen lassen, ohne ihnen zu folgen.
Ich mag Ihnen jetzt nicht sagen: »Denken Sie positiv!« Das kann man nicht verordnen. Aber lenken Sie Ihren Blick auf das, was Sie nährt, was Ihnen Energie und Lebensfreude schenkt. Das kann ein Fortschritt bei

der Arbeit sein, eine unerwartete Unterstützung, der freundliche Blick des Kollegen oder die Dankbarkeit der Tochter, weil Sie ihre Lieblingsjeans doch noch schnell gewaschen haben. Und feiern Sie innerlich (und nach Möglichkeit auch äußerlich – gönnen Sie sich eine Extra-Pause, kochen Sie sich einen Tee ...), wenn Sie etwas erledigt haben. Nutzen Sie die Chancen, die Ihnen Ihr Kind zum Entspannen bietet. Genießen Sie das Buchvorlesen, das gemeinsame Kuchenbacken, das Spazierengehen oder das Basteln. Aber auch hier gilt: Machen Sie das, was Ihnen und Ihrem Kind Spaß macht – fühlen Sie sich nicht verpflichtet, nur weil andere Eltern etwas Bestimmtes machen oder Sie meinen, Sie müssten das tun. Das nützt weder Ihnen noch Ihrem Kind.

In den letzten drei Kapiteln haben Sie eine Fülle von Anregungen erhalten, wie Sie mit Ihrer Kompetenz, Ihrer Zeit und Ihrer Energie im Alltag so haushalten, dass Sie auch langfristig entspannt, gelassen und gesund an Leib und Seele bleiben. Wichtig ist, dass Sie Ihren eigenen Weg finden, der Ihnen und Ihrer Lebenssituation entspricht.
Aber ich habe noch einen Bonus. Vom Prinzip des »simple present« profitieren nicht nur Sie. Warum, das erkläre ich Ihnen im nächsten Kapitel.

ZUSAMMENFASSUNG

» *Energiemanagement in 3 Schritten:*

1. Geben Sie sich und Ihren Bedürfnissen Raum.
2. Finden Sie durch Achtsamkeit in Ihrer Mitte Ruhe und Gelassenheit.
3. Schonen Sie Ihre Energiereserven und finden Sie Ihren eigenen Rhythmus.

BONUSPUNKTE

Warum nicht nur Sie gewinnen

»Warum halten Sie denn Ihr »simple present«-Seminar nur für Eltern? So etwas könnte ich auch gut gebrauchen! Ich habe auch Stress und wünsche mir mehr Präsenz und Gelassenheit!« Die rund 50-jährige Frau zu meiner Linken habe ich eben beim Mittagessen in der Fortbildungsakademie kennengelernt. Sie hatte an einer anderen Veranstaltung teilgenommen und mich gefragt, mit welchem Seminarthema ich mich beschäftigen würde.

»Na, und ich bräuchte so was erst recht!«, pflichtet die 60-jährige Dame zu meiner Rechten bei. »Ich habe fast jeden Nachmittag meine drei Enkelkinder daheim. Das ist nach meiner Arbeit eine echte Herausforderung!« Als ich mich wieder meinem Essen zuwende, schlucke ich erst einmal meine Verblüffung hinunter: Plötzlich fangen die beiden Damen – eine Frau ohne Kinder und eine Großmutter – an, mit Feuereifer das Thema »Vereinbarkeit« zu diskutieren!

Und während ich mir den Nachtisch auf der Zunge zergehen lasse, wird mir klar: »simple present« kann wirklich jeder gebrauchen – egal ob man Kinder hat, die Enkelkinder das Haus erobern, die Waschmaschine eine Überschwemmung verursacht oder die Firma pleite geht. Und man braucht es ein Leben lang, nicht nur in der Familienphase!

Meine beiden Tischnachbarinnen sind längst in ihrem jeweiligen Seminar verschwunden, als ich mir noch einen kräftigen Espresso gönne. Ich denke an die Teilnehmerinnen und Teilnehmer meines eigenen Seminars. Bestimmt wird es ihnen gelingen, trotz vollem

Einsatz in Familie und Beruf immer wieder ruhig und gelassen zu bleiben. Ich bin mir sicher, dass sie sowohl innerlich als auch äußerlich befriedigende Augenblicke von Präsenz erleben werden. Was aber wird in einigen Monaten sein? Wie können sie die »simple present«-Haltung über die nächsten Jahre retten? Ich weiß selbst, wie schnell man in die alten Muster zurückfällt – wie rasch man dann doch wieder die Fassung verliert, andere mit dem eigenen Anspruch unter Druck setzt, die eigenen Kräfte ausbeutet. Mit diesen Mustern ist man schließlich viele Jahre lang gut gefahren. Sie lassen sich nicht so leicht ablegen wie ein verschlissenes Hemd. Außerdem: Was, wenn die anderen nicht mitspielen, sich nicht beteiligen lassen, uns weiterhin rücksichtslos unterbrechen, unser »Nein« nicht akzeptieren? Mag im Moment auch alles recht einfach erscheinen – andere beteiligen, sich zuwenden, innehalten –, es bedarf nur eines kleinen Störfaktors und das noch empfindliche System gerät ins Wanken. Der Chef kommt mit einer Anweisung für eine Dienstreise oder man erhält durch eine Weiterbildung die Chance seines Lebens oder die Kollegin fällt wegen Schwangerschaft aus. Privat ziehen die Nachbarn weg, ein Kind wird geboren oder die Kita schließt wegen Wasserrohrbruchs. Genau dann bräuchte man innere Ruhe, Festigkeit und Zuversicht. Genau dann wäre es aber auch ein Leichtes, genau das zu tun, was man immer getan hat. Lässt sich dieser Jo-Jo-Effekt verhindern?

Ich stehe auf und räume das Geschirr ab. Es braucht ein Netz, das Stabilität schafft, wenn die Welt wieder ins Wanken gerät. Wie sagten die beiden Damen? »›Simple present‹ können wir auch gebrauchen!« Das ist es!
Wer sagt denn, dass die anderen nicht mitziehen? Wenn schon das Nennen des Begriffs »simple present« solch eine Wirkung hat, zeigt das doch das Interesse der Mitmenschen, ebenfalls präsent und weniger angespannt leben zu wollen. Nicht nur einer profitiert von dieser Haltung, sondern alle Beteiligten. Mir wird klar: Wenn Kollegen, Freunde,

mein Partner, meine Kinder aus meiner Art, den Alltag zu leben, für sich Nutzen ziehen und daran wachsen können, wird dies auch unser Miteinander verändern. Dann können sie mich stützen, wenn ich einmal in die alten Muster zurückfalle. Mir ein Auffangnetz knüpfen heißt konkret: das Wachstum bei meinen Mitmenschen sehen und stärken.

Aber Vorsicht: Hier lauert schon die nächste Falle. Vielleicht haben Sie schon Menschen erlebt, die für sich etwas als richtig und hilfreich erkannt haben und anschließend mit missionarischem Eifer versuchen, die Mitmenschen für die gute Sache zu gewinnen. Eltern scheinen mir dafür besonders empfänglich zu sein. Mit Eifer versuchen manche von ihnen, die Welt davon zu überzeugen, dass Kinder zu haben etwas Richtiges und Gutes ist, und schießen dabei weit über das Ziel hinaus. Unpünktlichkeit bei der Arbeit entschuldigen sie mit »Ich musste noch die Kinder in den Kindergarten bringen«. Wenn ihr Kind die Sitznachbarin im Zug mit seinem Schokoladeneis beschmiert, rechtfertigen sie das in anklagendem Ton: »Er ist halt noch klein.« Auch wenn die Kinder längst nicht mehr mit in den Urlaub fahren, beharren sie auf freien Wochen in den Schulferien: »Ich habe Familie.« Die Kinder-Krankentage werden bis auf den letzten ausgenutzt, obwohl das Kind nur einen Schnupfen hat. All das schürt Unmut – nicht nur bei Kollegen, Nachbarn oder Menschen auf der Straße. Sie möchten sich den »Kinder-Bonus« nicht abtrotzen lassen. Und vor allem andere Eltern ärgern sich darüber – es bringt die gesamte »Spezies« in Verruf. Denn wenn die Familie zu häufig als Argument missbraucht wird, um eigene Interessen durchzusetzen, möchte es irgendwann keiner mehr gelten lassen. Und das fällt dann auf alle Eltern zurück.
Andere zum Guten zwingen zu wollen, ist keine gute Idee. Sie wollen nicht überzeugt werden, sondern sich selbst davon überzeugen, dass etwas nutzbringend für sie ist. Wenn Sie als berufstätige Eltern bei sich bleiben und das, was Ihnen wichtig ist, leben, kommunizieren und dadurch für andere transparent machen, brauchen sie das »Familien-

argument« gar nicht zu bemühen. Entdecken und eröffnen Sie lieber Entwicklungsräume, in denen Sie selbst, aber auch Ihr Netzwerk wachsen kann.

Als ich schließlich die Stufen zum Seminarraum emporsteige, gehe ich in Gedanken verschiedene Lebensräume ab – Beruf, Familie, Freundeskreis und Nachbarschaft –, in denen sich die »simple present«-Haltung auf die Mitmenschen auswirkt. Dort suche ich nach dem Bonus, der entsteht, wenn Wachstum möglich ist. Denn nicht nur Väter und Mütter entwickeln sich weiter, sondern ganze Gruppen von Menschen. Lassen Sie sich inspirieren von den folgenden Beispielen. Wenn Sie das Prinzip verstanden haben, können Sie Ihre eigenen Wachstumsräume erweitern – im Tischtennisverein, beim Betriebsrat oder mit dem Ex-Partner.

BONUS 1: *»Mein Erfolg ist unser Gewinn!«*

Ein Familienvater erzählte mir kürzlich, er habe die Kinderbetreuungszeiten mit seiner Frau so minutiös abgestimmt, dass Überstunden kaum Platz hätten. Es setze ihn einerseits unter Druck, so wenig zeitlichen Spielraum zu haben. Selten aber habe er so effizient gearbeitet und so viel geschafft wie jetzt, da er genau wisse, dass er pünktlich gehen müsse. Das habe sich aber nicht nur auf ihn ausgewirkt: Eines Morgens sei er zur vereinbarten Zeit zur Sitzung erschienen – nachdem er in der Familie den »Frühdienst« gestemmt, den Sohn zur Kita und noch 40 Minuten Autofahrt hinter sich gebracht habe. Wer nicht rechtzeitig erschien, waren seine Kollegen, die nur sich selbst aus dem Bett an den Frühstückstisch und mit dem Fahrrad zur Arbeit schicken mussten. Als die anderen mit 15 Minuten Verspätung endlich nach und nach eintrudelten, habe er der Tagesordnung noch einen Punkt hinzugefügt. Er habe niemandem einen Vorwurf gemacht, nur deutlich erklärt, dass ihm Verbindlichkeit sehr wichtig sei, um gut zu arbeiten: »Ich habe den ganzen Morgen so ausgerichtet, dass ich pünktlich zur Besprechung erscheinen konnte, und möchte mich darauf verlassen können, dass wir rechtzeitig beginnen.« Seitdem würden sich alle im Team um einen pünktlichen Beginn bemühen.

In Schweden, so heißt es, gilt Familie als Karrierevorteil. Dahinter steckt unter anderem der Gedanke: Eine Mutter, die pubertierende Kinder zu Hause hat, ist gut im Verhandeln mit Geschäftspartnern. Das Beispiel des Familienvaters soeben zeigt aber, dass die Wirkung einer bewussten und präsenten Haltung weit über individuelle Kompetenzen hinausgeht: Hier verändern sich sogar Werte im Team.
Genau die Kompetenzen und Werte, die berufstätige Eltern erlangen und in ihren beruflichen Alltag einbringen können, sind es, die auch ein Team erfolgreich machen: Verlässlichkeit, Klarheit, Konsequenz. Und Sie werden staunen: Wenn man's richtig anpackt, werden die Kollegen sogar dafür sorgen, dass es Ihnen gut geht. Dazu zwei Beispiele.

Selbstdisziplin: Disziplin ist viel mehr, als sich früh morgens aus dem Bett zu hieven. Disziplin ist notwendig, um das Ziel nicht aus den Augen zu verlieren, um sich nicht ständig ablenken zu lassen. Sie wissen: Ihre Zeit, Zuwendung und Gegenwart sind kostbar. Wenn Sie etwas erreichen wollen, müssen Sie Zeiträubern, ständigen Unterbrechungen oder Ablenkungen entschieden entgegentreten. Egal ob sie in verführerischer Form vonseiten der netten Kolleginnen oder des altbekannten inneren Schweinehunds auftreten. Vielleicht sind Sie zukünftig diejenige, die gern mit der Kollegin in die Kantine zum Mittagessen geht, aber deutlich macht, dass Sie nicht außerdem noch einen halbstündigen Smalltalk mit der Kaffeetasse auf dem Flur möchten. Vielleicht sind Sie der Erste, der seine Bürotür bei bestimmten Arbeiten schließt. Möglicherweise werden Sie zunächst die Einzige sein, die nach Dienstende pünktlich geht. Anfangs verlangt das Mut, aber Sie wissen, wofür Sie es tun. Möglicherweise ermutigen

Sie andere durch Ihre Disziplin dazu, ebenfalls pünktlich die Arbeit zu verlassen, effizient zu arbeiten und andere weniger zu stören. Das kommt auch Ihnen zugute.

Verbindlichkeit: Sie haben mühsam gelernt: Wenn man zu allem Ja sagt, dann aber die Zusagen nicht einhalten kann, ist damit niemandem gedient. Wenn ein Pensum erreicht ist, das Sie nicht mehr bewältigen können, ohne krank zu werden oder Fehler zu machen, hat auch Ihr ungeduldiger Chef nichts davon. Vielleicht wird Ihr Chef zunächst wenig begeistert sein, wenn Sie klar, begründet und positiv Nein zu zusätzlicher Arbeit sagen. Langfristig wird er aber erkennen, dass er sich zu hundert Prozent auf Sie verlassen kann: Sie übernehmen nur Sachen, die Sie auch verlässlich zusagen können. Er kann mit Ihnen und Ihrer Arbeitskraft rechnen. Und für das Team heißt das möglicherweise: »Wir bauen keine Luftschlösser mehr, sondern auf festem Grund.«

Tipp

Wenn Sie sich an Ihrem Arbeitsplatz für Absprachen stark machen möchten, die Ihnen die Vereinbarkeit mit der Familie erleichtern, dann verzichten Sie auf das Familienargument. Statt: »Wir haben halt Kinder, deshalb ...«, sagen Sie: »Ich möchte mit dem Projekt bis Freitag fertig sein, deshalb ...«
Bleiben Sie also bei sich und bei dem, was Sie an Arbeitsbedingungen brauchen, um einen guten Job zu machen – das schließt für Sie selbst unausgesprochen das Ja zur Familie mit ein. Mit dieser Klarheit haben Sie die Kollegen, und die Chefs sowieso, nach und nach auf Ihrer Seite.

BONUSPUNKT 2: *»… dazu braucht es ein ganzes Dorf«*

Spätestens, wenn an der Kinderzimmertür steht: »Wegen Betriebsstörung vorübergehend geschlossen – Eltern draußen bleiben!«, wird man sich glücklich schätzen, wenn man die Außenhandelsbeziehungen der Kleinfamilie in den letzten Jahren ausgebaut hat und die eigene Tochter sich bei Großeltern, Freundinnen aus der Nachbarschaft oder dem Patenonkel darüber ausheulen kann, wie schrecklich die eigene Regierung ist. Wenn der kleine Sohn strahlend mit einer Porzellanschüssel von Frau Nachbarin vor der Tür steht und fragt: »Papa, kannst du eigentlich auch Apfelkompott kochen?«, dann weiß man, dass der Spross nicht verhungern wird, wenn man ihn mal irgendwo vergessen sollte. Wer in Familie und Beruf gelassen leben möchte, sollte keinen Stacheldrahtzaun um die eigene Kleinfamilie ziehen. Wenn man sich und die eigene Familie öffnet, können Win-Win-Situationen entstehen, in denen Beziehungen gedeihen können, an denen alle wachsen.

Aktiv am Auffangnetz weben: Eine rüstige Leih-Oma kauft sich einen neuen, schicken Badeanzug, um mit den Nachbarskindern ins Freibad zu gehen. Und wenn der Onkel, der selbst keine Kinder hat, vorbeischaut, muss er erst mal mit den Kindern im Garten bolzen. Der Nachbar steht am Gartenzaun: »Ich müsste noch irgendwo den Roller unserer Kinder haben. Mit etwas Farbe ist der wie neu!« Wer Vereinbarkeit ohne Freunde, Paten, Nachbarn, eigene Großeltern oder Nenn-Tanten und -Onkel (auch wenn die heute meist nicht mehr so genannt werden) stemmen will, macht sich selbst das Leben schwer. Trotzdem erzählen mir junge Eltern immer wieder, dass es ihnen schwerfällt, um Unterstützung zu bitten. Dann verblüfft es sie, wenn ich ihnen sage, dass sie den anderen damit vielleicht einen Gefallen täten: Es gibt viele Menschen, die gern mit Kindern zusammen sind, aber vielleicht keine eigene Familie haben oder Enkelkinder, die weit weg leben.

Wenn es Ihnen schwerfällt, andere um Hilfe zu bitten, dann können Sie sich vor Augen halten: Wir bieten zwar das Zuhause für die nächste Generation, aber alle profitieren, wenn die Kleinfamilie die Kinder nicht für sich behält. Wir geben anderen die Chance, am Leben von Kindern teilzuhaben – zumindest denen, die das gern möchten. Also nur Mut, versuchen Sie es wenigstens: Bitten Sie jemanden, ein Stündchen auf Ihr Kind aufzupassen, etwas aus dem Supermarkt mitzubringen, das Kind aus der Kita abzuholen oder einen Stuhl zu leimen. Oft ist das der Beginn einer neuen Beziehung.

Familienpate gefunden: Es ist ein echtes Geschenk, wenn es Kleinfamilien gelingt, ihr Umfeld nicht nur zu Handlangern im Fall notwendiger Unterstützung zu machen, sondern es tatsächlich zu beteiligen, zum Teil des Familien-Teams zu machen. Dann finden Freunde, Bekannte, Paten oder Nachbarn auch den Mut, sich aktiv einzubringen, ohne zu fürchten, etwas Unerwünschtes zu tun. Dann kommt die Freundin vielleicht einfach mal ohne Anmeldung vorbei und bringt einen Kuchen mit: »Bei euch geht doch so etwas immer weg.« Wenn man sich zugehörig fühlt, sind herumliegende Bauklötze kein Problem mehr – weder für die Gastgeber noch für die Besucher.

Tipp

Vertrauen Sie darauf, dass viele andere Menschen es gut mit Ihnen und Ihren Kindern meinen, und lassen Sie andere ruhig mal »an den Ball«. Sie werden erstaunt sein, welche überraschenden Wendungen mancher anstrengende Tag nimmt. Und sagen Sie Freunden und Verwandten auch, wie wichtig sie für Ihre Familie sind.

Nun haben wir zwei Bonuspunkte angeschaut und Sie haben gesehen: »simple present« zu leben ermöglicht Wachstum und Entwicklung. Nun muss ich Ihnen aber reinen Wein einschenken: Es hat auch Nebenwirkungen. Wenn mir nämlich die anderen auf Augenhöhe begegnen oder sogar über den Kopf wachsen, kann das durchaus unangenehm sein.

BONUSPUNKT 3: *»Mama, chill' mal!«*

Es hat Folgen, wenn Sie von Anfang an Ihre Kinder an dem Projekt »Vereinbarkeit« beteiligen, nicht jedem Fehler hinterherjagen und den Kindern tatsächlich zuhören, wenn diese Ihnen etwas erzählen. Das spüre ich am eigenen Leib.

Starke Eltern, starke Kinder: An Eltern, die souverän in sich ruhen und den Kindern Halt und Orientierung auch in turbulenten Zeiten geben, können Kinder sich sowohl orientieren als auch reiben. Das macht sie stark, denn an der Klarheit der Eltern können sie ihr eigenes Persönlichkeitsprofil schärfen. Mit großer Entschlossenheit und guten Argumenten halten sie dann schon einmal daran fest, dass das Kinderzimmer für den elterlichen Ordnungswahn tabu und die Vier in Physik eindeutig der Inkompetenz des Lehrers zu verdanken sei.

Starke Kinder sind in Diskussionen stark und halten auch mit Kritik am Lager der Eltern nicht unbedingt hinter dem Berg. »Mama, jetzt chill' mal!« kann man dann mit säuerlichem Gesicht als Erfolg der eigenen Erziehungsbemühungen werten.

Kürzlich hörte ich in Berlin einen spannenden Vortrag des Pädagogen Wassilios E. Fthenakis über die Vaterrolle in der Familie. Ich traute meinen Ohren kaum: Unter anderem sagte er, dass Väter, die ein modernes Familienbild vermitteln (Mann wäscht auch mal Wäsche) und denen auch »weibliche Kompetenzen« (Zuhören, Kuscheln) zugeschrieben werden, erwiesenermaßen dadurch die Sprachkompetenz ihrer Söhne stärken! Vielleicht erinnern Sie sich daran, wenn Papa gerade mal wieder den Geschirrspüler einräumt, während der Sohnemann wortgewaltig alle argumentativen Register zieht. Ihr Trost: Wer seine Kinder von klein auf an den Erfordernissen des Alltags beteiligt, ihren Meinungen Raum gibt und mit Wertschätzung ihrem Engagement begegnet, hat in der Pubertät der Kinder auch selbst gute Chancen auf eine einigermaßen faire Behandlung.

Bye-bye, »Hotel Mama«: Der Sohn in der dritten Klasse hat die Hausaufgaben nicht dabei und bekommt deshalb eine schlechte Note. Die Tochter hat die Einladung zum Musikschulkonzert daheim nicht abgegeben, nun können sich weder Mama noch Papa den Termin kurzfristig einrichten.

Manchmal haben berufstätige Eltern ein schlechtes Gewissen, weil sie nicht ständig wie die sogenannten Helikopter-Eltern über ihren Kindern kreisen, um sie vor Fehlern zu bewahren. In Wahrheit tun sie ihren Kindern damit aber einen Gefallen.

Eltern, die mit ihren Kindern in einer ruhigen Gelassenheit umgehen, vertrauen ihnen, dass sie ihre Angelegenheiten grundsätzlich selbst regeln können. Sie wissen, dass Großwerden auch heißt, Fehler zu machen, und muten ihnen zu, die Konsequenzen auszuhalten. Sie zeigen ihnen: »Ich traue dir zu, dass du mit unangenehmen Gefühlen umgehen lernst und ein Problem auch ohne mich lösen kannst. Ich bin nicht für das Rundum-sorglos-Paket zuständig.« Es braucht schon Mut, die Tochter im Schlafanzug in der Kita abzugeben, weil sie sich morgens partout nicht anziehen wollte. Oder gelassen danebenzusitzen, wenn sich Sohnemann brüllend im Sand wälzt, weil sich Mama nach einer halben Stunde Schaukel-Anschubsen gern auch mal wieder ausruhen möchte. Diese souveräne Haltung der Eltern macht Kinder stark und selbstständig. Es stärkt ihre Frustrationstoleranz, ihr Verhandlungsgeschick und ihr Selbstbewusstsein. Sie lernen: »Meine Eltern sind für mich da – aber nicht rund um die Uhr. Sie unterstützen mich – aber Schule, Musikschule und Sport sind mein Job. Sie vertrauen mir, dass

ich mir damit Mühe gebe – aber wenn mal was schiefläuft, reißen sie mir nicht die Ohren ab. Sie verwöhnen mich nicht – aber ich kann mich immer an sie wenden.«
Mögliche Nebenwirkung: Die Kinder werden manchmal so selbstständig, dass sie schneller auf »Hotel Mama« verzichten wollen, als wir sie ziehen lassen möchten.

Lust auf Kinder: Wenn Sie Ihren Kindern vorleben, dass Familie und Beruf tatsächlich vereinbar sind, wenn Sie ihnen zeigen, wie auch komplexe Probleme zu lösen sind und mit ihnen auf Teamwork setzen, kann es durchaus passieren, dass Ihre Kinder dieses Vorbild übernehmen – frei nach Karl Valentin: Da erzieht man und erzieht und am Ende machen sie einem doch alles nach! Das kann heißen, dass sie eines Tages mit Ihren Enkelkindern vor Ihrer Haustür stehen: »Mama, ich bin gerade dabei, mir ein Netzwerk aufzubauen, das ich an unserem Vereinbarkeits-Dings beteiligen kann. Großeltern sind dabei *sehr* wichtig. Könntet ihr die Kinder heute Abend nehmen?«

Kein Bock auf Burn-out: Wenn Sie einerseits selbst sehr engagiert, aktiv und auf zahlreichen Baustellen unterwegs sind und andererseits (wie es bei vielen berufstätigen Eltern der Fall ist) ihren Kindern soziale und kulturelle Anregungen mit auf den Weg geben wollen, wundert es nicht, wenn auch die Kinder irgendwann »eine Menge um die Ohren haben«. Denn sie sehen an den Eltern, dass ein aktives Leben Spaß macht und fit hält. Sie sehen, wie man Aufgaben organisiert, Probleme bewältigt und mit der »simple present«-Haltung gleichzeitig bei sich bleibt. Das ist attraktiv und lädt zur Nachahmung ein. Die manchmal unerwünschte Nebenwirkung: Die Kinder imitieren ihre Eltern auch, wenn es um die eigene Grenzsetzung geht – und dies möglicherweise an unerwünschter Stelle: »Mama, ich kann einfach nicht mehr. Ich brauche einfach mal eine Auszeit von der Schule, sonst kriege ich noch die Krise. Und ›Jugend musiziert‹ muss dieses Jahr auch ohne mich stattfinden.« Tja, was soll man nun mit den elterlichen Vorstellungen anfangen?

Tipp

Sollten Sie sich als Rabenmutter, als Rabenvater fühlen, weil Sie zu wenig Zeit für Ihre Kinder haben, ungeduldig und gereizt reagieren, und sollte das schlechte Gewissen Sie peinigen, weil Sie Freunde und Partnerschaft vernachlässigen, dann halten Sie sich vor Augen: »Gut, dass ich sensibel genug bin zu spüren, wenn etwas nicht optimal läuft. Ich kann es hier und jetzt ändern: mit einer Umarmung, einem Anruf, einer lieben SMS. Mehr geht später wieder.«

Wenn einem bei den Kindern der Erfolg der eigenen Erziehung dann doch unheimlich wird, die Tochter selbstständige Entscheidungen trifft und der Sohn ganz »simple present« Nein! sagt, kann man im Notfall ja immer noch die Bremse ziehen und sich selbst und die Familie erinnern: »Da habe ich auch noch ein Wörtchen mitzureden!« Was aber mit einem Partner anfangen, der sich nicht mehr zufriedengibt mit »Ich helfe dir mal, damit du Familie und Beruf besser vereinbaren kannst«, sondern der plötzlich aktiv »mitzumischen« beginnt?

BONUSPUNKT 4: *»Das ist alles schon geregelt«*

Kürzlich trank ich mit meiner Freundin Kaffee. Dabei erzählte sie mir, dass sie im Moment emotional etwas überfordert sei – ihre Familie käme bestens ohne sie zurecht, wenn sie dienstlich unterwegs sei: »Erst letzte Woche bat mich mein Sohn, seinen Schlafsack vom Dachboden zu holen. ›Wozu brauchst du denn deinen Schlafsack?‹, fragte ich ihn. ›Na, wir übernachten morgen doch in der Schule!‹ Ich war völlig überrascht, das hörte ich zum ersten Mal. ›Reg dich gar nicht erst auf‹, beschwichtigte er mich gleich, ›das ist schon alles geregelt. Du warst ja nicht da.‹ – ›Mit wem ist alles geregelt?‹ – ›Na, mit Papa! Er hat schon das Geld mitgegeben und er bringt uns auch hin. Und die Getränke, die ich mitbringen soll, hat er auch schon gekauft.‹ Aha, dachte ich, so ist das. Soll ich mich jetzt aufregen, dass ich davon nichts weiß, oder mich freuen, dass der Laden auch ohne mich brummt?« In meinen Augen hat sie es geschafft – sie hat von Anfang an ihre Familie beteiligt und nun ist daraus ein Selbstläufer geworden. Partner und Kinder wissen, was zu tun ist – auch wenn Mama nicht da ist.

Bis dahin ist es allerdings ein kurvenreicher Weg. Am Anfang einer Beziehung verbringt man so viel Zeit wie möglich miteinander. Wird das erste Kind geboren, versucht man, das noch eine Weile aufrechtzuerhalten. Man geht zu dritt spazieren und erzählt sich jeden Entwicklungsschritt des Kindes. Manchmal erwischt man sich dabei, dass einer dem Kind die Hose, der andere gleichzeitig den Pullover anzieht oder dass die Eltern bei der U4 gleichzeitig die Fragen der Kinderärztin beantworten.

Spätestens mit dem zweiten Kind und wenn die Frau wieder in den Beruf zurückkehrt, ist das nicht mehr zu machen. Man kann nicht mehr jeden Schritt gemeinsam absprechen. Tut man es dennoch, dauern Terminvereinbarungen ewig (»Da muss ich erst meinen Mann fragen«), Arbeiten werden nicht angefangen (»Das Zimmer wollten wir gemeinsam streichen«), Entscheidungen hinausgezögert (»Vielleicht solltest du dir den Hochstuhl im Laden nochmal anschauen, bevor ich ihn tatsächlich kaufe«). Beide Eltern meinen es gut, indem sie sich immer wieder der Zustimmung des Partners vergewissern. Was dabei herauskommt, ist jedoch doppelte Arbeit bei mäßigem Erfolg. Denn eine Partnerschaft ist nur so stark wie der bzw. die Einzelne. Ich zeige

Ihnen, was das Miteinander der Eltern stärkt, ohne sich immer mit dem anderen abstimmen zu müssen.

Stillschweigendes Einverständnis: Wenn beide Partner es sich (zu-)trauen, ihren Teil zum Gelingen des gemeinsamen Zieles – dass es in der Familie, Kita, Schule und Beruf jedem Einzelnen gut geht – beitragen zu können, müssen sie sich nicht mehr in allen Details abstimmen. Sie können gleich hier und jetzt entscheiden. Das spart enorm viel Zeit und Energie! Er muss keine SMS schicken, welche Milch er statt der ausverkauften Bio-Milch mitbringen soll. Sie muss nicht warten, bis er endlich einen Termin mit der Kfz-Werkstatt macht. Beide können sich für eine Fortbildung anmelden, weil sie wissen, dass die je eigene berufliche Entwicklung auch dem anderen wichtig ist. Die Kehrseite: Es kann schon mal passieren, dass eine Information wegrutscht. »Das habe ich doch deinem Mann gesagt!« muss noch lange nicht bedeuten, dass ich dann ebenfalls informiert wurde. Schließlich verfügt man aufgrund einer Hochzeit noch lange nicht über die Fähigkeit zur Gedankenübertragung.

Lieblingsfarbe »Bunt«: Partner, die einander in ihrem Mühen um gelingende Vereinbarkeit beteiligen und wertschätzen, werden auch akzeptieren, dass Mutter und Vater unterschiedliche Erziehungsvorstellungen haben. Das schadet Kindern ganz und gar nicht – so lange beide authentisch bei sich bleiben und einander nicht in die Parade fahren. Kinder lernen ganz schnell, dass es unterschiedliche Lebensmodelle gibt – »Papa mag keine Konflikte, deshalb streiten wir uns mit Mama. Mama mag nicht Autofahren, also fragen wir Papa, ob er uns zum Sport bringt.« In dem Bemühen, immer einen Konsens in Erziehungsfragen zu finden, reiben sich viele Paare auf und erhandeln oft nur faule Kompromisse. Das muss nicht sein. Kinder erlernen auf diese Weise Konfliktfähigkeit: Man kann unterschiedliche Meinungen auch stehenlassen und einander trotzdem in die Augen sehen.

Tipp

Viele Menschen verstehen Liebe zwischen Partnern als Verschmelzung von Meinungen und Gefühlen. Vergessen Sie aber nicht: Liebe ist kein Gefühl, das kommt und geht, sondern ein Bedürfnis, das tiefe Zuwendung und Wertschätzung umfasst. Sich zuwenden zu können setzt aber voraus, dass ich ich selbst bleibe und du du selbst bleibst. Nicht die Verschmelzung ist das Ziel, sondern das Annehmen, dass der andere anders ist. Deshalb haben Sie ihn ja vielleicht sogar geheiratet – und nicht Ihr eigenes Spiegelbild. Wenn das gelingt, wird die Partnerschaft spannend, überraschend – auch wenn sie immer etwas anstrengend bleiben wird. Und wenn der Partner mal wieder zeigt, dass er von einem anderen Stern kommt, auf dem man ganz anders spricht, denkt und handelt als in Ihrer Welt, dann bleiben Sie trotzdem bei sich. Sie brauchen weder sich selbst noch den anderen zu verbiegen.

Ich habe Ihnen jetzt anhand einiger Beispiele gezeigt, wie andere davon profitieren, wenn Sie »simple present« leben. Die anderen entwickeln eine Haltung der entspannten Gelassenheit, die Ihnen helfen kann, wenn der Alltag Sie wieder einmal aus der Bahn wirft. Nun möchte ich Ihnen Mut machen, das Gelesene umzusetzen – jetzt, heute und sofort.

JETZT, *nicht irgendwann*

»Irgendwann werde ich mit meinem Partner mal wieder am Spreeufer sitzen und eine Caipirinha trinken.«
»Irgendwann werde ich das Büro aufräumen und die alten Ordner durchschauen.«

»Irgendwann werde ich mit meinem Sohn die Modelleisenbahn weiterbauen.«
»Irgendwann werde ich mich wieder mit meiner Freundin zum Walken treffen.«
Ich muss ehrlich gestehen – und inzwischen kennen Sie mich ja ganz gut – manchmal ertappe ich mich dabei, dass ich mir solche Sätze vorbete. Sie sollen mich ermutigen, dass dem anstrengenden Heute ein besseres Morgen folgen wird.
Aber ich weiß auch, und das ist eine Erkenntnis, die ich durch »simple present« gewonnen habe: Das Leben findet nicht irgendwann statt, sondern jetzt und hier. Jetzt ist es an der Zeit, mit Kindern und Beruf glücklich zu sein. Auch Sie müssen nicht auf die Zukunft warten, bis es besser wird, Sie können es jetzt schon gut haben. Sie brauchen nicht darauf zu warten, dass Sie sich irgendwann entfalten können oder irgendwann dazu kommen, Sie selbst zu sein. Geben Sie der Zeit mit Kindern und Beruf die Chance, eine glückliche Zeit in Ihrem Leben zu sein! Ich weiß, das klingt sehr nach einer Postkarten-Weisheit. Aber ich meine es wirklich ernst, auch wenn ich mir bewusst bin, dass es immer wieder Krisen geben wird.

Sie können sich darauf verlassen, dass Ihnen dieses Wissen nun keiner mehr nehmen kann: Wenn Sie gelassen und präsent bleiben, können Sie darauf vertrauen, dass Ihnen im gegebenen Moment einfallen wird, was zu tun ist – eines nach dem anderen. Und auch wenn sich manche Entscheidungen im Nachhinein als nicht besonders klug herausstellen werden – Sie können sicher sein, dass Sie sich bewusst entschieden haben. All das gibt Ihnen das Selbstvertrauen: »Es wird immer wieder Krisen geben, aber ich traue mir zu, gelassen zu bleiben und bei Problemen die richtige Lösung zu finden, weil ich die Lösungsansätze in mir selbst trage.« Wenn Ihr Kind gerade ein Baby ist, können Sie entspannt der Trotzphase entgegenschauen, und sind Ihre Kinder noch klein, sind Sie schon jetzt bestens für stürmische Teenager-Jahre gerüstet. Wenn Sie darüber nachdenken zu kündigen, werden Sie spüren, wann es soweit ist. Sich auf sich selbst verlassen können: Das ist beruhigend.

Um nicht zu vergessen, dass ich in der »simple present«-Haltung bleiben möchte, habe ich kleine Erinnerungszeichen in meinem Alltag verteilt – so steht auf meinem Schreibtisch eine Karte mit einem Spruch aus China: »Gelassenheit schärft den Blick für das Wesentliche«, und auf dem Regal neben meinem Bett liegt ein Glücksmomente-Buch, in meiner Handtasche findet sich immer eine Murmel und auf mein Memoboard hat mir meine damals zwölfjährige Tochter eine Nachricht hinterlassen: »Always say to you: keep calm.« Ich wische nach fünf Jahren immer noch um den Spruch herum.

Das Leben ist schön. Nicht immer. Aber immer, wenn ich merke, dass sich etwas zum Besseren entwickelt. Ich bin in den letzten Jahren ruhiger, entspannter und leistungsfähiger geworden – und habe endlich meinen Frieden damit gemacht, dass nicht immer alles so ist, wie ich es für richtig halte. Das Vertrauen in die Kompetenzen aller hat meine Familie mutiger gemacht. Es ist ein Zusammenleben gewachsen, in dem Fehler nach wie vor passieren, bei dem aber auch jeder weiß, dass wir Lösungen finden werden.
Ich wünsche Ihnen, dass Sie die Lebensfreude in Ihrem Alltag zwischen Familie und Beruf immer wieder neu entdecken. Und wenn sie mal kurzzeitig abhanden kommt – bleiben Sie im »simple present«!

EPILOG
Scherbenglück

Ich räume gerade Wäsche in die Maschine, als meine 16-jährige Tochter mit zerknirschtem Gesicht auftaucht:
«Mama, mir ist eine Tasse runtergefallen – deine Tasse, die du aus London mitgebracht hast.«
Hm. Der Kleine braucht die Sporthose morgen wieder …
»Und, was soll ich jetzt dazu sagen?« Die Socken passen auch noch rein …
Meine Tochter grinst:
»Na, ich erwarte jetzt eine ›simple present‹-Antwort!«
Na toll, da hat sie mich jetzt aber außer Gefecht gesetzt. Woher weiß sie überhaupt, was »simple present« ist? Das T-Shirt wandert in die Maschine …
»Und wie würde deiner Meinung nach die korrekte ›simple present‹-Antwort jetzt lauten?«
Tür schließen, Waschpulver abmessen …
Sie überlegt kurz:
»Na, vielleicht: ›Schade, dass die Tasse runtergefallen ist. Aber ändern kann man das jetzt auch nicht mehr. Gut, dass du es mir sagst.‹«
Sie grinst immer noch. Verblüfft wiederhole ich ihre Worte. Ich kann nicht umhin, ebenfalls zu lächeln.

VEREINBARKEIT *ist keine Ich-AG …*

… das durfte ich in den letzten Monaten, in denen dieses Buch entstanden ist, sehr dankbar spüren. Oft war ich innerlich und äußerlich nicht so präsent, wie ich es gern gewesen wäre und doch konnte ich sicher sein, dass das Alltagsgeschäft gut läuft. Meine Familie und Menschen, die uns ihre Zeit geschenkt haben und weit mehr als »Nothelfer« geworden sind, haben sich an dem Projekt »Mama schreibt ein Buch« einfallsreich beteiligt.

Danke sage ich meinem Mann – der mich auch in den Arm nimmt, wenn ich es eigentlich nicht verdiene.

Daria – meine Sparringspartnerin in Sachen Gelassenheit –, ich bin stolz auf dich!

Felix – Danke, dass deine Lego-Kiste zu deinem kleinen Bruder umziehen durfte!

Rabea – Danke für unzählige Muffins und Gläser mit Orangensaft auf meinem Schreibtisch!

Jonah – Danke, dass du mich immer wieder daran erinnert hast, dass ein Buch nicht das Wichtigste im Leben ist.

Ein besonderer Dank aber auch an Opa Hans, der auch zweimal am Tag mit seinem Enkel zum Eisladen geht, meinem Bruder Klemens – du weißt, wofür alles! Und meinen Eltern für das Ferien-Verwöhn-Programm.

Liebe Freundinnen und Freunde, Danke für unzählige Gespräche, euer Vertrauen, mich an eurem Leben teilhaben zu lassen, und die Bereitschaft, einen Blick auf die ersten Seiten des Manuskripts zu werfen.

Danken möchte ich noch der unschätzbar wertvollen Quelle »Q« – sie hat mich bis an meine Grenzen gefordert, ermutigt und das Buch mit vielen Anekdoten und Anregungen bereichert.

Dass ich aus solch einem umfangreichen Projekt wie dem Schreiben eines Buchs viel Freude und Kraft schöpfen konnte, ist nicht zuletzt der Ermutigung, Freundlichkeit und Geduld der Agentur Gorus und des Südwest Verlags zu verdanken. Danke!

QUELLEN

Bays, Jan Chozen: Achtsam durch den Tag. 53 federleichte Übungen zur Schulung der Achtsamkeit. Windpferd 4. Aufl. 2012

Bucay, Jorge: Komm, ich erzähl dir eine Geschichte. Fischer Tb. 14. Aufl. 2008

Coelho, Paulo: Der Alchimist. Diogenes 11. Aufl. 2008

Ende, Michael: Momo. Thienemann 2013

Gassler, Sigrid: »Deutsche finden Kinder nervig«. In: ZEIT-ONLINE 21.08.2013. Einsehbar unter: http://www.zeit.de/gesellschaft/familie/2013-08/Geburtenrate-Deutschland-Problem (Stand 13.11.2014)

Hatzelmann, Elmar/Held, Martin: Vom Zeitmanagement zur Zeitkompetenz. Das Übungsbuch für Berater, Trainer, Lehrer und alle, die ihre Zeitqualität erhöhen möchten. Beltz 2010

Henry-Huthmacher, Christine/Borchard, Michael (Hg.): »Eltern unter Druck. Selbstverständnisse, Befindlichkeiten und Bedürfnisse von Eltern in verschiedenen Lebenswelten«. Eine sozialwissenschaftliche Untersuchung von Sinus-Sociovision im Auftrag der Konrad-Adenauer Stiftung e.V. von Tanja Merkle und Carsten Wippermann. Lucius & Lucius 2008

Marti, Michael: »Die Droge Arbeit«. In: DER SPIEGEL 25/2000. Einsehbar unter: http://www.spiegel.de/spiegel/print/d-16694687.html (Stand 13.11.2014)

Rosenberg, Marshall: Gewaltfreie Kommunikation. Eine Sprache des Lebens. Junfermann 2004

Rust, Serena: Wenn die Giraffe mit dem Wolf tanzt. Vier Schritte zu einer einfühlsamen Kommunikation. KOHA 8. Aufl. 2006

Sentker, Andreas: »Bewußtseinsforschung (II): Die Zeit als Hirngespinst«. In: ZEIT-ONLINE 13.12.1996. Einsehbar unter: http://www.zeit.de/1996/51/zeit.txt.19961213.xml (Stand 15.11.2014)

Techniker Krankenkasse (Hg.): Bleib locker, Deutschland! – TK-Studie zur Stresslage der Nation, Hamburg 2013. Einsehbar unter: https://www.tk.de/centaurus/servlet/contentblob/590188/Datei/115474/TK_Studienband_zur_Stressumfrage.pdf (Stand 13.11.2014)

Ury, William: Nein sagen und trotzdem erfolgreich verhandeln. Vom Autor des Havard-Konzepts. Campus 2009